니체철학의 의철학적 사유

니체의 사유를 통해 의철학의 철학적 토대를 고민해보다

니체철학의 의철학적 사유
니체의 사유를 통해 의철학의 철학적 토대를 고민해보다

2024년 11월 15일 초판 인쇄
2024년 11월 20일 초판 발행

지은이 | 이상범
펴낸이 | 이찬규
펴낸곳 | 북코리아
등록번호 | 제03-01240호
주소 | 13209 경기도 성남시 중원구 사기막골로 45번길 14
우림2차 A동 1007호
전화 | 02-704-7840
팩스 | 02-704-7848
이메일 | ibookorea@naver.com
홈페이지 | www.북코리아.kr
ISBN | 979-11-94299-08-0(93160)

값 23,000원

이상범

니체철학의 의철학적 사유

니체의 사유를 통해
의철학의 철학적 토대를 고민해보다

북코리아

머리말
철학이 의철학의 사상적 토대가 될 수 있을까?

'니체철학의 의철학적 사유'라는 제목 아래 담긴 여섯 편의 글들은 모두 '철학이 의철학(醫哲學, Philosophy of medicine)의 사상적 토대가 될 수 있을까?'라는 작은 호기심으로부터 시작되었습니다. 그리고 이 호기심은 오랜 시간 원광대학교 의과대학에서 강의해온 의철학 수업 속에서 조금씩 커져갔습니다. 의학의 근대적 진보 속에 나타난 의사, 환자, 병원, 고통, 의학교육에 대한 야스퍼스(Karl Jaspers)와 가다머(Hans Georg Gadamer)의 글들과 더불어 환자의 실존에 대한 프롬(Erich Fromm)의 견해, 그리고 건강과 병을 생명의 규범으로 이해하며 두 활동에 마땅한 생명력의 지위를 부여한 캉길렘(Georges Canguilhem)의 탐구는 의학에 대한 철학적 탐구가 가능하다는 사실을 보여줍니다.

그리고 하이데거의 철학적 현상학을 의철학과 의료인문학의 사상적 토대로 활용하며 환자의 실존을 존재론적으로 이해하는 스베니우스(Fredrik Svenaeus)의 연구는 인간의 실존에 대한 철학적 탐구가 한 인간으로서 환자의 실존을 바라볼 수 있는 현상학적 관점에 기여할 수 있다는 사실을 증명해줍니다. 또한 니체가 스스로를 "철학적 의사(ein philosophischer Arzt)"[1]로 명명하며, 인간 안에 내재한 육체성과 자연성을 부정하는 합리주의와 금욕을 통해 치유하고자 한 소크라테스 및 금욕주의적 성직자를 의사의 관점에서 비판한 부분은 그의 철학에 담긴 의철학적인 해석의 가능성을 단적으로 보여줍니다.[2]

나아가 고대 그리스의 철학자들이 영혼과 육체의 이원화 속에서 건강과 병의 의미를 오해하고 있다는 니체의 주장은 철학과 의학의 사상적 관계에 대해 진지하게 생각해볼 수 있는 기회를 제공해주었습니다. 의학이 보살피는 육체의 병이 영혼의 병을 전제로 하고, 철학이 보살피는 영혼의 병이 육체의 병을 동반할 수 있다는 사실은 굳이 히포크라테스의 의술을 떠올리지 않아도 철학과 의학의 관계를 다시 고민하게 만들어줍니다. 이 외에도 건강과 병에 대한 다양한 철학자들의 견해는 철학이 의학의 사상적 토대로서의 역할을 할 수 있을 것이라는 가능성을 제시해주었습니다.

야스퍼스 명제 "의사의 실천은 구체적인 철학이다"[3]와 캉길렘의 명제 "유기체는 회복하기 위해 질병이 된다"[4]는 철학과 의학, 의사와 환자, 건강과 병에 대한 두 사람의 견해, 즉 한 인간의 몸에서 발생하는 건강과 병은 의학적 도움을 필요로 하지만, 이때 환자의 실존에 대한 철학적 도움 역시 배제될 수 없다는 사실을 보여주고 있습니다. 이러한 의미에서 동일한 병일지라도 '환자의 몸에 발생하는 병'과 '한 인간의 몸에서 발생하는 병'은 다를

---

1) 니체, 『즐거운 학문』, 「제2판 서문」, 2, 안성찬 · 홍사현 옮김, 책세상, 2005, 27쪽.

2) 이상범, 『니체, 그의 철학과 건강의 메타포』(북코리아, 2023)에 실린 두 편의 글 「니체철학의 의학적 특징과 "철학적 의사"」와 「니체의 "의사(Arzt)"개념에 대한 연구: 세 의사 유형, 소크라테스와 금욕주의적 성직자 및 차라투스트라를 중심으로」를 참조.

3) 칼 야스퍼스, 『기술시대의 의사』, 김정현 옮김, 책세상, 2010, 76-77쪽.

4) 조르주 캉길렘, 『정상과 병리』, 이광래 옮김, 한길사, 1996, 55쪽.

수 있다는 실존철학적 관점은 의철학의 사상적 토대로서의 역할을 할 수 있을 것입니다. 또한 아래와 같은 프롬의 생각은 환자의 실존에 대한 철학과 의학의 사상적 융합의 필요성을 다시 한 번 떠올리게 합니다.

> 환자를 하나의 인간 존재로 보아야 하며, 단순히 '병자'로 보아서는 안 된다. 의사는 자연과학에서 보는 바와 같은 관찰이라는 자연과학적 태도로 훈련되어 있다. 그러나 만일 그가 자기 환자를 물건으로 다루는 것이 아니라, 인간으로 알려고 한다면, 그는 인간의 과학에 있어서 고유한 또 하나의 태도를 배워야만 한다.[5]

이러한 문제의식은 저의 박사과정에서부터 이미 시작되었습니다. 건강과 병의 관점에서 니체의 철학을 해석하는 하나의 방법론을 도출하고자 했던 박사 논문[6] 이후로 10여 년에 걸쳐 진행해온 연구들은 모두 '건강철학(Gesundheitsphilosophie)'이라는 사상적 지도를 구성하는 작은 지역들을 발견하는 작업이었습니다. 이후 지속된 연구의 과정에서 니체의 철학적 대지 아래 흐르며 다양한 사상의 숲을 살리는 지하수로서의 역할을 하는 개념 "힘에의 의지(der Wille zur Macht)"가 생명, 생명력, 자연, 건강, 병, 고통, 실존 등에 대한 그의 철학적 인간학의 관점을 드러내준다는 사실을 확인했습니다.

이 문제의식에 스스로 나름의 답을 해보고자 했던 시도로부터 시작된 연구들이 이 책을 구성하고 있습니다. 그렇기 때문에 이 책 안에는 의철학자들의 여러 사상보다는 니체의 철학 안에 담긴 의철학적 사유의 가능성을

---

5) 에리히 프롬, 『건전한 사회』, 문국주 옮김, 범우사, 1996, 265쪽.

6) Lee, Sangbum, *Nietzsches Gesundheitsphilosophie. Versuch einer Interpretation der philosophischen Methodologie Friedrich Nietzsches*, Open-Access-Publikationsserver der Humboldt-Universität, 2015.

드러내는데, 보다 구체적으로 말하면 건강과 병, 고통 그리고 인간의 존재론적 해명과 그의 실존에 대한 니체의 인식론적 해명에 중점을 두었습니다.

니체의 철학적 사상들이 의철학의 본질적인 문제의식인 생명, 건강, 병, 병자(환자)와 맞닿아 있다는 것은 의학 역시 '삶의 학문'일 수밖에 없다는 사실을 확인시켜줍니다. 환자를 보살피는 의술로부터 환자의 병을 치유하는 기술로의 발전은 의사와 환자의 관계에도 큰 영향을 주었습니다. 하지만 변함없는 사실은, 의사는 작은 진료실에서 '병든 환자의 오늘'과 '병에 걸릴 수밖에 없었던 그의 과거' 그리고 '건강하게 살아갈 그의 미래'와 만난다는 것입니다.

의학은 과학입니다. 하지만 의학은 본질적으로 과학 안에 갇힐 수 없는 학문입니다. 과학이라는 도구를 통해 병으로 인한 불안과 두려움 속에 주저앉은 인간을 치료하는 학문이 어떻게 과학 자체가 될 수 있을까요? 의학은 인간을 고통스럽게 만드는 병을 치유하고 다시 건강한 삶으로 살아갈 수 있도록 고군분투한 과정에서 과학적으로 진보해왔지만, 본질적으로 인간을 사유하지 않은 적이 없는 학문입니다. 그렇기 때문에 의학은 어떻게 하면 환자의 병을 치유하고 다시 그의 삶을 건강하게 만들 수 있는지를 고심하는 삶의 철학입니다.

인간이 과학적 대상으로 환원될 때, 의학은 과학이 되며 의사는 과학적 지식 안에 환자(병자)라는 한 인간을 지나치게 됩니다. 의사는 병으로 인해 자신의 생에서 가장 불안해하는 한 인간을 만나는 사람입니다. 그리고 의학은 자신의 생에서 가장 약해진 순간을 맞이한 인간을 위한 학문입니다. 니체의 생각처럼, 고통은 마치 삶의 의미와 가치가 망각된 듯한 불안과 두려움 속에서 "삶 자체(das Leben selbst)"를 문제로 만드는 실존적 사건입니다.[7] 하지만 의학은 환자와 '한 인간으로서의 환자'를 구분하지 못합니다. 오직 의사만이 환자와 직접 만나는 현장에서 그 일을 해낼 수 있습니다. 그래서 의철학은 환자의 실존을 철학적으로 해명할 수 있는 학문으로서 철학의 존재론적 · 현상학적 도움이 필요합니다.

이러한 의미에서 건강과 병이 인간의 고통과 유기적으로 관계할 수밖에 없는 현상과 형식이 "인간 특유의 것"이라는 엥겔하르트(Hugo. T. Engelhardt)의 의철학적 견해에서,[8] 인간 특유의 현상과 형식은 인간의 '실존'을 의미할 것입니다. 그 중요성은 펠레그리노(Edmund. D. Pellegrino)에 의해서 다시 한 번 확인됩니다. 그는 근대의학에 나타난 철학적 성찰의 부재를 인식하고, 의철학을 '의학을 인문학적으로 성찰하는 학문' 규정했습니다. 그리고 의철학이 가져야 할 학문적 · 인본주의적 성격을 환자를 치유하는 과정에서 그의 내면까지 돌보는 의사와 직접 대면하는 환자와의 임상적 만남 속에서 확립했습니다.[9]

의철학이 인간을 사유하는 한, 이 학문은 의학적 철학이자 철학적 의학일 수밖에 없을 것입니다. 그리고 그 토대는 인간을 철학적으로 탐구하는 철학적 인간학입니다. 의철학이 의학의 본질을 철학적으로 성찰하고자 할 때, 철학은 마땅히 인간을 철학적으로 이해하며 의학적으로 탐구할 수 있는 사상적 토대로서의 역할을 할 수 있을 것입니다. 그렇기 때문에 인간의 실존을 탐구하는 철학 역시 의학의 사상적 토대로서의 역할을 하기 위해 관념

7) 니체, 『즐거운 학문』, 「제2판 서문」, 3, 28-29쪽 참조.

8) 제임스 A. 마컴, 『의철학』, 김준혁 옮김, 씨아이알, 2023, 5쪽 참조.

9) 같은 책, 10-12쪽 참조.

적이어서는 안 될 것입니다.

철학은 관계를 사유하는 학문입니다. 철학은 고대, 중세, 근대의 시대적 흐름에 따라 세계의 이편과 저편, 신과 인간, 주체와 타자, 자아와 자기, 의식과 무의식의 사이에서 관계를 탐구해왔습니다. 그리고 그 과정에서 선과 악, 옳고 그름, 행복과 불행, 건강과 병 등의 가치들을 삶의 관점에서 해명해왔습니다. 물론 이러한 철학적 시도들은 절대적 진리 및 존재를 중심으로 하는 형이상학적 이원론의 방식으로 전개되기도 하고, 이성과 주체를 중심으로 하는 합리주의로 변모되기도 합니다. 하지만 니체는 세계를 이편과 저편으로, 인간을 영혼과 육체로 이원화하는 형이상학적 체계를 해체하기에 이릅니다. 그 이유는 세계가 이편과 저편, 생성과 존재, 내세와 현세로 이원화되면 자연스럽게 위에 언급한 삶의 가치들 역시도 이원화될 수밖에 없기 때문입니다. "신의 죽음(der Tod Gottes)"으로 대변되는 형이상학적 이원론의 해체는 인간을 모든 가치의 경계에 서게 만들고, 그 경계에서 인간 스스로 모든 가치와 관계할 수 있는 실존적 변화의 기회를 제공해주었습니다.

우리는 다음과 같은 사실에 대해 잘 알고 있습니다. 우리는 성공과 실패, 행복과 불행, 기쁨과 슬픔, 사랑과 이별 그리고 건강과 병 등과 같은 모든 가치들의 경계에서 살아갑니다. 그리고 우리는 그 어느 가치도 영원할 수 없고, 결국 변화된다는 것 역시도 알고 있습니다. 니체가 수행한 형이상학적 이원론의 해체는 우리가 이 가치들 사이에서 중심을 잡아야만 한다는 어지러운 임무를 부과하기도 하지만, 적어도 이제 우리는 더 이상 삶의 가치 안에 절대적 존재의 흔적을 은폐하지 않아도 된다는 사실을 알게 되었습니다. 모든 가치의 중심은 '인간'입니다. 그리고 그는 그 중심에서 모든 가치들과 관계합니다. 사실 모든 학문은 인간의 삶을 위해 시작되었고, 인간에 의해 진행되며 결국 인간과 만나게 됩니다. 그렇기 때문에 인간으로부터 자유로워질 수 있는 학문은 있을 수 없습니다.

신이 죽었다는 선언은 다음과 같은 의미를 담고 있기도 합니다. 니체가 자신의 철학 여정의 중기 마지막 저서 『즐거운 학문』(*die fröhliche Wissenschaft*)에 담고자 했던 본질적인 의미는 인간을 초월한 절대적 지식은 삶을 억압하기 때문에 학문은 그 자체로 삶의 오류마저도 긍정할 수 있는 '즐거운 것'이어야 한다는 것이었습니다. 니체의 이러한 생각은 절대적 존재와 보편적인 진리를 탐구하는 기계적인 사고의 학문이 아니라, 인간 안에 내재한 실존적 변화의 가능성을 긍정적으로 포착할 수 있는 자유로운 정신의 학문이 필요하다는 철학적 시도로 나아갑니다. 최초로 신의 죽음을 선언함과 더불어 비극을 인간의 실존적 조건으로 제시하는 이 저서에 "커다란 고통"과 "커다란 건강"이라는 개념이 함께 등장하고 있다는 사실로 미루어 보아, 니체는 '즐거운 학문의 특징'이 병과 고통을 삶의 부정이 아니라, 오히려 실존의 새로운 변화를 위한 긍정의 자극제로 전환될 수 있다는 관점의 전환이라는 사실을 잘 보여주고 있습니다.

모든 학문은 인간을 영혼과 육체로 이원화하지 않고, 이를 모두 포괄하는 "몸(der Leib)"으로 이해할 때 즐거운 것이 될 수 있을 것입니다. 영혼에 중점을 두었던 고대 그리스와 중세에 학문은 육체를 부정할 수밖에 없었기 때문에 즐거운 것일 수 없었습니다. 이성에 중점을 두며 비이성적인 정념의 가치를 폄하했던 근대에도 마찬가지였습니다. 고통(苦痛)이라는 단어 안에는 고(苦)와 통(痛), 즉 괴로움과 아픔이 내재되어 있습니다. 그래서 아픔은 언제나 괴로움을 전제하고, 괴로움은 아픔을 동반하기도 합니다. 그래서 인간은 육체적 아픔과 정신적 괴로움을 함께 느끼는 일원론적 존재, 니체의 주장처럼 '몸의 존재'입니다. 이러한 의미에서 의학은 아픔과 괴로움 중에서 아픔만을 담당하는 학문일까요? 중요한 사실은, 의사가 중심일 때 의학은 과학이 되지만, 환자가 중심일 때 의학은 인문학이 된다는 것입니다.

모든 학문의 일부로서 의학 역시 마찬가지입니다. 의학 역시 철학과 마찬가지로 인간으로부터 자유로울 수 없습니다. 그럼에도 의학이 만나는 인간은 정치철학이 마주하는 인간과 문화철학이 마주하는 인간과 다릅니다. 의학이 만나는 인간, 다시 말해 의사가 마주하는 인간은 병으로 인한 고통 속에 서 있는 인간입니다. 병자(病者)와 환자(患者)로 불리는 그 인간은 자신의 생에서 가장 약해진 존재이고 불안과 두려움에 빠져 있는 존재입니다. 철학은 이 학문에 담긴 현인의 지혜를 필요로 하는 사람에게 삶의 지표로서의 역할을 해줍니다.

하지만 의학은 다릅니다. 이 학문은 삶의 가치를 넘어 삶을 가능하게 해주는 과학이며 기술입니다. 그렇지만 의학의 토대가 '인간'인 이상, 이 학문은 철학의 가치를 품고 과학의 옷을 입은 인문학일 수밖에 없습니다. 모든 학문은 인간과 세계, 인간과 정치, 인간과 경제, 인간과 문화, 인간과 과학, 인간과 예술을 사유하는 관계의 학문일 수밖에 없으며, 의학 역시 의사와 환자, 인간과 건강, 인간과 병, 인간과 고통에 대한 관계론적 사유로부터 자유로울 수 없습니다.

건강과 병이 과학적으로 이원화될 수 없다면, 건강한 인간과 병든 인간 역시 그 어떤 가치평가로 분리될 수 없습니다. 세상에 존재하는 모든 단어들, 예를 들어 성공과 실패, 행복과 불행, 기쁨과 슬픔, 사랑과 이별 등은 생명의 관계를 맺고 있습니다. 그리고 성공, 행복, 기쁨, 사랑의 진정한 의미는 실패, 불행, 슬픔, 이별을 통해 보증됩니다. 건강과 병 역시 마찬가지입니다. 건강은 병으로 인해 소망할 만한 것이 되고, 병은 건강으로 인해 비로소 긍정할 만한 것이 됩니다. 이렇듯 건강은 건강 그 자체로서 이해될 수 없으며, 오직 병을 통해서 이해되고 인식됩니다. 건강으로부터 건강은 창조될 수 없습니다. 니체의 말처럼, 건강은 오직 병을 통해서 "새로운 건강(eine neue Gesundheit)"[10]으로 나아가게 됩니다.

인간은 존재론적으로 모든 단어의 경계, 그리고 그 가치의 경계에서 살아갑니다. 이 중 건강과 병의 경계는 인간을 그 어느 때보다 고통스럽고 괴로우며 절실하게 만듭니다. 만약 신이 존재한다면, 그가 생명 현상에 개입할 수 있는 권능을 위임한 학문은 의학이며, 그 힘을 사용할 수 있는 특권을 위탁한 사람은 의사입니다. 이러한 의미에서 의학은 본질적으로 병에 대한 학문이 아니라, 건강에 대한 학문이고, 의사는 병을 치유하는 존재임에 앞서 건강한 삶을 되찾아주는 존재, 즉 병자에게 다시 새로운 삶을 선사해주는 존재입니다.

건강과 병이 맺는 생명의 관계는 건강 속에 병을 은폐하는 것이 아니라, 오히려 병을 통해 건강의 의미를 드러냄으로써 매 순간 자신의 생에서 가장 약해진 자기 자신과 대면하도록 만들어줍니다. 이때 의사의 역할은 병을 치료하는 사람 이상의 의미를 가지게 됩니다. 의사는 환자가 느끼는 육체적 고

---

10) 니체, 『즐거운 학문』, 382, 392쪽.

통뿐만 아니라, 그를 짓누르는 불안과 두려움의 심리적 괴로움까지도 보살필 수 있어야만 합니다. 독일의 화가 에밀 놀데(Emil Nolde, 1867~1956)의 1911년 목판화 작품인 '병자, 의사, 죽음 그리고 악마(Kranker, Arzt, Tod und Teufel / Patient, Physican, Death and Devil)'는 의사와 환자의 관계 속에서 의사의 역할을 잘 보여줍니다.

작품을 보는 순간, 가장 먼저 가운데에 위치한 한 남성이 보입니다. 그의 눈은 왼쪽에 있는 병든 노인을 향하고 있습니다. 그런데 자신 앞에 서 있는 해골과 마주한 상태에서도 그의 눈은 평화롭기만 합니다. 죽음으로 대변되는 해골은 이제 자신에게 오라는 듯 손가락으로 손짓하고, 다른 한 손으

로는 마치 숫자를 세기라도 하는 듯 다섯 손가락을 펼치고 있습니다. 이 상황이 얼마나 두려운 상황인지는 의사와 환자를 감싸고 있는 흉측한 모습의 악마를 통해 확인할 수 있습니다. 생의 끝에서 의사가 환자에게 건넨 손과 걱정 어린 표정은 용맹한 전사의 함성보다도 더 큰 위안으로 느껴질 정도입니다. 이렇듯 이 작품은 환자의 불안과 두려움으로 대변되는 해골과 악마로부터 환자의 옆을 지키고 있는 의사의 모습은 병든 실존에 직접적으로 참여하는 의사의 모습을 묘사하고 있습니다.

인간은 이 세계에 내던져진 이상 자신으로부터 발생하는 모든 것을 실존의 문제로 인식할 수밖에 없습니다. 그렇기 때문에 병은 단순히 고통의 문제로만 환원될 수 없고, 병의 발생부터 회복에 이르는 과정 전체가 문제가 됩니다. 병은 결과에서 문제가 되고, 건강은 과정에서 문제가 될 뿐입니다. 병으로부터 건강으로의 과정에서 가장 중요한 실질적인 역할을 하는 존재가 다름 아닌 의사일 것입니다. 끊임없이 살아가고자 하는 생명의 관점에서 건강은 필연적으로 병과 관계하지만, 결국 병을 넘어 다시 삶으로 나아갑니다. 건강과 병의 이러한 순환의 관계에서 의사의 역할은 매우 중요하며, 위의 작품은 이 사실을 잘 보여주고 있습니다.

건강과 병은 한 사람의 삶에 발생한 문제이기 때문에, 삶과의 유기적 관계 속에서 탐구되고 해명되어야만 하고, 그렇게 될 수밖에 없습니다. 다시 말해 건강과 병은 병자의 이성과 감정, 시간과 공간을 뒤흔드는 사건이기 때문에 그의 존재 전체를 포괄하는 실존의 문제로 대두될 수밖에 없습니다. 만약 건강과 병이 의학적 관점에서만 평가된다면, 다시 말해 두 상황의 의미와 가치가 반영되는 삶의 관점에서 평가되지 않는다면, 병은 건강의 영역에서 배제하고 제거해야만 하는 대상으로 간주될 수밖에 없을 것입니다. 또한 건강과 병은 한 인간의 실존을 온전히 반영하기 때문에, 그 의미와 가치는 생물학적 이상(異常) 현상으로 해명될 수도 없습니다.

의학의 과학화 속에서 의학은 인간과 맞잡았던 손을 놓치게 됩니다. 이러한 현실 속에서도 여전히 변치 말아야 되는 사실이 있습니다. 자신의 생에서 가장 약해진 상태로 의사를 찾아온 환자의 '병든 육체'와 '불안과 두려움 속에 웅크린 실존'의 치유는 '의사가 환자를 치유한다는 행위'에 앞서 '의사가 환자가 마주하는 만남'으로부터 시작됩니다. 환자는 학문으로서의 의학이 아니라, 그 학문을 인간으로서 실천하는 의사를 믿을 뿐입니다. 이러한 의미에서 의사와 환자의 공감을 강조하며 서사의학(Narrative Medicine)의 중요성을 제시하는 리타 샤론(Rita Charon)은 환자가 겪고 있는 병에 대한 기계적이고 의무적인 인식은 일차적으로 기술의 목표만을 달성할 수 있을 뿐이라고 말합니다. 나아가 그녀가 병으로부터 환자를 분리함으로써 환자의 병과 고통에 대한 실존적 이해와 참여를 가로막는 차가운 의학을 "공허한 약(empty medicine)"이거나 "절반의 약(half a medicine)"에 불과할 뿐[11]이라고 말하는 이유는 이 때문입니다.

잘 알려져 있는 것처럼, 니체는 평생을 병으로 고통받는 삶을 살아왔습니다. 스스로 자기 자신을 진단하고 치유하는 의사(醫師)가 되고자 했던 그는 육체적 병과 고통보다도, 점점 더 나약해지는 삶의 긍정적인 정신과 의지의 병을 더 심각한 실존의 병으로 이해했습니다. 그래서 니체는 이러한 실존적 자기부정의 증상을 치유하기 위해 병에 대한 인식의 전환을 철학적으로 시

11) Rita Charon, *Narrative Medicine. Honoring the Stories of Illness*, New York: Oxford University Press, 2006, p. 6 참조.

도했습니다. 그에게 있어 건강과 병은 생명 안에서 발생하는 생명력의 활동이기 때문에, 결코 나를 초월한 존재가 선사한 은혜일 수도 없고, 그 존재가 부과한 벌일 수도 없습니다. 그래서 건강과 병에 대한 인식론적 전환은 니체에게 중요한 철학적 문제의식이었던 것입니다.

니체의 생각처럼, 병에 대한 인식의 전환으로부터 건강에 대한 가치도 달라질 수밖에 없습니다. 그는 건강이 건강에 의해 유지되는 것이 아니라, 오히려 병에 의해서 존재론적으로 보증되고 병을 통해서 더 새로워진다는 사실을 "커다란 건강(die grosse Gesundheit)"[12]이라는 개념을 통해 설명했습니다. 이 개념은 생명의 본질적인 활동이 건강이기 때문에, 병마저도 포괄할 정도로 커다랗다는 사실을 함의하고 있습니다. 건강과 병 모두 생명 안에서 발생하는 두 가지 생명력의 활동이지만, 생명은 살아가고자 하는 힘이기 때문에 병마저도 건강에 유용하게 기여하는 방식으로 극복해나간다는 사실을 담고 있습니다. 이 개념을 통해 니체는 건강과 병의 관계에 대한 인식론적 전환을 수행했습니다.

니체에 의하면 건강은 고통이 없는 상태를 의미하지 않으며 또한 고통이 건강하지 않다는 증거일 수도 없습니다. 병과 고통은 다시 새로워질 건강을 향해 생동하는 생명력이며, "커다란 건강"은 이 과정을 모두 포괄하는 생명의 원리인 것입니다. 이러한 의미에서 니체는 다음과 같이 말하기도 합니다. "가장 좋은 치료제 — 환자에게 가장 좋은 치료제 — 는 건강 상태가 약간씩 나빠지고 좋아지는 것이다."[13] 독일 문학계에서 소설과 전기 작가로 수많은 작품을 남긴 슈테판 츠바이크(Stefan Zweig)는 건강과 병의 유기적 생명의 관계에 대한 니체의 관점을 다음과 같은 문학적인 표현으로 묘사하기도

12) 니체, 『즐거운 학문』, 382, 392쪽.

13) 니체, 『인간적인 너무나 인간적인 II』, 325, 김미기 옮김, 책세상, 2002, 418쪽.

했습니다.

> 니체에 의하면 그저 유전적으로 물려받아 흔들림 없는 건강이란 무디고 발전도 없는 자족적인 것이다. 곰처럼 우둔한 건강은 아무것도 원치 않고, 아무것도 묻지 않는다. 그렇기에 건강한 자들에게는 심리학이 존재하지 않는다. 모든 지식은 고통으로부터 나왔다.[14)]

건강은 병으로 인해 결코 우둔해질 수 없습니다. 병은 단순히 건강한 면역체계에 대한 침입으로서가 아니라, 오히려 건강을 생동하는 생명력으로 활동하게 만드는 자극제인 것입니다. 물론 이 사실은 의학적 영역에서뿐만 아니라, 철학적 실존의 영역에서도 마찬가지입니다. 니체에 의하면 병은 '다시 건강해질 수 있는 실존적 기회'를 부여해줍니다. 보다 구체적으로 말해서, 병은 자신의 삶에서 그 어느 때보다 자기 자신을 더욱 사랑할 수 있는 기회로, 그리고 지난날 자신을 사랑했던 방식을 바꿀 수 있는 변화의 기회로, 나아가 다시 건강해질 수 있는 기회로 작용합니다. 니체가 "커다란 고통(der grosse Schmerz)"이라는 개념을 통해 설명하듯이, 병과 고통은 '나의 삶 그 자체'를 문제시하게 함으로써 '나'라는 존재 그 자체를 다시 점검할 수 있게 해주는 실존의 자극제인 것입니다.[15)]

---

14) 슈테판 츠바이크, 『니체를 쓰다』, 원당희 옮김, 세창미디어, 2013, 44쪽.

15) "커다란 고통이야말로 정신의 최종적인 해방자이다. […] 커다란 고통, 시간을 끄는 길고 오랜 고통, 생나무 장작에 불태워지는 고통만이 비로소 우리 철학자들로 하여금 우리가 지닌 궁극적인 깊이에까지 이르게 하고, 모든 신뢰와 선의, 부드러운 가식, 온순, 중용 등 아마도 우리가 이전에는 우리의 인간성을 쏟았던 것들과 결별하도록 만든다. 나는 그러한 고통이 우리를 더 낫게 만든다는 것에 대해서는 회의적이다. 하지만 그것이 우리를 더 심오하게 만든다는 것은 알고 있다. 우리가 그 고통에 대해 긍지와 경멸, 의지력을 내세우는 것을 배워, 아무리 고문을 가할지라도 독기를 품은 혀로써 이를 버텨내는 인디언처럼 행동하건, 아니면 고통 앞에서 사람들이 열반이라고 부르는 저 동양의 무(無)로, 입과 귀를 닫는 완고한 자기포기, 자기망각, 자

니체 역시 자신의 주치의인 오토 아이저 박사에게 보낸 편지에서 병과 고통 아래 자신의 실존은 끔찍한 짐이지만, 스스로 그 과정에서 시도했던 병에 대한 인식론적 전환이 오히려 자신의 삶을 위로해주고 행복하게 만들어주고 있다는 사실을 밝히고 있습니다.[16] 니체가 깨달은 이러한 인식의 전환은 병이 건강의 끝이 아니라, 오히려 새로운 건강으로 나아가는 과정이라는 사실에 대한 관점의 전환을 가능하게 해주었습니다. 그가 건강과 병의 경계에서 깨달은 실존적 지혜들은 그의 철학에 고스란히 담겨 있으며, 이 점은 의철학의 철학적 토대로서의 부분적인 역할을 할 수 있을 것입니다.

의학이 과학적으로 학문적 발전을 거듭해갈 때, 인간 역시 더욱더 확실한 과학적 대상이 되어가는 것은 자연스러운 문명의 결과일까요? 문명의 과학적 발전이라는 반가운 소식은 그에 반하는 여러 가지 문제들을 동반하기도 합니다. 이 과정에서 인간이 실존적 존재라는 사실이, 다시 말해 아픔을 느끼는 육체적 존재이자 괴로움을 느끼는 정신적 존재라는 사실이 이원화되기도 합니다. 이 모든 문제를 의학과 의사에게 마치 하나의 과제처럼 부과할 수는 없을 것입니다. 하지만 인간을 위한 학문으로서의 의학과 그 학

기소멸로 빠져들건 간에 우리는 이 길고 위험한 극기 훈련을 거쳐 다른 사람이 된다. […] 삶에 대한 신뢰는 사라져버리고 삶 자체가 문제가 되어버린다. 하지만 이것이 사람을 필연적으로 우울하게 만들 것이라고 믿지는 말라! 삶에 대한 사랑은 여전히 가능하다. 다만 사랑의 방식이 바뀌는 것(nur liebt man anders)일 뿐이다"(니체, 『즐거운 학문』, 「제2판 서문」, 3, 28-29쪽).

16) Brief an Otto Eiser in Frankfurt. Naumburg.〈Anfang Januar 1880〉, in: Friedrich Nietzsche, *Sämtliche Briefe*, Bd. 6 (Januar 1880-Dezember 1884), 1, hrsg. von Giorgio Colli und Mazzino Montinari, Berlin/New York, 2003, p. 3 참조.

문을 치유의 도구로 사용하는 의사를 대변해주는 의철학은 이 문제를 고심해야만 할 것입니다.

의학이 "생명의 기술(die Kunst des Lebens)"[17]이라면, 철학은 생명의 가치, 다시 말해 건강과 병의 가치를 삶의 관점에서 반성적으로 사유하는 학문입니다. 그렇기 때문에 이 두 학문은 결코 인간으로부터 멀어져서도 안 되고, 학문적 온기를 상실해서도 안 됩니다. 철학은 인간과 더불어 그를 위한 모든 학문의 존재론적인 성찰을 수행하는 학문입니다. 이 사실은 의학에도 온전히 적용됩니다. 의학의 과학화, 즉 과학적 의학이 인간이 거대한 자연의 일부이며 자연 그 자체라는 사실을 망각할 때, 철학은 그 사실을 존재론적으로 성찰하는 사상적 역할을, 즉 의철학의 철학적 토대로서의 역할을 할 수 있을 것입니다.

니체는 신의 부재를 주장했던 자신의 철학을 생성하는 대지를 건강하게 살아갈 수 있는 실존적 지혜로 생각했습니다. 신이 없는 이편의 대지 세계는 이제 더 이상 그 어떤 절대적 의미를 담을 필요가 없습니다. 그리고 이 세계를 초월한 그 어떠한 존재의 섭리를 상정할 필요도 없습니다. 이제 적어도 이 세계를 내가 나로서 살아가는 삶의 나라로 여기는 한, 이 세계는 '자연(自然)'이외의 다른 것이 될 수도, 다른 이름으로 불릴 수도 없습니다. 자연으로 불리는 이 세계는 인간을 포함하여 스스로의 힘으로 생장하며 성장하

17) 조르주 캉길렘, 『정상과 병리』, 이광래 옮김, 한길사, 1996, 137쪽; Georges Canguilhem, *Das Normale und das Pathologische*, herausgegeben von Wolf Lepenies und Henning Ritter, übersetzt von Monika Noll und Rolf Schubert, München, 1974, p. 82.

는 생명들의 집합이며, 이러한 본질적인 생명력의 원리로부터 벗어날 수 있는 것은 생명으로 불릴 수 없을 것입니다.

인간은 대지의 자연과 생명의 원리를 공유하는 자연의 일부이자 자연 그 자체입니다. 인간 안에 내재한 생명이 발산하는 생명력의 모든 본질적인 활동들을 대변하는 자연성은 그로부터 발생하는 건강과 병 역시도 자연적인 현상으로 이해할 수 있게 해줍니다. 인간은 육체와 영혼, 육체와 정신, 육체와 마음 등, 그 어떤 명칭으로 표현되어도 무방할 정도로 안과 밖을 가진 존재, 즉 물질과 정신이 융합된 존재입니다. 그리고 융합된 이 존재가 존재하고 살아가는 방식이 바로 실존입니다. 인간은 자연이 아닐 수 없기 때문에, 차가운 과학과 의학으로 해명될 수 없는 비밀을 담게 됩니다. 그 비밀스러운 것이 또한 바로 실존입니다.

니체는 인간과 자연이 공유하는 단 하나의 본질적인 원리를 "힘에의 의지"라는 개념을 통해 설명했습니다. 자신 안에 내재한 힘을, 다시 말해 생명력을 발산하며 살아가는 의지는 인간뿐만 아니라 모든 생명체에게도 나타나는 동일한 생명현상입니다. 니체는 이 개념을 통해서 우선 인간이 자연의 원리를 공유하는 자연 그 자체라는 사실을 증명해냅니다. 그리고 이 사실을 바탕으로 인간 안에 내재한 실존적 변화의 가능성을, 심지어 건강으로부터 병으로 그리고 병으로부터 건강으로의 변화까지도 설명해냅니다. 인간이 '자연의 일부'이자 '자연 그 자체'라는 사실은 그의 실존적 변화 역시 '자연적'이어야 한다는 사실을 확인시켜줍니다. 이렇듯 모든 생명체에 내재한 생명과 생명력의 자연적인 원리를 힘에의 의지로 설명한 이상, 인간은 형이상학적으로 이원화될 수 없는 존재임을 보증받게 됩니다. 니체의 철학에서 신의 죽음은 자연을 "탈인간화"하는 시작이 되고, 힘에의 의지는 인간을 "자연화"하는 과정이 됩니다.

> 나의 임무: 먼저 자연을 탈인간화(die Entmenschung der Natur)시키고, 그 다음 인간이 순수한 "자연"의 개념을 깨닫게 되면, 인간을 자연화시키는 것(die Vernatürlichung des Menschen).[18)]

이렇듯 철학이 사유하는 자연(Natur)과 의학이 보살피는 자연은 다르지 않습니다. 아울러 철학자와 의사가 진단하고 치유하는 자연 역시 다르지 않습니다. 인간의 존재론적 토대로서의 자연 속에서 영혼과 육체에 대한 형이상학적 · 이원론적 해석이 무의미한 이유는 이 때문입니다. 건강과 병이 육체에 국한되지 않는 한, 즉 병이 정신적 불안과 두려움을 동반하는 한, 철학과 의학, 철학자와 의사는 인간의 실존과 관계하지 않을 수 없을 것입니다. 인간이 가진 과학적 이성을 통해 외적 자연을 지배하는 시도는 결국 자신의 내적 자연마저도 과학적으로 지배해버리는 결과를 초래하게 될지도 모릅니다. 과학은 자연을 도구로서 활용하며 지배할 수 있지만, 자연을 고려하지 않는 과학은 인간의 내적 자연과 그의 실존마저 억압하는 무기가 될 수도 있을 것입니다.

숲속의 나무에 발생하는 사고(事故)와 인간에게 발생하는 사고는 다르지 않습니다. 거센 화마 속에서 나무도 인간도 큰 상처를 입게 될 수밖에 없을 것입니다. 하지만 의학은 이 사고를 마치 신을 대신하는 듯한 특별한 방식으로 치유해줍니다. 의학의 과학화가 감사한 지점입니다. 육체적 · 정신적인 고통을 동반하는 사고 속에서 철학은 그 순간을 영원 속에서 긍정하고, 의학은 그 순간을 치료해줍니다. 이렇듯 철학과 의학은 상처 남은 삶에 의미를 부여해줄 수 있는 인간 실존의 학문으로서의 역할을 할 수 있을 것

---

18) 니체, 『유고(1881년 봄~1882년 여름)』, 11[211], 안성찬 · 홍사현 옮김, 책세상, 2005, 525-526쪽.

입니다. 다시 말해 철학과 의학의 융합은 사고당한 삶을 내·외적으로 보살필 수 있는 큰 힘을 발휘할 수 있을 것입니다.

그 어느 시대에 철학은 형이상학적 이원론의 관점으로 세계와 인간을 해석했고, 또 어느 시대에는 이성적 인간을 세상의 중심으로 이해하기도 했었습니다. 이 해석은 때로는 건강과 병을 진리에 기대어 이해했고, 신에 의지해 평가했으며, 또 때로는 과학에 힘입어 치료했습니다. 잘못된 시대와 타당하지 않은 방식은 없습니다. 오랜 그 과거들은 현재의 관점에서 단죄될 수 없습니다. 모든 과거는 그 자체로 오늘의 깨달음과 내일의 지혜를 가질 수 있도록 만들어주는 의미를 가지기 때문입니다.

과거의 방식에 대한 반성과 성찰 이후에 과학의 진보는 더욱 가속화되었습니다. 과학 역시 잘못이 없습니다. 과학은 변함없이 인간의 삶을 풍요롭고 편리하게 만들어주며 비밀스러운 병의 근원을 찾아내어 병든 인간을 다시 건강한 삶으로 나아갈 수 있도록 만들어주기 때문입니다. 그래서 철학과 의학은 과거의 이야기보다 오늘의 일을 바탕으로 내일을 건설할 때 큰 힘을 발휘하는 학문입니다. 철학과 의학은 인간의 본질을 사유하는 학문입니다. 그리고 철학자와 의사는 그 본질을 걱정하고 보살피는 존재입니다.

철학자 니체의 사상은 신의 죽음을 선언함으로써 이편과 저편으로 이원화된 세계를 생성하는 대지의 구체적인 현실세계로 전환했으며, 영혼과 육체로 이원화된 인간을 이성과 비이성의 영역들이 유기적인 생명의 관계를 맺는 "몸"으로 통합했습니다. 몸으로 살아가는 이 세계는 자연이며, 인간은 자연으로서 그 세계를 구성합니다. 육체의 가치가 폄하되었을 때, 병은 마치 죄에 대한 벌로 여겨지며 삶에서 인간의 권리를 박탈했습니다. 그리고 영혼은 육체의 성격으로 대변되는 욕구, 욕망, 충동, 본능, 감정 등의 정념을 인간의 자연으로 이해하지 않고 배제해야만 하는 병적 대상으로 평가했습니다.

과학은 병이 환자가 저지른 죄에 의한 벌이라는 종교적 인식을 해체함으로써 다시 인간의 권리를 되찾아주었습니다. 하지만 아쉽게도 의학의 과학화는 진보를 거듭하는 과정에서 인간과 맞잡은 손을 놓치고 말았습니다. 의학의 과학화가 동반한 인간의 '탈인간화'는 결과적으로 인간의 '탈자연화'를 동반하게 됩니다. 그리고 그 과정에서 인간의 실존은 그의 삶 안에 온전히 자리할 수 없었습니다. 만약 철학이 의철학의 사상적 토대로서의 역할을 할 수 있다면, 철학은 의학에 대한 비판이 아니라, 오히려 의학의 존재론적 성찰을 돕는 학문으로서의 역할을 할 수 있을 것입니다. 그리고 두 학문은 함께 공유하고 있는 인간이라는 중심 주제에 대해 보다 내밀하게 내 · 외적으로 사유해볼 수 있는 기회를 얻을 수 있게 될 것입니다. 모든 학문은 인간을 사이에 두고 다툴 수 없습니다.

오래전, 니체의 철학에 담긴 건강과 병을 사상적으로 해명해보겠다는 생각으로 박사논문을 준비하면서부터 가졌던 문제의식을 부족하나마 이 책으로 시도해보았습니다. 철학을 공부하며 생소한 의철학 영역에 대한 나름의 생각을 정리하면서 느꼈던 감정은 부족함이었습니다. 그럼에도 이 연구를 진행할 수 있었던 것은 단 하나, 철학과 의학이 그 어떤 문화적 현상에 의지하지 않고서도 인간의 본질을 탐구하는 학문이라는 사실에 대한 믿음 때문이었습니다.

건강과 병에 대한 자신의 철학적 관점을 가진 다양한 철학자들의 사상은 여전히 '의철학의 사상적 토대로서의 역할을 할 수 있을까?'라는 이 물음에 대한 답을 제시해줄 수 있을 것입니다. 비록 부족함에도 매 순간 고민하며 진행한 이번 연구와 이 책은 지금까지 철학을 공부하며 느낀 인간의 실존에 대한 생각을 확장할 수 있는 귀한 경험이 되었습니다. 이 책이 가진 부족함을 채워줄 수 있는 또 다른 후속연구가 나올 수 있다면 좋겠습니다.

연구자의 연구를 지지해주시며 다시 한 번 출판을 허락해주신 북코리아의 이찬규 사장님께 진심으로 감사를 드립니다. 덕분에 이 연구가 책으로 세상에 나올 수 있게 되었습니다. 그리고 미처 살피지 못한 부분까지 꼼꼼하게 살펴주시고 멋진 표지로 저의 작은 연구에 화려한 옷을 입혀주시는 김지윤 선생님을 비롯한 편집부 선생님들께 감사의 마음을 전합니다.

2024년 6월 15일

전주 동서학동 서재에서

이상범

CONTENTS

CONTENTS

약어표

KSA: Friedrich Nietzsche, Sämtliche Werke. Kritische Studienausgabe in 15 Bänden, hrsg. von Giorgio Colli und Mazzino Montinari, Berlin – New York 1999. (니체비평전집 전 15권)

KSB: Friedrich Nietzsche, Sämtliche Briefe. Kritische Studienausgabe in 8 Bänden, hrsg. von Giorgio Colli und Mazzino Montinari, Berlin – New York 2003. (니체서간전집 전 8권)

GT: Die Geburt der Tragödie (비극의 탄생)
SE: Schopenhauer als Erzieher (교육자로서의 쇼펜하우어)
MA I: Menschliches, Allzumenschliches (인간적인 너무나 인간적인 I)
MA II: Menschliches, Allzumenschliches (인간적인 너무나 인간적인 II)
M: Morgenröthe (아침놀)
FW: Die fröhliche Wissenschaft (즐거운 학문)
Za: Also sprach Zarathustra (차라투스트라는 이렇게 말했다)
JGB: Jenseits von Gut und Böse (선악의 저편)
GM: Zur Genealogie der Moral (도덕의 계보)
WA: Der Fall Wagner(바그너의 경우)
GD: Götzen-Dämmerung (우상의 황혼)
AC: Der Antichrist (안티크리스트)
EC: Ecce Homo (이 사람을 보라)
NW: Nietzsche contra Wagner (니체 대 바그너)

N: Nachgelassene Fragmente (유고 단편)
Bd. 7: Nachgelassene Fragmente 1869~1874
Bd. 8: Nachgelassene Fragmente 1875~1879
Bd. 9: Nachgelassene Fragmente 1880~1882
Bd. 10: Nachgelassene Fragmente 1882~1884
Bd. 11: Nachgelassene Fragmente 1884~1885
Bd. 12: Nachgelassene Fragmente 1885~1887
Bd. 13: Nachgelassene Fragmente 1887~1889

프리드리히 니체, 『한국 표준판 니체전집』(책세상, 2001~2005)

1: 『언어의 기원에 관하여 · 이러한 맥락에 관한 추정. 플라톤의 대화연구 입문 · 플라톤 이전의 철학자들 · 아리스토텔레스 수사학 I · 유고(1864년 가을~1868년 봄)』, 김기선 옮김(2003)
2: 『비극의 탄생 · 반시대적 고찰』, 이진우 옮김(2005)
3: 『유고(1870년 ~1873년)』, 이진우 옮김(2005)
4: 『유고(1869년 가을~1872년 가을)』, 최상욱 옮김(2001)
5: 『유고(1872년 여름~1874년 말)』, 이상엽 옮김(2002)
6: 『바이로이트의 리하르트 바그너 · 유고(1875년 초~1876년 봄)』, 최문규 옮김(2005)
7: 『인간적인 너무나 인간적인 I』, 김미기 옮김(2003)
8: 『인간적인 너무나 인간적인 II』, 김미기 옮김(2002)
9: 『유고(1876년~1877/78년 겨울) · 유고(1878년 봄~1879년 11월)』, 강용수 옮김(2005)
10: 『아침놀』, 박찬국 옮김(2004)
11: 『유고(1880년 초~1881년 봄)』, 최성환 옮김(2004)
12: 『즐거운 학문 · 메시나에서의 전원시 · 유고(1881년 봄~1882년 여름)』, 안성찬 · 홍사현 옮김(2005)
13: 『차라투스트라는 이렇게 말했다』, 정동호 옮김(2005)
14: 『선악의 저편. 도덕의 계보』, 김정현 옮김(2005)
15: 『바그너의 경우 · 우상의 황혼 · 안티크리스트 · 이 사람을 보라 · 디오니소스 송가 · 니체 대 바그너』, 백승영 옮김(2002)
16: 『유고(1882년 7월~1883/84년 겨울)』, 박찬국 옮김(2005)
17: 『유고(1884년 초~가을)』, 정동호 옮김(2004)
18: 『유고(1884년 가을~1885년 가을)』, 김정현 옮김(2004)
19: 『유고(1885년 가을~1887년 가을)』, 이진우 옮김(2005)
20: 『유고(1887년 가을~1888년 3월)』, 백승영 옮김(2005)
21: 『유고(1888년 초~1889년 1월 초)』, 백승영 옮김(2004)

* 한글판 니체전집의 초판을 사용한 경우, 연도가 다를 수도 있음. 사용연도는 주석에 기입된 사항을 확인.

일러두기

1. 니체의 저작은 KSA(Friedrich Nietzsche, *Sämtliche Werke. Kritische Studienausgabe in 15 Bänden*, hrsg. von Giorgio Colli und Mazzino Montinari, Berlin – New York 1999)과 이를 완역한 니체전집(전 21권, 책세상, 2001~2008)을 사용했다. 그리고 서간집은 KSB(Friedrich Nietzsche, *Sämtliche Briefe. Kritische Studienausgabe in 8 Bänden*, hrsg. von Giorgio Colli und Mazzino Montinari, Berlin – New York 2003)를 사용했다.

2. 이 책에 인용된 니체의 저작과 글들은 니체전집(전 21권, 책세상, 2001~2005)을 사용했다. 하지만 맥락에 따라서는 저자가 직접 번역한 경우도 있다.

3. 이 책은 저자가 국내 학회지에 논문으로 발표한 글들을 수정 후 실었다. 그 세부 현황은 아래와 같다.
   1) 「힘에의 의지에 대한 건강철학적 해명. 존재와 생명 그리고 건강의 관점에서」, 『대동철학』 제103집(대동철학회, 2023. 6), 225-252쪽.
   2) 「니체철학의 의철학적 적용가능성에 대한 연구」, 『대동철학』 제104집(대동철학회, 2023. 9), 195-229쪽.
   3) 「니체철학의 의철학적 특징과 건강과 병에 대한 인식론적 전환」, 『범한철학』 제110집(범한철학회, 2023. 9), 151-192쪽.
   4) 「힘에의 의지에 대한 건강철학적 해명. 힘에의 의지의 속성으로서의 "균형"에 대한 해명을 중심으로」, 『동서철학연구』 제109집(한국동서철학회, 2023. 9), 291-330쪽.
   5) 「니체철학의 의철학적 토대 연구. 철학과 의학에서 실존이 가지는 의미와 가치의 해명을 중심으로」, 『열린정신 인문학연구』 제25집(원광대학교 인문학연구, 2024. 4), 5-45쪽.
   6) 「니체철학의 의철학적 토대 연구. 생명, 생명력, 자연에 대한 그의 탐구를 중심으로」, 『철학연구』 제170집(대한철학회, 2024. 5), 185-212쪽.

I

니체철학의 의철학적 적용가능성

1. 니체철학의 의철학적 해석의 가능성
2. "신성한 병"에 대한 니체의 철학적 관점
3. 철학적 사유와 의학적 사유
4. 의학의 존재론적 성찰
5. 환자는 가장 약할 때 의사와 만난다

1.
니체철학의 의철학적 해석의 가능성

건강과 병은 인간의 육체적 상태를 나타내는 일반적인 생리학적 · 병리학적 표현이다. 하지만 한 인간으로서의 나 자신에게 이 표현을 적용할 때는 의학적 진단만으로 부족함을 느낄 때가 있다. 다시 말해 의학적 진단이 과연 나의 상태를 온전히 설명해줄 수 있는지에 대해 의문이 드는 때가 있다. 인간은 존재론적 토대로서의 생명이 발생시키는 생명력을 발휘하며 살아간다. 하지만 생명력을 발생시키는 요소가 육체일 수밖에 없을까? 오히려 육체는 생명력을 외부로 표출하는 생물학적 기관이 아닐까? 그렇다면 육체와 영혼은 분리될 수 없는 것이 아닐까? 이 물음에 대한 답은 명확하다.

인간의 생명성은 건강과 병, 쾌와 불쾌, 행복과 불행, 기쁨과 슬픔, 성공과 실패, 사랑과 이별 등 한 생명이 살아가는 과정에 영향을 미치는 생리적이고 심리적인 조건, 즉 육체와 정신을 온전히 반영한다. 그렇기 때문에 인간 안에 내재한 생명의 생명성은 인간의 자연성이 '어떠한지를' 증명하는 특성임과 더불어 '어떠해야만 하는지를' 보증해주는 조건인 것이다. 이러한 의미에서 니체의 "힘에의 의지"는 인간의 생명성과 자연성을 잘 드러내주는 개념이다. 니체의 철학에서 이 개념은 생명의 자연적 원리로서의 역할을 할 뿐만 아니라, 생명력의 증가와 감소로 인해 발생하는 실존의 건강과 병까지도 포괄해준다. 즉 이 개념은 철학적이면서 동시에 의학적인 지식에 부합하는 개념이다.

만약 건강과 병이 과학적이고 의학적인 관점에서만 해명된다면, 인간의 '존재론적인 자연' 역시 그 대상이 될 수밖에 없을 것이다. 인간은 생명을 가진 자연이다. 하지만 이 존재는 생명 안에 내재한 생명력에 의해 끊임없이 생성하고 생기하는 자연이다. 그럼에도 불구하고 인간은 자신 안에 내재한 자연의 계획을 따르는 삶을 살지 않고, 그렇게 살아갈 수도 없다. 그 이유는 인간은 이성적 · 정신적 사유를 통해 삶의 의미와 목적을 설정하고 육체적 힘을 통해 실현하는 과정에서 자연의 원리를 거스르기 때문이다. 이 과정에서 건강과 병은 삶의 의미를 실현하는 존재론적 토대임과 동시에 삶의 방향을 혼란에 빠뜨리는 '실존적 장애'로 등장하기도 한다. 그리고 과학적 의학은 이 현상을 모두 끌어안기에 어려움을 느낄 수밖에 없다.

건강과 병은 살아 있는 생명체에게만 발생하는 존재론적 현상이자 특징이다. 여기서 중요한 것은 건강과 병에 대한 과학적 · 의학적 진단과 치료뿐만 아니라, 병이 동반하는 고통 속에서 삶의 불안과 두려움을 느끼는 '실존적 증상'이다. 과학적 의학은 병이 환자의 삶에 차지하는 의미에 대해 묻지 않음에도 불구하고 분명히 병을 치유함으로써 환자가 다시 자신의 삶에 의미를 가질 수 있도록 도와준다. 우리가 의학에 기대하고 의지하는 이유는 이 때문이다. 의학은 철학일 수 없고, 철학 역시 의학일 수 없다. 하지만 의사는 철학적일 수 있고, 철학자 역시 의학적일 수 있다.[1] 고대 그리스의 자

1) 철학과 의학, 철학자와 의사의 역할은 인간의 몸에 발생하는 건강과 병을 중심으로 학문적 특징을 명확하게 드러낸다. 물론 철학은 인간의 육체에 대한 과학적 · 의학적 지식을 가지고 있지 않다. 하지만 인간의 정신이 병든 육체에 그리고 병든 육체가 정신에 영향을 미치는 한 철

연철학자들은 철학적 의학자로 불릴 만큼 의학적이었으며 히포크라테스도 철학적이었다.

하지만 철학과 의학은 각각의 고유한 학문적인 길을 가게 된다. 철학자들은 점점 더 철학적으로, 의사는 점점 더 의학적으로 나아가며 고유한 학문의 영역을 만들어왔다. 문명의 발전 속에서 인간의 육체가 의학의 대상이 되고, 마음이 정신분석학과 심리학의 대상[2]이 된다고 하더라도 변함없는 사실은 두 학문이 여전히 인간을 사유해왔다는 것이다. 그럼에도 인간의 실존에 중점을 두는 철학은 의학과 정신분석학, 심리학의 토대로서의 역할을 할 수밖에 없다.

의학과 정신분석학, 심리학의 토대로서의 역할을 할 수 있는 학문은 인간의 내 · 외적 활동과 상태를 그의 실존적 조건으로서 해명하는 철학일 수밖에 없다. 그리고 니체의 철학은 의학과 더불어 인간의 마음을 탐구하는 학문 영역을 모두 포괄하는 의철학의 특징을 가지고 있다. 국내외의 의철학자들은 이미 학제적인 관점에서 의학과 철학의 관계를 주선하고 있다. 이들의 연구는 의학이 더 이상 인간과의 연결고리를 놓치지 않아야만 한다고 주장하며 "인문의학", "의학적 인간학"이라는 명칭 아래 철학과의 융합을 제

학의 역할은 건강과 병에 의학적으로 접근할 수 있는 가능성을 얻게 된다. 또한 만약 인간이 동물을 능가할 수 있는 능력이 생각하는 능력이라면, 건강과 병에 대한 정신적 영향은 철학의 영역이며, 이를 성찰하는 것은 철학자들의 일이다. 의학, 심리학, 철학 그리고 육체와 정신의 특징과 상호 영향의 관계가 아직 이루어지지 않았던 시대에 칸트는 철학과 의학의 학문적 차이, 건강과 병에 대한 정신적 · 감정적 상태 그리고 이에 대한 이성의 역할과 실용성 섭생[식사와 알코올(맥주, 브랜디, 와인)] 등에 대한 논의를 통해 철학의 역할에 대해 숙고한다. 칸트의 이러한 관점에 대한 연구로는, Heiner F. Klemme, *Kant über Medizin und die Gesundheit des Menschen. Zum Zusammenhang von Philosophie, Selbsterhaltung und Humanität*, in: Academia Ethica (伦理学术), ed. Anqing Deng, vol. 8(Shanghai: Shanghai Educational Publishing House, 2020), pp. 10-44 참조.

2) 강신익, 「앎, 삶, 함, 그리고 몸. 의학적 몸의 존재론」, 『과학철학』 제8집(한국과학철학회, 2002), 154쪽 참조.

시한다.[3)]

의철학의 관점에서 의학이 놓친 것은 '인간'일 뿐만 아니라 '철학'이기도 하다. 하지만 인간의 삶이 구성한 세계에서 인간을 사유하지 않는 학문이란 존재할 수 없다. 그중에서도 철학과 의학은 다른 학문보다 인간의 영혼과 육체를 대상으로 삼는 본질적인 임무를 가진다. 그 이유는 두 학문이 인간의 존재론적 근원으로서의 생명과 생명력, 다시 말해 인간의 자연을 사유하고 때로는 그 세계에 개입할 수 있는 특권을 부여받았기 때문이다. 철학의 위기와 의학의 위기는 '인간의 위기'라는 동일한 결과를 가져온다. 인간은 의학에 의해서도, 의사에 의해서도 기계론적으로 환원될 수 있는 대상이 아니다. 이 위기를 극복할 수 있는 방법은 철학과 의학의 학제적 · 융합적인 관계를 다시 시도하는 것이다.

이러한 문제의식을 바탕으로 다음의 명제를 보자. '인간을 철학적으로 사유하고 의학적으로 치료한다.' 이 명제는 20세기 초부터 가속화된 의학의 과학적 패러다임 속에 은폐된 환자의 인격적 존엄성을 드러냄으로써 의사와 환자의 관계를 변화시키고자 하는 서사의학을 떠올리게 한다.[4)] 이와

---

3) 인제대학교 인문의학연구소, 『인문의학: 고통! 사람과 세상을 만나다』, 휴머니스트, 2008; 진교훈, 『의학적 인간학 의학철학의 기초』, 서울대학교출판부, 2004; 최종덕, 『의학의 철학: 질병의 과학과 인문학』, 아르케, 2020. 이와 더불어 의료인문학이 현실적인 의료교육에서 차지하는 구체적인 역할에 대한 글로는, 권상욱, 「의료 인문학의 개념과 의학 교육에서의 역할」, 『한국의학교육』 제17권, 한국의학교육학회, 2005, 217-223쪽 참조.

4) 서사의학의 관점에서 가다머가 제시하는 의사와 환자의 대화는 근대의학에 대한 비판을 바탕으로 하고 있다. 그에 의하면 편안하고 자연스러운 일상적인 대화 속에서 병과 고통이라는 몸의 현상을 겪고 있는 환자의 자연성을 부각시키는 것은 곧 한 인간으로서 환자의 인격과 존엄을 드러내는 것이기도 하다. "의학 영역에서 의사와 환자의 대화는 단순히 적절한 치료를 위한 준비나 소개로 여겨질 수는 없다. 의사와 환자 간 대화는 치료 자체의 일부로 보아야 하며, 전체 회복 과정에서 중요한 의미가 있는 것으로 보아야 한다. 이런 전체 관계는 '서비스'를 의미하는 '테라페이아(therapeia)'에서 나온 '테라피(therapy)'라는 기술적 용어에서 잘 드러난다. 이것은 의사가 환자들을 치료하면서 단순히 자신의 숙련된 기술을 사용한다는 것을 뜻하지는 않는다"(한스 게오르크 가다머, 『철학자 가다머, 현대의학을 말하다』, 이유선 옮김, 몸과 마음,

관련하여 니체는 병자의 증상을 생명력이 하강된 상태로 진단하고, 그 안에 다시 회복될 수 있는 정신과 의지의 힘이, 즉 실존의 힘이 내재되어 있음을 주장했다.

또한 이 명제는 다음과 같이 철학과 의학의 자리를 바꾸어도 전혀 문제가 되지 않는다. '인간을 의학적으로 사유하고 철학적으로 치료한다.' 그리고 이 명제 역시 니체의 철학을 떠올리게 한다. 그는 "커다란 건강(die grosse Gesundheit)", "철학적 의사(ein philosophischer Arzt)"[5] 등의 개념을 제시하며 철학에 내재된 치유의 힘을 의학적으로 설명하기도 한다. 이렇듯 니체의 철학적 진단과 치유의 방법론들은 철학과 의학의 특성을, 다시 말해 의철학적 특성을 가지고 있다. 이 점은 니체의 철학이 의철학에 적용될 수 있는 가능성을 보여준다.

니체의 철학에 담긴 이와 같은 의철학적 특징은 생명철학과 철학적 인간학, 실존철학의 특징을 담게 된다. 니체가 건강과 병을 철학적으로 해명하기 위해 프랑스의 생리학자인 클로드 베르나르(Claude Bernard)의 생리학을 인용했던 이유도, 의철학자 조르주 캉길렘(Georges Canguilhem)의 의철학과 접점을 갖게 되는 이유도 그의 철학의 이러한 특성 때문이다. 생명과 생명력에 대한 니체의 철학적 · 실존적 이해는 과학 발전의 긴 역사 속에서 의학이 비워놓은 고유한 문제들의 작은 공백을 채워줄 수 있을 것이다.

이 장의 내용은 니체철학의 의철학적 특징을 부각시킴으로써 그가 제시하는 사상적 개념을 바탕으로 의학의 가치를 평가하거나 또한 그 개념을 의학에 적용하기 위해서가 아니다. 오히려 의과대학의 의철학 강의에서 베

2002, 203-204쪽).

5) 니체의 이 개념은 밀레토스 학파의 자연철학자들을 일컫는 "철학적 의학자"와는 전적으로 다른 의미이다.

르나르와 캉길렘 등과 같은 의철학자의 사상뿐만 아니라, 니체를 비롯하여 야스퍼스, 가다머 등의 철학자를 통해서도 건강과 병의 의미와 가치를 철학적 · 의학적으로 소개할 수 있다는 가능성을 보이는 것이 이 글의 의도이다.

2.
"신성한 병"에 대한 니체의 철학적 관점

호메로스의 저서 『일리아드』(*Iliad*)의 서사는 트로이전쟁 중, 태양의 신 아폴론이 자신의 신전을 지키던 크리세스의 딸 크리세이스를 포로로 잡은 후 전리품으로 강취한 아가멤논을 벌한 역병, 즉 전염병으로부터 시작된다. 동물들로부터 시작되어 전쟁터의 수많은 병사들을 죽음에 이르게 한 이 병은 그 자체로 신이 내린 병, 즉 "신성한 병(ἱερὰ νόσος / die heilige Krankheit)"이었다. 하지만 호메로스 시대 이후 히포크라테스에 이르러 병을 바라보는 관점은 크게 달라진다. 이러한 측면에서 『히포크라테스 전집』(Corpus Hippocraticum)에 실린 「신성한 병에 관하여」의 저자는 의학적인 관점에서 이 병이 신에 의한 것일 수 없는 이유를 분명하게 제시한다.

그 이유 중 첫 번째는 신성한 병은 "유전적(kata genos)"이기 때문이고, 두 번째는 점액질과 담즙질의 육체적 조건의 유무와 아이와 노인의 차이 그리고 환경적 요인까지 원인으로 작용한 결과이기 때문이다. 저자에 의하면 이 병은 자연적인 원인으로부터 발생한 "인간적인" 것이다.[6] 그렇기 때문에 이 병은 신성시될 수 없고, 합리적인 관점에서 해명되어야만 한다. 아래의 글은 그 어떤 설명보다 신성한 병에 대한 히포크라테스적 의학의 관점을 명확하게 보여준다.

> 소위 신성한 질병(hiere nousos)에 대한 내용은 다음과 같다. 이 질병은 다른 질병들보다 전혀 더 신적인 것으로도 신성한 것으로도 내게는 보이지 않으며, 다른 질병들이 발생의 기원을 찾는 것과 같이 자연의 기원과 계기적 원인을 가진다. 그런데 사람들은 당황하고 놀라서 그것이 신적인 것이라고 생각했는데 이는 그것이 다른 질병들과 전혀 닮지 않았기 때문이다. […] 내가 생각하기로는, 최초로 이 질병(nosema)을 신성화한 사람들은 오늘날의 주술가들(magoi)이나 정화사들(kathartai)이나 떠돌이 사제들(agyrtai)이나 돌팔이들(alazones)과 같은 이들이며, 자신들이 꽤나 경건하고 뭔가를 아주 많이 알고 있는 체한다. 더 나아가 그들은 〔환자를〕 돕는 데 이용할 치료법을 갖고 있지 못한 무대책 상태를 변명하는 구실로 신적인 것을 내세워서, 그리고 자신들이 전혀 알지 못한다는 것이 드러나지 않도록 하기 위해서 이 질병(pathos)을 신성한 것이라고 불렀다.[7]

병에 대한 니체의 관점 역시 『히포크라테스 전집』의 저자와 다르지 않다. 하지만 니체의 철학적인 관점이 온전히 의학적일 수는 없다. 그럼에도

---

6) 히포크라테스, 『히포크라테스 선집』, 「신성한 병에 관하여」, 여인석 · 이기백 옮김, 나남, 2011, 96-98, 102쪽 참조.

7) 같은 책, 91-93쪽.

건강과 병에 대한 형이상학적 · 종교적 해석을 비판하고 부정한다는 측면에서 니체와 의사, 철학과 의학은 생명과 생명력에 대한 인간적인 관점을 공유한다. 병이 인간의 내 · 외적 삶에 미치는 영향을 철학적으로 탐구하는 그의 관점은 오히려 의철학과의 접점을 갖는다. 「신성한 병에 관하여」의 저자처럼, 니체 역시도 병을 신에 의한 초자연적인 현상으로 이해하는 "주술가들, 정화사들, 떠돌이 사제들"을 아래와 같이 "돌팔이"라고 비판한다.

형이상학적 · 종교적 해석 아래 병의 원인들은 더 이상 인간적인 것이 될 수 없다. 만약 그렇게 되면 인간이 자연적인 존재라는 사실 역시 부정될 수밖에 없다. 니체는 인간을 인간적으로 해석해오지 못한 오랜 역사 속에서 반복적으로 발생한 오해의 병을 "굴레의 병"[8]이라고 표현한다. 그리고 병을 벗어날 수 없는 굴레 속에서 해석해온 치료사들을 "그리스도교 도덕-돌팔이 의사(die christlichen Moral-Quacksalber)"[9]로, 그들이 제시한 치료의 방법을 "전대미문의 엉터리 치료제(die unerhörte Quacksalberei)"[10]로, 그들의 치료를 따르는 사람들에 대한 믿음을 "돌팔이 같은 만병통치약에 대한 믿음"[11]으로 표현한다. 그리고 다음과 같은 니체의 말은 건강과 병, 그리고 의학의 본질, 나아가 의사의 역할에 대한 니체의 철학적 관점을 잘 보여준다. "그대들은 병의 힘을 약화시키려고 하면서 병든 자의 힘을 약화시켰다. 그대들 엉터리 의사이자 구원자들이여!"[12]

니체에게 있어 "신성한 병"은 존재할 수 없다. 그 이유는 이 병이 신이 존재한다는 것을 전제로 하기 때문이다. 피조물의 관점에서 해석된 인간은

---

8) 니체, 『인간적인 너무나 인간적인 II』, 350, 김미기 옮김, 책세상, 2002, 426쪽.

9) 니체, 『유고(1888년 초~1889년 1월 초)』, 14[164], 백승영 옮김, 책세상, 2004, 176쪽.

10) 니체, 『아침놀』, 52, 박찬국 옮김, 책세상, 2004, 65쪽.

11) 니체, 『인간적인 너무나 인간적인 II』, 83, 283쪽.

12) 니체, 『유고(1882년 7월~1883/84년 겨울)』, 13[1], 박찬국 옮김, 책세상, 2001, 550쪽.

자신의 건강과 병에 의미를 부여할 수 없게 되며, 그러한 해석 속에서 그의 실존과 삶의 가치는 폄하된다. 니체가 형이상학적 진리와 종교적 존재를 비판하는 이유는 그 해석의 체계가 절대적이고 보편적인 믿음을 강요하기 때문이었다. 이에 대해 니체는 "신성한 병"을 인간의 믿음과 연관하여 다음과 같이 말한다. "믿음은 '신성한 병'이다. […] 믿음, 이것은 어떤 것이 참이어야 한다며 (인간을) 어리석게 만드는 내적인 강제이다. ……"[13)]

니체의 이러한 철학적 견해는 히포크라테스의 합리적 의학과 맞닿아 있다. 히포크라테스의 경우, 신성한 병은 인간에게 발생한 병을 자연적으로 진단하고 치유할 수 없는 장애였다. 하지만 철학자 니체는 병 자체에 대한 의학적 진단보다는 이 병을 창조해낸 인간의 실존적 병, 즉 나로부터 벗어난 존재자와 그 행위(병)를 믿음으로 해석하는 나약한 정신과 의지를 문제시했다. 병에 대한 특권을 신성한 존재에게 위임하게 되면, 건강에 대한 특권 역시 그에게 주어지게 된다. 그리고 이러한 주권의 상실 속에서 병은 죄에 따른 벌로 전락되고 그 원인은 신성한 존재에 대한 부정의 문제로 전환된다. 결국 병이라는 벌의 원인은 온전히 피조물에게 전가된다.

히포크라테스와 니체의 경우를 통해 확인할 수 있는 것처럼 철학과 의학, 철학자와 의사가 공유하는 사상적 토대는 인간의 건강과 병을 형이상학과 종교에 의존하지 않고, 인간적 · 자연적으로 해명해야 한다는 사실로부터 출발한다. 나아가 이 사실의 중요성이 의학 속에서 보증된다면 건강과 병을 신이 아닌 인간의 삶과 실존의 관점에서 해명하는 니체철학의 의철학적 관점은 부각되고, 그의 이러한 철학적 특징은 의철학의 사상적 토대로서의 역할을 할 수 있는 가능성을 얻게 될 수 있을 것이다.

---

13) 니체, 『유고(1887년 가을~1888년 3월)』, 9[136], 백승영 옮김, 책세상, 2000, 95쪽.

3.
철학적 사유와 의학적 사유

철학적 사유와 의학적 사유는 '인간'이라는 하나의 대상을 공유한다. 하지만 두 학문이 전개하는 사유의 방법은 달랐다. 사유의 대상이 인간일 때 두 학문의 사유방식은 서로 달랐지만, 생명일 때에는 다시 하나의 문제의식을 공유하게 된다. 그리고 이 차이는 기원전 6세기로 거슬러 올라간다. 탈레스, 아낙시만드로스, 아낙시메네스로 대변되는 이오니아의 밀레토스 학파는 각각 우주의 질서 및 운행원리의 근원을 물, 아페이론(apeiron), 공기(aēr)로 제시했다. 이후 이 사상은 기원전 5세기에 엠페도클레스(Empedocles), 아낙사고라스, 데모크리토스에게로 이어진다. 세상 만물의 탄생과 소멸을 지배하는 단 하나의 원리(아르케, arche)를 통해 우주를 이해하는 보편적 원리를 찾고자 했던 이들의 경험적인 사유는 이미 아스클레피오스(Asklepios)로 대변되는 종교적 · 주술적 사유로부터 멀어져 있었다. 그리고 이 시기에 히포크라테스 역시 이들의 자연철학을 바탕으로 병을 이해함으로써 합리적 의학을 주창했다.

자연철학자들이 제시한 다양한 아르케는 신에 의해 창조된 만물의 일부가 아니라, 모든 자연현상의 근원을 밝히기 위해 나름의 경험적 관찰과 과학적 가설을 통해 합리적으로 추론된 것들이었다. 그런데 아르케의 지배를 받는 이 만물에는 인간 역시 포함된다. 그렇다면 만물의 본질은 곧 인간의 본질이기도 하다는 합리적 추론이 가능해진다. 이로써 철학은 의학에 적용할 수 있는 하나의 '가정(Hypothesis)'을 얻게 되며, 의학도 병을 초자연적 현상이 아닌 자연적 현상으로 이해할 수 있게 되었다. 이후 히포크라테스의 합리적 의학이 제기한 문제는 이 이론을 의학의 토대로 활용하는 철학적 의학자들의 가정이 비록 합리적 추론에 의한 결과일지라도 인간의 육체적 건강과 병에 온전히 적용될 수 있는지의 여부였다. 적어도 병의 진단과 치료에 있어 그 방법이 추론에 근거할 수는 없을 것이다. 그리고 이와 마찬가지로 인간이 우주의 원리를 따른다는 것 역시도 경험적이거나 임상적일 수 없는 하나의 가정일 뿐이었다.

하지만 기원전 5세기 우주와 인간의 환경세계를 이해하기 위해 제시한 아르케를 바탕으로 인간을 치료할 수 있다고 믿었던 철학적 의학자들에 대한 비판이 히포크라테스로부터 시작된다. 『히포크라테스 전집』에 실린 글들 중 「전통의학에 관하여」에서는 직접적으로 엠페도클레스를 비판의 대상으로 삼고 있다. 그렇다면 왜 자연철학자들 중 엠페도클레스가 주요 비판의 대상이 되었던 것일까? 철학자이자 종교인이었으며 또한 의사로서 — 히포크라테스가 창시했던 코스학파와 대등한 관계였던 — 이탈리아의 합리적 의학파인 시켈리아 학파를 창시했던 엠페도클레스는 자신의 우주론을 바탕으로 인간의 "자연(Physis)"을, 즉 인간의 자연적 본질을 이해하고자 했다.[14)]

14) 그리스와 이탈리아의 초기 철학자들 중 엠페도클레스는 포괄적이고 능동적인 자연철학을 전개했다. 그 이유는 그가 밀레토스 학파의 자연철학자들이 제시한 만물의 근원, 즉 탈레스의 물, 아낙시메네스의 공기, 크세노파네스의 흙, 헤라클레이토스의 불과 같은 사상적 근원들을 우주의 구성요소이자 나무, 짐승, 인간, 남자와 여자 등 — 사랑(인력)과 미움(척력)의 힘을 통

그리고 특정 원리로부터 개별 원리로 나아가는 연역적 사고의 총체로서 그의 자연철학적 사유는 인간을 존재론적으로 이해하고 나아가 치유하는 의학적 성격을 갖게 된다.

보다 구체적으로 만물이 불, 공기, 흙, 물로 이루어져 있으며 스스로 운동할 수 없는 이 원소들이 서로 대립하는 끌어당기는 사랑의 힘(philiotēs)과 밀어내는 미움의 힘(neikos)에 의해 결합-분리-혼합되는 과정에서 자연과 생명을 탄생시키고 나아가 건강과 병을 발생시킨다는 엠페도클레스의 4원소설은 시켈리아 학파의 의사 필리스티온(Philistiōn)에게 영향을 주었다. 이후 그는 엠페도클레스의 이론을 보충하며 각각의 원소에 온(불), 냉(공기), 건(흙), 습(물)과 같은 힘을 부여하고, 이 힘들의 비율과 조화에 따라 병이 발생한다고 보았다.[15] 이에 대한 비판은 『히포크라테스 전집』의 「인간의 본질에 관하여」에서 아래와 같이 진행된다.

의술과 관련되는 범위를 넘어서 인간의 본질에 관해 논하는 걸 듣는 데 익숙해진 사람에게는 내 이야기는 들을 만한 게 못 될 것이다. 왜냐하면 나는 결코 인간이 공기라고도 불이라고도 물이라고도 흙이라고도, 그리고 인간 속에 있음이 분명하지 않은 다른 어떤 것이라고도 주장하지 않기 때문이다. 이런 주장들을 하고 싶어 하는 사람들이 그리하는 것을 나는 말리지 않는다. 하지만 내가 보기에는 이런 주장들을 하는 사람들은 옳은 앎을 갖고 있는 것 같지 않다. […] 그들 모두가 같은 생각을 갖고 있지만 같은 주장은 하지 않으므로, 그들이 전혀 알고 있지 못하다

해 — 탄생시키는 만물의 근원으로 주장했기 때문이다(앤서니 케인, 『고대철학』, 김성호 옮김, 서광사, 2008, 59-61쪽 참조).

15) 이기백, 「히포크라테스 의학에서 엠페도클레스의 영향: 가정(hypothesis)과 인간의 본질(physis) 문제」, 『의사학』 제22권대한의사학회, 2013, 885-887, 896-897쪽 참조.

는 게 분명하다.[16)]

엠페도클레스의 이론으로부터 시작된 철학적 의학은 온냉건습의 협소한 양적 관계 — 온과 냉, 건과 습 중 하나의 부족현상 — 로부터 병을 철학적으로 가정하고 의학적으로 일반화하고자 했다. 하지만 병은 도시별 계절, 기후, 공기, 물, 땅 등의 다양한 환경적인 요인과 더불어 서로 다른 인종과 그들의 고유한 생활방식, 섭생으로도 발생하기 때문에 일반화된 방식으로는 치유의 한계가 있을 수밖에 없다. 그리고 만약 사람이 환경에 동일하게 반응한다면 병과 그 치료법도 단일해질 수밖에 없을 것이다.

하지만 병은 다양하고 그에 상응하는 치료법 역시 마찬가지이다. 그렇기 때문에 일반화된 가정과 통계를 바탕으로 건강과 병, 정상과 병리를 구분할 수는 없다. 이러한 의미에서 『히포크라테스 전집』의 한 저자는 다음과 같이 말한다. "의술을 올바로 추구하고자 하는 자는 다음과 같이 행해야 한다. 먼저 한 해의 계절들 각각이 무슨 영향을 미칠 수 있는지를 고려해야 한다."[17)] 그리고 비교적 최근까지 의철학자로서 활동했던 캉길렘 역시 비슷한 견해를 제시한다.

> 우리는 이전의 연구에서 생명체도, 환경도 서로 분리해서 고려된다면 정상적이라고 말할 수 없으며 다만 그들의 관계에서만 정상적이라고 말할 수 있다고 주장했다. 오직 그렇게 할 때에만 길잡이를 보존할 수 있으며, 그러한 길잡이를 놓친다면 필연적으로 이례적(anomal) 개체(이상의 담지자), 즉 통계적으로 결정된 특정한 유형에서 벗어난 개체를

16) 히포크라테스, 『히포크라테스 선집』, 「인간의 본질에 관하여」, 187-188쪽.

17) 같은 책, 「전통의학에 관하여」, 21쪽.

모두 이상한 것, 즉 병리적인 것으로 간주하게 될 것이다.[18)]

히포크라테스로부터 시작된 코스 학파의 의사들이 철학적 의학자의 자연철학적 가정으로부터 벗어나 합리적으로 인간과 의학의 본질을 규정하고자 했었다는 사실은 의학의 발전에 중요한 토대로 작용했다. 이 견해들은 왜 철학적 의학이 비판의 대상이 될 수밖에 없었는지, 그리고 왜 의학이 과학적 의학으로 변모해갈 수밖에 없었는지를 이해하게 해준다. 이러한 비판의 본질적인 원인은 철학적 의학자들의 이론이 여전히 직접적인 경험과 합리적인 임상을 거치지 않은 가정에 불과하기 때문이었다.[19)] 아래의 글은 『히포크라테스 전집』의 「전통의학에 관하여」의 일부로서 철학적 의학자들이 제시하는 "가정"에 대한 비판을 잘 보여주고 있다. 저자의 이러한 견해는, 의술의 의학적 원리는 철학적 가정에 의존하지 않을 정도로 이미 오래전부터 이루어져왔고 앞으로도 그럴 것이라는 믿음에 기인한다.[20)]

의술(iētrikē)에 관하여 말하거나 글을 쓰는 일에 착수하면서 자신들의 이론을 위해 온이나 냉이나 건, 혹은 그 밖에 자신들이 선호하는 것을 가정(hypothēsis)으로 놓는 모든 이는, 즉 사람들의 질병과 죽음의 근원적 원인을 단순화시켜서 모든 사례에 대해 동일한 원인 한두 가지를 가정

18) 조르주 캉길렘, 「정상적인 것과 병리적인 것」, 『생명에 대한 인식』, 여인석 · 박찬웅 옮김, 그린비, 2020, 250쪽.

19) 이기백, 「히포크라테스 의학에서 엠페도클레스의 영향」, 891-892쪽 참조. 이러한 문제들은 당대 철학과 의학의 관계에 대한 이해를 필요로 한다. 이 문제에 대한 자세한 논의와 당대 철학과 의학의 관계에 대한 글로는, 이기백, 「고대 헬라스에서 철학과 의학의 관계」, 『의사학』 제14권(대한의사학회, 2005), 32-50쪽 참조; 여인석, 「철학과의 관계에서 본 의학적 합리성의 기원: 고대희랍의학을 중심으로」, 『서양고전학연구』 제25권, 한국서양고전학회, 2006, 93-120쪽 참조.

20) 히포크라테스, 『히포크라테스 선집』, 「전통의학에 관하여」, 138쪽 참조.

하는 모든 이는 그들이 말하는 많은 것에서 명백히 잘못을 범하고 있다. [···] 그러므로 나로서는 의술에 공허한 가정은 필요하지 않다고 생각했다. 그것은 보이지 않고 해결할 방도가 없는 것들에나 필요한 것이다.[21)]

그렇다면 니체는 건강과 병 그리고 그 치유방법을 제시하면서 그 어떤 철학적 가정도 하고 있지 않을까? 형이상학과 종교에 대한 그의 비판을 통해 알 수 있는 것처럼, 우선 그는 사변적이고 관념적인 가정은 제시하지 않는다. 자연철학자들과 같은 철학적 의학자들은 만물을 지배하는 우주의 원리를 특정한 물질적인 자연(Physis)에서 찾으며 그 원리를 추론하고 이 원리를 의학에 적용했다. 하지만 니체는 이러한 특정한 절대적 물질과 원리를 해체하고 '생성(Werden)'과 '생기(Geschehen)'로 대변되는 보다 근원적인 인간의 내적 자연의 원리를 발견했다. 그리고 니체는 이 원리를 통해 물질과 정신, 다시 말해 육체와 영혼을 이원화하지 않고, "몸(der Leib)"으로 일원화했다. 영혼과 육체가 합일된 몸으로서 존재하는 인간은 이제 생명의 원리를 따르는 자연의 일부이자 그 자신이 자연 자체로 보증된다.

"호모 나투라(Homo Natura)"[22)]라는 니체의 개념에서 알 수 있듯이, 그는 자연철학자들처럼 자연을 물질로 환원하지 않고, 소크라테스와 플라톤처럼 절대적 인식대상 아래 그 가치를 폄하하지도 않았다. 니체는 자연과 그 특징을 우주와 세계를 비롯해 인간의 '존재론적 존재성', 다시 말해 '존재론적

---

21) 같은 책, 135-136쪽.

22) 니체, 『선악의 저편』, 230, 김정현 옮김, 책세상, 2005, 220쪽. 니체가 1885년의 한 유고에 자연적 인간(Homo Natura)을 힘에의 의지와 함께 제시하는 이유는 이 때문이다(니체, 『유고(1885년 가을~1887년 가을)』, 2[131], 이진우 옮김, 책세상, 2005, 162쪽). 자연으로서의 인간과 그의 특성을 힘에의 의지로 설명하는 글로는, Christian Grawe, *Homo natura*, in: Joachim Ritter (Hrsg.), Historisches Worterbuch der Philosophie, Basel/Stuttgart: Schwabe, 1974, p. 1177 참조.

자연성 그 자체'로 드러내주는 본질적인 생명의 원리로 제시한다. 그렇다면 '자연적인 인간'은 자신의 자연성에 대한 참된 인식을 바탕으로 자신을 포괄하는 거대한 세계의 자연성을, 즉 생성하는 대지의 자연성을 오해해서는 안 된다. 세계와 인간은 생명의 원리를 공유하는 자연 그 자체이다. 형이상학과 종교에 대한 니체의 비판을 통해 다음과 같은 명제를 도출할 수 있을 것이다. '세계에 대한 이원론적 해석은 인간의 몸을 오해할 수 있지만, 인간에 대한 자연적 해석은 세계를 오해하지 않는다.' 그리고 '건강과 병에 대한 자연과학적 해석은 인간의 실존을 오해할 수 있지만, 두 가치에 대한 인간학적 해석은 인간의 실존적 토대로서의 역할을 한다'.

의학의 목적은 분명히 육체적 기관에 발생한 병과 고통을 정상상태로 되돌려놓는 것이다. 하지만 육체에 발생한 병과 고통스러운 증상을 회복하고 싶어 하는 바람은 결코 의학만의 문제일 수는 없다. 그 이유는 하이데거의 존재론적 해명을 통해서도 설명될 수 있듯이, 병은 고통 속에 놓인 환자가 바라보는 삶의 문제, 즉 지금 이곳에서 고통 속에 내던져진(geworfen) 불안(Angst)한 기분(Stimmung)으로 자신의 "존재가능(Seinkönnen)"을 염려하는 현존재의 실존적 문제이기도 하기 때문이다.[23)] 다시 말해 의학의 일차적인 목표는 병든 육체의 "정상상태로의 회복(wiederherstellung)"이지만, 그 목표는 병으로 인해 육체적인 고통을 받고 있는 환자가 불안 가득한 괴로움 속에서 고대하는 건강의 상태를 전체 실존의 관점에서 보살필 수 있는 목적을 향해 실현되어야만 한다.[24)] 인간의 병을 치유하는 의학의 일차적인 목표보다 본

23) 마르틴 하이데거, 『존재와 시간』, 이기상 옮김, 까치, 2006, 139-137, 190, 199쪽 참조.

24) "의학에서 정상적 상태는 기관의 정상상태인 동시에 이상(理想)의 상태를 가리킨다. 왜냐하면 그 정상상태로의 회복(wiederherstellung)이 치료의 목적이기 때문이다. […] 분명히 의학에서는 인간 신체의 정상상태란 사람이 그것을 회복하고 싶다고 바라는 상태(wiederherzustellen wünscht)이다"(조르주 캉길렘, 『정상과 병리』, 이광래 옮김, 한길사, 1996, 136-137쪽Georges Canguilhem, *Das Normale und das Pathologische*, herausgegeben von Wolf Lepenies und Henning

질적인 목적은 인간을 인간적으로 사유하고 치료하는 의학의 인간학적 관점과 실천, 즉 의학의 철학적 임무이다. 그리고 그 임무에 대한 인식은 인간의 실존에 대한 철학적 성찰로부터 시작된다.

물론 의학의 임무 역시 병으로부터 건강으로의 치유이다. 하지만 그 과정에서 건강과 병은 마치 정상과 병리의 상태로 이원화되어서는 안 된다. 또한 건강과 병이 동일한 것이어도 안 된다. 건강과 병은 서로 다른 것, 즉 생명의 생명력으로서 서로 다른 규범이어야만 한다. 물론 이 규범은 ― 다른 명칭으로 제시된다고 하더라도 ― 생명에 내재된 생명력에 의한 것인 한 서로 유기적일 수밖에 없다. 그렇기 때문에 건강과 병은 인간의 생명과 생명력을 반영하는 자연성에 대한 해명으로부터 시작되고 유지되어야 한다. 니체의 철학에서 유기체의 생명과 그 자연적 원리에 대한 해명은 "힘에의 의지"라는 개념을 통해 전개된다. 그리고 이 개념은 건강과 병을 자연적인 인간적 현상으로 이해할 수 있게 해줌으로써 두 가치를 이원화하는 오해를 불식시켜준다. 이렇듯 힘에의 의지는 생명의 생명력에 대한 해명을 바탕으로 건강과 병의 진단과 치유의 방법론으로 사용된다는 측면에서 의철학적 특징을 담고 있다.

Ritter, übersetzt von Monika Noll und Rolf Schubert, München, Hanser, 1974, pp. 81-82.

4.
의학의 존재론적 성찰

1) 병이 발생하는 장소는 육체가 아니라, “몸”이다

모든 학문은 그 명칭과 탐구영역에 따른 관계를 사유한다. 그리고 철학으로부터 특정 주제로 파생된 이 학문들은 그 관계의 본질적인 대상을 인간으로 삼을 수밖에 없다. 철학은 ‘인간’을 사유하는 학문임과 동시에 ‘관계’를 사유하는 학문이다. 그리고 이 관계는 인간과 세계, 인간과 사회, 인간과 예술, 인간과 정치, 인간과 과학, 인간과 건강 그리고 병 등 다양한 관계로 확장된다. 이렇듯 철학의 근본주제이자 모든 학문적 관계의 대상인 인간은 필연적으로 특정 학문을 존재론적으로 성찰하는 조건으로서의 역할을 하게 된다. 인간과 세계의 관계에 대한 탐구로부터 세계를 이편과 저편으로, 인간을 영혼과 육체로 이원화하며 나아가 중세 종교 및 신학의 학문적 토대가 된 고대 그리스의 형이상학에 대한 존재론적 성찰에서도 인간은 변함없는 조건으로서의 위치를 가진다. 인간은 관계의 대상이자 그 관계를 해명하는 근본조건이며 학문은 이 관계로부터 성찰의 기회를 얻게 된다.

그렇다면 의학을 존재론적으로 성찰한다는 것은 무엇을 의미하는 것일까? "정상과 병리라는 개념 없이는 의사의 사유와 활동을 이해할 수 없다"[25]는 캉길렘의 말처럼, 이 물음은 의학이 건강과 병의 관점에서 육체적 · 정신적 상태를 표출하는 인간을 위한 학문이라는 존재론적 · 인식론적 관점에서 시작된다. 그렇기 때문에 이 물음의 답은 의학과 의사의 윤리에 대한 물음보다 그 대상으로서의 인간에 대한 본질적인 물음으로 제기될 수밖에 없다. 나아가 이 물음은 건강과 병이라는 개별 상태가 인간을 건강한 사람과 병든 사람으로 구분하는 유형학적 · 가치론적 문제로 구체화된다. 그리고 위와 같은 철학적 · 의학적 문제에 대한 존재론적인 성찰은 — 의료윤리 문제에 앞서 — 인간의 본질에 대한 철학적 성찰을 요구하는 의철학의 관점으로 나아간다.

건강과 병으로부터 발생하는 유형학적 문제를 해명함에 있어 제기되는 본질적인 문제는 병에 의해서도 여전히 활동하는 생명과 생명력에 대한 존재론적인 탐구와 고통 속에 억압된 실존이다. 그 이유는 병도 생명력의 활동에 의한 결과이기 때문이다. 건강과 병은 상호 자극을 주는 활동으로서 여전히 생명력의 활동 안에 포괄될 수밖에 없다. 그리고 이 문제로부터 의학의 '존재론적 성찰'은 시작된다. 의학은 과학이다. 하지만 의학은 매 순간 인간과 직접 만나는 실천적 학문으로서 그 어느 학문보다도 철학적일 수밖에 없다.

그렇기 때문에 인간과 그 존재원리로서의 생명에 대한 기계론적 접근은 그 안에 내재된 생명력의 유기적인 활동과 그 가치로서의 건강과 병의 관계를 온전히 해명할 수 없게 되며, 이로부터 인간은 건강한 인간과 병든 인간의 유형으로 구분될 수밖에 없다. 그리고 의철학의 임무는 의학의 본질

---

25) 조르주 캉길렘, 「정상적인 것과 병리적인 것」, 『생명에 대한 인식』, 239쪽.

과 목적에 인간이, 다시 말해 환자가 온전히 자리하지 못하는 현상에 대한 철학적 성찰이다. 이러한 의미에서 다음과 같은 캉길렘의 견해는 의학에 대한 존재론적 성찰이 인간 실존의 문제를 포괄할 수 있음을 잘 보여준다.

> 인간의 생명은 생물학적인 의미, 사회적인 의미, 실존적인 의미를 가질 수 있다. (그런데) 질병이 인간의 신체에 가한 변용에 대한 평가에서 위의 모든 의미들은 구별되지 않은 채로 고려된다. 인간은 나무나 토끼처럼 단순하게 살아가지 않는다.[26)]

건강과 병에 대한 캉길렘의 견해는 육체적 상태에만 국한되지 않는다. 그는 생명의 관점에서 보다 근본적으로 건강과 병의 의미와 가치를 해명하고자 했다. 즉 그에 의하면 건강과 병은 인간의 전체적인 실존과 관계되어 있다. 그 이유는 육체의 증상은 곧 일상의 모든 순간을 포함하는 삶의 문제이기 때문이다. 병과 고통이 삶의 과정으로 해석되지 않을 때 인간의 실존적 병은 시작된다. 그렇기 때문에 의학은 인간의 실존과 관계하지 않을 수 없다. 의학이 병을 치유함과 동시에 삶을 치유하는 학문인 이유는, 건강과 병이 삶의 영역에서는 언제나 가치의 문제로 전환될 수밖에 없기 때문이다. 이렇듯 중요한 것은 의학이 치유하는 것이 비단 육체일 수 없다는 사실이다. 만약 의학이 육체에 발생한 병만을 치유하고자 한다면, 그 이면에는 인간을 고통스럽게 만드는 요인이 오직 육체에만 있다는 사실을 인정하는 것과 다르지 않다.

이러한 의미에서 니체가 인간을 육체와 영혼이 합일된 "몸(der Leib)"의 존재로 해명하고, 이 몸의 존재를 "자아(das Ich)"에게 명령을 내리는 내면의

26) 같은 책, 239-240쪽.

또 다른 자신인 "자기(das Selbst)"로 규정한 이유는, 인간의 건강한 실존은 육체와 영혼을 모두 포괄하는 몸으로부터 시작되기 때문이다. 인간의 실존은 몸으로 존재하는 모든 곳에서 시작된다. 그렇기 때문에 인간을 일원론적 몸의 존재로 규정하는 니체의 관점은 건강과 병이 생물학적인 의미, 사회적인 의미를 모두 포괄하는 전체 실존의 조건임을 잘 보여준다.[27)]

이렇듯 인간의 실존은 단 한순간도 몸으로서 자신의 세계를 망각하지 않으며 완벽히 다른 두 세계를 소유하지도 않는다. 건강과 병은 그 세계의 활동을 질적으로 규정하는 생명의 규범, 즉 건강과 병으로 표출되는 역동적인 생명의 힘(생명력) 활동의 일환일 뿐이다. 병도 생명의 활동성을 대변해주는 근본조건인 것이다.[28)] 그렇기 때문에 하나의 생명, 하나의 세계에 대한 건강과 병이라는 두 가지 상태는 정상과 병리의 상태로 드러날 뿐, 결코 정상과 비정상으로 규정될 수 없다.[29)]

> 어떤 개인이 병에 걸렸다고 느끼고 병들었다고 말하고 환자로서 행동하기 시작할 때, 이 개인은 다른 세계로 진입한 것이며 따라서 다른

---

27) 니체, 『차라투스트라는 이렇게 말했다』, 「몸을 경멸하는 자들에 대하여」, 정동호 옮김, 책세상, 2000, 52-53쪽 참조.

28) "질병은 생명체가, 혹은 인간이 죽음을 면할 수 없는 존재임을 시인하게 강제하는 생명의 도구다"(조르주 캉길렘, 「건강: 통속적 개념과 철학적 질문」, 『캉길렘의 의학론: 자연, 질병, 건강, 치유, 유기체와 사회에 대하여』, 여인석 옮김, 그린비, 2022, 42쪽). 병에 대한 캉길렘의 실존적 해석은 다음의 글에서도 잘 확인할 수 있다. "질병은 또한 선택되거나 강제된 활동 모델에 맞추어 살기 위해서, 그리고 아주 좋은 경우에는 생존의 가치나 이유를 지키기 위해서 취하는 노력에 생기는 위기다. 질병은 살겠다고 요구하지 않았지만 살도록 강제된 인간이 결국 지불해야 할 대가다"(같은 책, 41쪽).

29) "우리는 '병리적'이란 개념이 '정상적'이란 개념과 논리적 모순 개념이라고 말할 수 없다. 왜냐하면 병리적 상태에 있는 생명은 규범의 부재가 아니라 다른 규범의 현전이기 때문이다. 엄밀하게 말해 '병리적'은 '건강한'의 정반대말이지 '정상적'의 논리적 모순 개념이 아니다"(조르주 캉길렘, 「정상적인 것과 병리적인 것」, 『생명에 대한 인식』, 258쪽).

인간이 된 것이다. 정상적인 것의 상대성은 절대로 의사로 하여금 정상적인 것과 병리적인 것 사이의 구별을 무효화시키는 혼동 속에 빠지도록 장려하는 것이 되어서는 안 된다. 이 같은 혼동은 흔히 클로드 베르나르 사유에서 본질적인 주장의 매력으로 과시되기도 했다. 그 주장에 따르면 병리적 상태는 정상적 상태와 동질적이며, 양자 사이에는 다소간의 양적인 차이가 있을 뿐이다.[30)]

"건강은 육체적, 정신적, 사회적으로 완전한 안녕의 상태이며 단지 허약함이나 질병이 없는 상태가 아니다."[31)] 세계보건기구(WHO)의 건강규정에 대한 캉길렘의 견해처럼, 건강은 병의 부재로 보증될 수 없으며 병 역시도 육체적인 병에 국한되지 않는다. 건강과 병은 생명이라는 존재론적 근원으로 인해서 인간의 전체 실존의 문제, 보다 구체적으로 말해서 인간이 살아가고자 하는 현실적인 삶의 문제와 직결될 수밖에 없다. 나아가 건강과 병이 삶의 문제인 이상, 이 두 조건은 불안, 두려움과 같은 실존적 문제로부터

---

30) 같은 책, 256쪽.

31) 조르주 캉길렘, 「건강: 통속적 개념과 철학적 질문」, 『캉길렘의 의학론: 자연, 질병, 건강, 치유, 유기체와 사회에 대하여』, 54쪽. 인간의 사회적 · 심리적 요소에 중점을 두고 있는 세계보건기구(WHO)의 건강 정의가 오히려 인간을 병들게 만든다는 의견도 있다. 그 이유는 이 정의에 따르면 그 누구도 진정으로 건강할 수 없기 때문이다. 건강과 병은 인간의 실존에 포함되는 상태이기에 이 정의는 병의 부재를 포괄하거나 그 본질적인 토대로서의 건강의 상태를 대변하고 있지 못하다. Christoph Asmuth, *Das Konzept ›Gesundheit‹ und seine Probleme aus philosophischer Sicht*, in: Gesundheitsförderung zwischen individuellem Anspruch und gesellschaftlicher Verantwortung. Beiträge zur Gesundheitsförderung in ausgewählten Feldern. (HG.) Ketelhut, Kerstin-Prchal, Katarina-Stache, Antje, Hamburg, Dr. Kovac, 2012, p. 165 참조. 야스퍼스는 이미 세계보건기구의 건강 개념에 대해 같은 의견을 제시했다. "현대 세계를 특징짓는 방식으로 세계보건기구는 건강을 '완전한 육체적, 정신적, 사회적 복지상태'로 정의하고 있다. 그러한 건강은 존재하지 않는다. 이러한 개념을 따른다면 실상 모든 인간은 존재하면서 어떤 시기에 따라 어떤 방식으로든 아픈 것이다"(칼 야스퍼스, 『기술시대의 의사』, 김정현 옮김, 책세상, 2010, 72-73쪽).

자유로울 수 없다. "우리가 건강에 부여한 정의는 일상적 경험에 따라서 몸이 원하는 대로 살아가고 행동하도록 허용하는 상태다. 그리고 철학에 대해 이러한 명제를 지지해주기를 요청한다."[32] 그렇기 때문에 건강과 병의 관점에서 인간을 탐구하는 의학은 철학이 수행하는 존재론적 성찰의 대상이 될 수밖에 없다.

그렇다면 의학의 존재론적 성찰에 있어 다음과 같은 의학적이며 동시에 실존적인 물음은 나름의 의미를 가질 수 있게 될 것이다. '우리는 어떤 상태에 있을 때 건강하다고 느끼는 것일까?' '육체적인 기능에 특정한 이상이 없을 때, 그래서 일상 속 활동에 전혀 지장이 없을 때 우리는 건강하다고 느끼는 것일까?' 우리는 이미 건강과 병에 대해 의학적으로 규정되고 서로 합의된 개념적 전제에, 다시 말해 19세기 근대부터 시작되어 오늘에 이르는 의학의 과학적 패러다임에 익숙하다. 그렇다면 건강이란 병이 없는 상태를 의미하는 것일까? 건강과 병은 서로의 부재에 의해 규정되는 상태인 것일까? 결론적으로 육체적 병을 제거하고 다시 건강을 되찾아주는 것만이 의학의 목표일까?

하지만 이미 언급된 니체의 인간학적 해명처럼, 인간은 육체와 정신이 합일된 "몸"의 존재이다. '만약 병을 육체의 생물학적 기능의 오류로 규정하고 치료를 시도한다면 그 과정에서 환자가 안고 있는 불안, 두려움과 같은 정신적 영역은 함께 보호받을 수 없는 것일까?' '그렇다면 병으로 인한 고통

---

32) 조르주 캉길렘, 「건강: 통속적 개념과 철학적 질문」, 『캉길렘의 의학론: 자연, 질병, 건강, 치유, 유기체와 사회에 대하여』, 58쪽. 철학, 문학, 의학의 통합적 관점에서 건강과 병의 의미를 현상학적으로 탐구하는 툼스의 견해 역시 병과 건강의 실존적 의미를 중요하게 제시한다. 그녀에 의하면 병은 현재 삶의 장애일 뿐만 아니라 미래에 대한 인식에도 영향을 미친다. 그렇기 때문에 그녀는 건강이란 스스로 계획한 삶의 목표가 현재로부터 미래에까지 가능하다고 느끼는 상태라고 말한다(S. Kay *Toombs, The meaning of illness. A phenomenological approach to the patient-physician relationship*, in: Journal of Medicine and Philosophy, Volume 12, Issue 3, Oxford University Press, 1987, p. 234 참조).

속에서 불안과 두려움을 느끼는 환자의 실존은 어떤 의미를 지니게 되는 것일까?' 결론적으로 환자는 병자이기 이전에 한 인간으로서의 실존을 가지고 있기 때문에 육체의 일부 기능에 이상이 생긴 생물학적 대상으로, 과학적 치료만을 필요로 하는 수동적 존재로 환원될 수 없다.[33] 그럼에도 과학적 사고 아래 인간은 과학적 대상이 될 수밖에 없다. 그리고 병명은 환자의 이름이 되며, 그 이름 아래 환자의 실존은 은폐된다.

인간의 실존은 과학이 설명할 수 없는 영역이다. 인간의 실존은 실재하지만 과학적으로 설명될 수 없는 존재의 영역이다. 하지만 철학은 인간의 실존을 설명하고 그 근거를 제시할 수 있는 학문이다. 이 지점에서 철학은 마치 자연철학자들로부터 시작된 우주론 — 엠페도클레스의 4원소설 — 을 인간에게 적용함으로써 의학의 역할을 수행하며, 이후 임상 중심의 히포크라테스 의학과 대립했던 비판적 관계가 아니라, 의학의 존재론적 성찰을 돕는 학문으로서 상호 융합하는 관계를 지향해야만 한다.

그렇다면 '철학은 융합의 관점에서 어떤 역할을 할 수 있을까?' 존재의 근원을 탐구하는 학문으로서의 철학은 환자에 대한 접근방식의 변화를 요청하고 인간에 대한 인식의 지평을 확장함으로써 융합학문으로서의 역할을 해야만 한다. 의학적 치료는 의사가 환자의 삶에 참여하는 인간주의적 과정에 대한 명칭이다. '의사가 병으로 고통받는 환자의 실존적 불안까지 덜어주어야 한다면, 이것은 의사에게 무거운 의무가 되는 것일까?' '아니면 이러한 인문학적 덕성을 의사의 조건으로 규정해야만 하는 것일까?'

---

33) 2012년 〈나우 이즈 굿〉(Now is Good)이라는 영화의 주인공인 백혈병에 걸린 테사(다코타 패닝)와 그녀의 친구인 아담(제미 어바인)이 나누는 대화는 병이 병자의 실존에 어떤 영향을 주는지 잘 보여준다. 깊어진 병으로 인해 죽음이 예측된 테사에게 아담은 "무섭니?"라고 묻고 테사는 다음과 같이 대답한다. "오락가락해. 사람들은 병에 걸리면 용감해질 것이라고 생각해. 하지만 그렇지 않아. 늘 살인마한테 쫓기고 있는 기분이야. 어떤 때는 몇 시간이고 생각 안 날 때도 있고."

건강과 병을 인간 실존의 관점에서 고찰한다는 것은 이 두 개념을 그의 실존의 언어로 재해석한다는 것을 의미한다. 때때로 우리는 육체적 고통이 없는 상태에서도 아플 수 있다. 병은 절대로 육체의 생물학적 기능의 이상 현상으로 발생하는 문제만은 아니다. 만약 건강과 병을 생물학적 차원에서 분류하고 그 목록에 환자의 증상을 기계적으로 적용한다면, 인간이 가지고 있는 고유한 정신활동의 가치는 폄하되고 그의 고유한 실존은 은폐될 수밖에 없다.

건강과 병을 근대의학의 기계론적 패러다임으로부터 해방시키기 위해서는 인간을 육체와 영혼, 이성과 비이성으로 이분화해온 전통 인문학의 패러다임을 극복해야만 한다. 즉 건강과 병을 육체적 증상으로서뿐만 아니라 육체와 정신을 모두 포괄하는 인간 실존의 총체적 개념인 '몸의 현상'으로 이해해야만 한다. 『차라투스트라는 이렇게 말했다』의 「몸을 경멸하는 자들에 대하여」에 있는 다음의 글은 니체의 이러한 철학적 관점을 잘 보여준다.

> "나는 몸이자 영혼이다." 어린아이는 이렇게 말한다. 어찌하여 사람들은 어린아이처럼 이야기하지 못하는가? 그러나 깨어난 자, 깨우친 자는 이렇게까지 말한다. "나는 전적으로 몸일 뿐, 그 밖의 아무것도 아니며, 영혼이란 것도 몸속에 있는 그 어떤 것에 붙인 말에 불과하다"고. 몸은 커다란 이성이며, 하나의 의미를 지닌 다양성이고, 전쟁이자 평화, 가축 떼이자 목자이다. 형제여, 네가 "정신"이라고 부르는 그 작은 이성, 그것 또한 너의 몸의 도구, 이를테면 너의 커다란 이성의 작은 도구이자 놀잇감에 불과하다. […] 형제여, 너의 사상과 생각과 느낌 배후에는 더욱 강력한 명령자, 알려지지 않은 현자가 있다. 이름하여, 그것이 바로 자기이다. 이 자기는 너의 몸속에 살고 있다. 너의 몸이 바로 자기이기

도 하다.[34)]

2) 병은 다시 건강해질 수 있는 기회이다

건강과 병은 몸에 발생하는 사건이다. 그리고 인간이 몸으로서 살아가는 존재인 이상, 건강과 병은 철학과 의학의 관점에서 고찰해야만 하는 실존의 문제가 된다. 의학은 병을 탐구하는 과학적 사명과 더불어 건강한 삶을 목적으로 삼는 인문학적 사명을 동시에 가지고 있는 학문이다. 하지만 20세기에 이르러 더욱 가속화된 의학의 과학화는 단지 생물학적 · 물질적 육체에 대한 기계적 과학으로, 다시 말해 병과 병으로 고통받는 환자의 마음을 포함한 인간 전체를 치료의 대상으로 삼는 의술로서의 인문학적 토대는 약화된다. 주지하다시피 건강과 병은 생물학적 육체의 기능에 국한될 수 있는 개념 혹은 상태가 아니라, 환자의 육체와 더불어 정신, 감정 등과 같은 심리적 영역까지 포함한다.

인간은 몸으로서 존재하고 몸을 통해 자신을 둘러싼 모든 환경에 접속한다. 그리고 몸의 활동은 삶의 이름으로 전개되며 항상 융합으로 열려 있다. 몸은 인간이 가질 수 있는 물질적 · 정신적 융합의 도구이다. 그렇다면 이미 물질과 정신으로 융합된 인간의 몸을 과학적 대상으로 환원한다는 것은 무리이지 않을까? "인류가 늘 살아 있는 몸의 신비(das Rätsel der Leiblichkeit)에 대해 생각해왔음은 분명하다. 항상 질병이라는 것이 있어왔기

34) 니체, 『차라투스트라는 이렇게 말했다』, 「몸을 경멸하는 자들에 대하여」, 52-53쪽.

때문이다."[35] 가다머의 이 말처럼, 의학이 "몸의 신비"를 과학적으로 해명했다고 하더라도 몸의 현상으로서의 건강과 병에 대한 실존적 해명을 배제하게 된다면 인간의 자연적 특징을 온전히 담고 있는 '인간의 신비'는 의학의 과학화 속에 은폐될 것이다. 이렇듯 의학의 인문학적 성찰에 대한 시도는 21세기 의학의 자기반성이기 이전에, 이미 우리의 몸이 요청할 수밖에 없는 존재론적인 사안이다. 물론 인간이 생물학적 개체라는 사실은 부정될 수 없다. 하지만 인간은 생물학적 개체 이상의 삶을 살아간다. 그렇다면 의학도 마땅히 자연과학 이상이어야만 한다.[36]

건강과 병 역시도 몸이라는 실존의 사건이자 위기로 등장한다. 건강과 병이라는 인간 실존의 사건이 의학적 사건으로 환원될 수 없다는 사실은 분명하다. 그렇다면 근대의학의 일반화된 명제처럼 병은 제거되어야만 하는 것일까? 건강은 병이 제거된 상태를 의미하는 것일까? 오히려 건강과 병을 바라보는 또 다른 제3의 관점이 필요한 것은 아닐까? 건강과 병을 바라보는 제3의 관점을 니체는 "커다란 건강(die große Gesundheit)"이라는 개념을 통해 설명한다.

> 커다란 건강. — 우리 새로운 자, 이름 없는 자, 이해하기 어려운 자, 아직 증명되지 않은 미래의 조산아인 우리는 하나의 새로운 목적을 위해 하나의 새로운 수단을 필요로 한다. 말하자면 새로운 건강을, 이전의 어떤 건강보다도 더 강하고 더 능란하고 더 질기며 더 대담하고 더 유쾌한 건강을 필요로 한다. […] 이런 자에게는 무엇보다도 한 가지가 필

---

35) 한스 게오르크 가다머, 『철학자 가다머, 현대의학을 말하다』, 118쪽; Hans-Georg Gadamer, *Über die Verborgenheit der Gesundheit*, Frankfurt am Main: Suhrkamp, 2010, p. 97.

36) 헨릭 울프 · 스티그 페데르센 · 라벤 로젠베르그, 『의학철학』, 이호영 · 이종찬 옮김, 아르케, 1999, 167쪽 참조.

요하다. 즉 커다란 건강이 — 이것은 사람들이 보유하는 것만이 아니다. 지속적으로 획득하고 계속 획득해야만 하는 것이다. 왜냐하면 그 건강은 계속해서 포기되고 포기되어야만 하기 때문이다![37]

니체의 개념 "커다란 건강"은 철학적 관점에서 다음과 같은 사실을 함의하고 있다. 그에 의하면 커다란 건강은 새로운 건강의 전제이다. "우리 새로운 자, 이름 없는 자, 이해하기 어려운 자, 아직 증명되지 않은 미래의 조산아인 우리는 하나의 새로운 목적을 위해 하나의 새로운 수단을 필요로 한다. 말하자면 새로운 건강을"이라는 그의 표현처럼, 건강을 향한 생명의 본질적인 활동 속에 병 역시 하나의 생명활동으로 포괄될 수밖에 없으며, 병으로 인해 건강은 비로소 새로워질 수밖에 없기 때문이다. 니체는 이 개념을 통해 건강과 병의 관계를 더 이상 형이상학적 · 종교적 이원론으로 해석하지 않아도 된다는 자신의 생각을 명확하게 밝힌다.

이러한 의미에서 "아직 그 누구의 발길도 닿지 않은 길이 천 개나 있다. 천 개나 되는 건강이 있으며 천 개나 되는 숨겨진 생명의 섬이 있다. 무궁무진하여 아직도 발견되지 않은 것이 사람이며 사람의 대지이다"[38]라는 니체의 말은, 절대적 진리로부터 해방된 인간이 경험할 수 있는 수많은 변화의 가능성이 있으며, 그중 건강 역시도 인간 안에 내재된 변화가능성의 하나라는 사실을 담고 있다. 니체가 프랑스의 생리학자 베르나르를 언급하며, 건강과 병을 형이상학적 · 종교적으로 차별하지 않고 그 생리학적 차이를 부각시키는 이유는 이 때문이다. "건강과 병은 […] 본질적으로 상이한 것은 아니다. […] 사실 건강과 병이라는 삶의 두 양식 사이에는 단지 정도의 차이만이

---

37) 니체, 『즐거운 학문』, 382, 안성찬 · 홍사현 옮김, 책세상, 2005, 392쪽 참조.

38) 니체, 『차라투스트라는 이렇게 말했다』, 「베푸는 덕에 대하여」, 2, 130쪽.

있을 뿐이다."[39]

그리고 이 개념을 철학적 의학의 관점에서 보면, 한 인간의 실존적 건강이 건강으로만 보존되는 것이 아니라, 오히려 병을 통해서 건강의 의미와 가치가 매 순간 새롭게 획득될 수 있다는 것을 의미한다. 병에 대한 니체의 실존적 관점의 전환은 병이 다시 새롭게 건강해질 수 있는 조건이라는 사실을 보여준다.[40] 나아가 의철학적 관점에서 보면, 이 개념은 건강의 조건이 병일 수밖에 없다는 사실을 바탕으로 병이 본질적으로 '다시 건강해질 수 있는 기회'임을, 즉 건강과 병이 철학과 의학의 관점에서 실존적 사건임과 더불어 육체적 병을 치유함에 인간의 실존이 미치는 영향을 유추할 수 있게 해준다. 이러한 의미에서 니체철학의 의철학적 특징을 소개하며, 니체의 관점에서 병이 긍정적인 방식으로 고통에 반응할 수 있는 능력의 부재로 제시하는 롱(Thomas A. Long)의 견해는 정당하다.[41] 아래의 글은 건강과 병이 의학의 문제임과 동시에 철학의 문제임을, 다시 말해 건강과 병이 인간의 생명과 생명력의 문제임과 동시에 삶의 실존적 문제임을 잘 보여준다.

내 건강에의 의지와 삶에의 의지를 나는 나의 철학으로 만들었

---

39) 니체, 『유고(1888년 초~1889년 1월 초)』, 14[65], 57쪽.

40) "어떤 때보다 내 삶의 가장 어려웠던 시절에 더 깊이 감사해야 하지 않을까라고 나는 종종 자문했었다. 내 가장 내적인 본성이 가르쳐주듯이, 높은 곳에서 바라보면 모든 것은 다 필연적이며, 거시경제적 의미에서는 모든 것은 다 그 자체로 유용하기도 하다 ― 그것들을 사람들은 견뎌야 할 뿐 아니라 사랑해야 한다……운명애: 이것이 내 가장 내적인 본성이다. ― 그리고 나의 오랜 질환에 대해 말하자면, 나는 내 건강보다도 그것에 말할 수 없을 정도로 더 많은 덕을 입은 것은 아닌가? 자기를 죽이지 않는 모든 것에 의해 더 강력해지는 내 고차의 건강(eine höhere Gesundheit)은 그 질환 덕택이다! ― 내 철학 역시 내 질환 덕택이다……커다란 고통이야말로 정신을 최종적으로 해방하는 자인 것이다"(니체, 『니체 대 바그너』, 「후기」, 백승영 옮김, 책세상, 2002, 544쪽).

41) Thomas A. Long, *Nietzsches's Philosophy of Medicine*, in Nietzsche-Studien, Bd. 19, Berlin/Boston: De Gruyter, 1990, p. 120 참조.

다……왜냐하면 다음의 사실을 주목해보라: 내 생명력이 가장 낮았던 그해는 바로 내가 염세주의자임을 그만두었던 때였다: 나의 자기 재건 본능이 내게 비참과 낙담의 철학을 금지해버렸던 것이다……[42]

이렇듯 "커다란 건강"은 병의 부재가 아니라, 오히려 병을 조건으로 매 순간 '새로워지며 강화되는 건강', 니체의 표현에 의하면 "새로운 건강(eine neue Gesundheit)"으로의 이행과정을 변증법적으로 설명해주는 개념이다.[43] 병으로 인해 건강은 그 이전과 다른 새로운 상태에, 다시 말해 보다 강화된 '육체적 · 실존적 면역상태'에 접어들게 된다. 니체에 의하면 건강과 병은 한 인간의 몸에서 발생하는 지속적인 순환의 과정으로, 즉 생명의 활동으로 존재할 뿐이다. 이제 건강은 병에 대한 탐구로부터 추론된 '수동적 결과'가 아니며 병 역시도 건강으로부터 '이탈된 결과'일 수 없다. 이러한 의미에서 독일의 의철학자인 게르하르트 단처(Gerhard Danzer)는 니체의 건강개념을 다음과 같이 명확하게 설명한다. 건강이란 항상 "극복된 병이다".[44] 이러한 의미에서 "병마저도 포괄하는 건강"[45]이라는 니체의 표현은 건강과 더불어 병 역시도 생명의 생명력에 의한 현상이라는 사실을 보증해주는 "커다란 건강"의 개념적인 특성을 잘 대변해준다.

건강과 병은 고정된 상태에 놓일 수 없다. 병은 건강의 활동을 발생시키고, 건강은 병의 활동을 저지시킨다. 니체의 개념 "커다란 건강"과 "새로

42) 니체, 『이 사람을 보라』, 「나는 왜 이렇게 현명한지」, 2, 백승영 옮김, 책세상, 2002, 334-335쪽.

43) Werner Stegmaier, *Nietzsches Befreiung der Philosophie. Kontextuelle Interpretation des V. Buchs der Fröhlichen Wissenschaft*, Berlin / Boston, 2012, p. 606 참조.

44) Gerhard Danzer, *Wer sind wir? Anthropologie im 20. Jahrhundert Ideen und Theorien für die Formel des Menschen*, Berlin/Heidelberg: De Gruyter, 2011, p. 454.

45) 니체, 『인간적인 너무나 인간적인 I』, 「서문」, 4, 김미기 옮김, 책세상, 2003, 14쪽.

운 건강"은 건강과 병의 관계에 대한 총체적 이해와 더불어 그 관계가 불연속적인 단절일 수 없다는 사실을, 즉 연속적인 순환일 수밖에 없음을 보여준다. 건강과 병에 대한 니체의 관점이 철학적 개념으로 종합된 이 두 개념을 바탕으로 다음과 같이 말할 수 있을 것이다. '병은 다시 건강해질 수 있는 기회'이다. 그렇다면 한 인간의 몸에서 발생하는 사건으로서의 병은 오히려 '정상적인 상태'인 것이다. 건강이 생명의 정상적인 생명력의 일환이기 때문에, 병 역시 생명으로부터 벗어난 비정상적인 활동일 수 없다. 결과적으로 우리는 병을 비정상 상태로 인식하지 않아야만 한다. 그리고 병에 걸린 사람과 그의 실존이 병명 안에 갇히지 않게 하기 위해서는 인간에 대한 철학과 의학의 융합적인 사고가 필요하다.

건강과 병이 인간에게 속하는 것인 만큼, 의학 역시 인간의 영역에서 벗어나서는 안 된다. 의학은 인간을 위해 발전을 거듭했으며, 인간은 삶의 근본적인 조건으로서의 건강과 병이라는 생명현상에 대한 모든 특권을 의학에 위임했다. 이제 의학은 과학의 눈으로 건강과 병을 바라보고, 철학의 눈으로 고통, 불안, 두려움 등 환자의 실존을 바라볼 수 있어야만 한다. 병은 환자의 삶을 불안, 고통, 두려움, 좌절의 세계로 만든다. 그리고 환자는 그러한 자신의 세계에서 변함없이 의사의 실존적 참여를 기다린다. 건강과 병의 실존적 의미에 대한 물음은 곧 과학적 의학이 가진 한계에 대한 지적이기도 하다. 이제 과학과 인문학, 보다 구체적으로 의학과 철학은 인간의 건강과 그의 건강한 삶을 위한 하나의 목적을 위해 다시 만나야만 한다. 철학이 의학의 존재론적 성찰을 도우며 서로의 가치와 자율성을 인정하고 허용할 때 의학은 과학과 인간을 모두 포괄할 수 있는 융합의 기회를 가질 수 있을 것이다.[46)]

---

46) 의학과 철학이 맺는 학문적 관계에 대한 종합적인 답을 제시하는 글로는, 황임경, 「의학은 어

철학이 의학의 존재론적 성찰에 기여할 수 있다는 관점은 니체뿐만 아니라 야스퍼스와 프롬의 견해를 통해서도 확인할 수 있다. 그리고 의학에 대한 그들의 철학적 견해에는 육체적 병에 대한 의학적 치유와 더불어 실존에 대한 철학적 인식이 함께 필요하다는 생각이 담겨 있다. 우선 야스퍼스의 저서 『기술시대의 의사』에 등장하는 명제 "의사의 실천은 구체적인 철학이다"는 마치 "철학자가 되는 의사는 신에 가깝다"[47]는 히포크라테스의 언명과 "좋은 의사는 또한 철학자이다"[48]라는 갈레노스의 언명 그리고 과학(화학)적-신학적-철학적 방법을 통해 환자를 치료했던 파라켈수스의 의학을 대변해주는 언명 "의사는 약을 처방할 뿐만 아니라, 그 자신이 약이 되어야만 한다"[49]는 언명을 현대적으로 재해석해주고 있는 듯하다. 야스퍼스는 아래의 글을 통해 의학적 이념과 철학적 실천이 서로 다른 가치를 향할 수 없음을 잘 보여준다.

> 사람들은 드물지 않게 '철학은 내게 너무 높이 있다', '나는 철학을 이해하지 못하겠다', '철학은 내 전공이 아니다'라는 말을 듣는다. 철학은 추상적인 것을 뜻한다. 사람들은 철학은 기분이 견디어내지 못하는 허공에 든 공간이라고 말한다. 그에 대한 대답은 다음과 같다. 그 공간은 빈 것이 아니지만 실상은 단순한 공기와 같아서, 겉으로는 아무것도 아니지만 그럼에도 불구하고 우리가 생존하기 위해 호흡해야만 하는 공

떻게 철학과 만나는가: 캉귀렘의 의철학, 의학적 현상학 및 해석학을 중심으로」, 『인간 · 환경 · 미래』 제18호인제대학교 인간환경미래연구원, 2017, 2-23쪽 참조.

47) 칼 야스퍼스, 『기술시대의 의사』, 78쪽.

48) 여인석, 「"좋은 의사는 또한 철학자이다": 의사-철학자의 모델 갈레노스를 중심으로」, 『의철학연구』 25권, 한국의철학회, 2018, 11쪽.

49) Sergius Golowin, *Paracelsus. Mediziner-Heiler-Philosoph*, Darmstadt: Goldmann, 2007, p. 92 참조.

기이며, 그것이 없다면 우리가 단순한 오성 속에서 질식하고 말 이성의 공기인 것이다. 철학은 실존의 생명적 호흡이 된다. 철학을 통해서만 현실은 깊은 근원에서 말하게 된다. 현대 과학과 철학의 근본 문제에 대한 우리의 통찰은 의사가 된다는 것에 대해 다음과 같은 명제를 정초할 수밖에 없다. 과학과 철학의 과제의 통합에는 오늘날 실상 연구가 아니라 의사의 이념을 보존하게 만드는 본질적 조건에 놓여 있다. 의사의 실천은 구체적인 철학이다.[50)]

의학이 철학으로부터 분파된 학문이라는 사실은 이 두 학문이 지향하는 가치가 서로 다르다는 것이 아니라, 인간과 그의 전체 건강이라는 목적을 공유하는 다른 명칭의 학문이라는 것을 의미한다. 의학의 과학적 발전 속에서 철학의 의미가 축소된 것처럼 보이지만, 사실 철학은 마치 공기처럼 의학의 호흡을 돕고 있었다. 철학과 의학은 새로운 가치의 창조를 지향하지 않는다. 오히려 두 학문의 융합은 의학의 사명에 대한 철학적 성찰을 통해 눈에 보이지 않는 인간의 가치를 되살리는 것이다.

야스퍼스는 과학과 철학, 즉 의학과 철학의 관계에 대한 성찰로부터 의학의 이념과 의사의 실천적 임무에 대해 논의하며 다음과 같은 말로 자신의 생각을 직접적으로 드러낸다. "사람들은 철학을 버리는 — 그것이 전문 철학이나 비철학을 의미하는 경우에 당연한 일이지만 — 의사들이 있다는 것을 알고 있다. 그러나 철학이 없다면 사람들은 자연과학적 의학의 한계에서 잘못된 것을 지배할 수가 없다. [...] 자연과학적 기술의 진보를 토대로 엄청난 일을 할 수 있는 의사는 이러한 실천을 자신의 철학적으로 받아들일 때

50) 칼 야스퍼스, 『기술시대의 의사』, 76-77쪽.

비로소 온전한 의사가 된다."[51] 그리고 프롬 역시 "자연과학적 의학"이 의사에게 요구하는 자연과학적 관점과 태도가 환자와의 관계에 미치는 영향을 사회심리학적인 관점에서 다음과 같이 말한다.

> 환자를 하나의 인간 존재로 보아야 하며, 단순히 '병자'로 보아서는 안 된다. 의사는 자연과학에서 보는 바와 같은 관찰이라는 자연과학적 태도로 훈련되어 있다. 그러나 만일 그가 자기 환자를 물건으로 다루는 것이 아니라, 인간으로 알려고 한다면, 그는 인간의 과학에 있어서 고유한 또 하나의 태도를 배워야만 한다. 어떻게 해야 여러분 자신이 하나의 인간 존재로서 전심전력을 다하여 성의를 가지고 다른 사람과 관계를 가질 수 있는가? 이것이 선행되지 않으면 한 사람의 인간으로서의 환자에 대한 그 어떤 강령도 공허한 구호에 불과하게 된다.[52]

'환자는 병자이기 전에 하나의 인간이다'라는 그의 말에서 유추할 수 있는 것처럼, 건강과 병이 한 인간의 몸에서 발생하는 자연스러운 사건이라면, 이 사건의 존재론적인 토대는 변함없이 생명을 가진 한 인간일 수밖에 없다. 하지만 툼스(S. Kay Toombs)에 의하면 의학의 과학화는 환자를 "얼굴 없는 기계(faceless machine)" 앞에 세운다. 그리고 그는 기계 앞에 선 자신을 "고통받는 주체"가 아니라, "수사받는 대상(object of investigation)"으로 인식하게 된다. 그녀에 의하면 "구원을 약속하는 기술"로 대변되는 근대의학의 과학적 · 기계적 분석과 치료는 효과적이지만, 그 과정에서 환자는 자신에게 일

---

51) 같은 책, 78쪽.

52) 에리히 프롬, 『건전한 사회』, 문국주 옮김, 범우사, 1996, 265쪽.

어나는 일을 통제할 수 없게 된다.[53)]

의학의 과학화 속에서 의사와 환자의 공감을 강조하며 서사의학의 중요성을 제시하는 샤론(Rita Charon) 역시도 환자가 겪고 있는 병에 대한 기계적이고 의무적인 인식은 일차적으로 기술의 목표만을 달성할 수 있을 뿐이라고 말한다. 그녀에 의하면 병으로부터 환자를 분리함으로써 자신의 병에 대한 이해와 참여를 가로막는 차가운 의학은 "공허한 약(empty medicine)"이거나 "절반의 약(half a medicine)"에 불과할 뿐이라고 말한다.[54)]

이렇듯 건강과 병의 경계에 서 있는 인간은 자신의 생명으로부터 표출되는 생명력을 내 · 외적으로, 즉 육체적 · 정신적 · 사회적으로 인식하는 실존적 존재일 수밖에 없다. 철학과 의학이 함께 공유하는 이 사실은 결코 부정될 수 없다. 또한 건강과 병이 신이 내린 벌이 아니라면, 병은 생명 안에 내재된 생명력으로 인해 변화가 배제된 동일한 활동을 유지할 수 없다. 결과적으로 병은 본질적으로 다시 건강해질 수 있는 기회로 긍정되어야만 한다. 건강과 병은 생명을 가진 존재에게 발생하는 존재론적 특권이다. 그렇기 때문에 이 특권은 실존을 자극하는 다른 힘일 뿐, 인간을 유형학적으로 구분하는 척도가 될 수 없다.

---

53) S. Kay Toombs, *The meaning of illness. A phenomenological approach to the patient-physician relationship*, p. 232 참조.

54) Rita Charon, *Narrative Medicine. Honoring the Stories of Illness* (New York: Oxford University Press, 2006), p. 6 참조.

5.
환자는 가장 약할 때 의사와 만난다

근대 생의학(biomedicine)의 과학적 · 이론적 인식은 병의 발생장소가 몸의 일부일 뿐이라는 기계론적 사유를 토대로 한다. 그렇기 때문에 의학과 의사는 몸이 아니라, 그 일부로서의 육체에 집중함으로써 병과 고통을 삶의 문제로 사유하는 정신적 참여에는 관심을 두지 않게 된다. 생의학의 이러한 자연과학적 인식 속에서, 다시 말해 데카르트의 심신 이원론적 인식 속에서 인간 실존의 의미와 가치는 은폐될 수밖에 없었다.[55] 그리고 자신의 실존을 지키지 못하는 환자는 의학 속에서 생물학적 탐구 대상이 되고 의사와의 관계에서는 수동적 객체가 되어왔다.

---

55) 의학의 과학적 패러다임 속에서 의료실천을 문제시하고 그 원인을 몸에 대한 생의학적 · 기계론적 해석에 의한 것으로 규정하며 메를로 퐁티와 리쾨르의 현상학을 통해 구체적인 해법을 제시하는 글로는, 공병혜, 「현대 의료실천에서의 몸에 대한 현상학적 이해」, 『인문학연구』 제37권, 조선대학교 인문학연구원, 2009, 181-203쪽 참고. 더불어 위의 논문에서 제기한 의학의 생의학적 · 실증주의적 패러다임에 대한 다양한 보충 설명을 바탕으로 몸에 대한 생태의학적 인식을 제시하는 글로는, 이종찬, 「의학의 패러다임에 대한 성찰(省察)」, 『보건과 사회과학』 제4권(한국보건사회학회, 1998, 5-30쪽 참조.

생명이 몸의 근원이라면, 몸은 삶의 토대이다. 이와 동시에 몸은 삶을 느끼고 실천하는 실존의 도구이다. 존재는 실존 속에서 파악되며, 존재자는 실존을 통해 진정한 자기 자신을 내보인다. 다시 말해 의학의 철학적 성찰은 의학이 존재자뿐만 아니라, 존재자의 현존재적인 존재방식을 반영하는 존재에 대한 이해를 요청한다. 의학은 존재자의 근원으로서의 생명을 탐구하는 과정에서 존재자의 자연을 온전히 이해하지 못했다. 그래서 인간의 실존에 큰 관심을 두지 못했다. 이러한 사실은 곧 — 플라톤 이래로 — 존재자를 사유하는 과정에서 존재자의 실존적 존재방식을 대변하는 특성으로서의 존재를 망각해왔다는 하이데거의 기초존재론 안에서 근본적인 문제로 제기될 수도 있을 것이다.

하이데거가 인간이라는 존재의 존재성을 "세계-내-존재(Being-in-the-World)"로 규정했던 것처럼, 병은 존재의 존재세계와 존재방식에 큰 영향을 미치는 육체적-실존적 사건이다. 그리고 스베니우스는 하이데거의 이 현상학적 개념을 바탕으로 "건강"을 편안하게 집에 있는 것 같은 상태("Health as homelike being-in-the-world")로, "병"을 집에 없는 것 같은 불편한 마음으로 세상에 있는 것 같은 상태("Illness as unhomelike being-in-the-world")로 표현하며 자신의 사상에 의철학적으로 적용한다.[56)]

그에 의하면 병은 삶의 세계를 불편함에, 다시 말해 불안과 두려움에 빠뜨린다. 그리고 의사의 임무는 환자가 다시 자신의 세계를 마치 집처럼 편안하게 만들어주는 것이다.[57)] 그렇기 때문에 의학은 경험과학의 이론적

---

56) Fredrik Svenaeus, *The Phenomenology of Health and Illness*, in: Handbook of Phenomenology and Medicine, Bd. 68, ED. S. Kay Toombs, in: Med Health Care and Philos, Bd. 14, Switzerland: Springer Nature, 2001, p. 9 (https://www.academia.edu/26175589); Fredrik Svenaeus, *Illness as unhomelike being-in-the-world. Heidegger and the phenomenology of medicine*, in: Med Health Care and Philos, Bd. 14, Switzerland: Springer Nature, 2011, p. 335 참조.

57) Ibid., p. 336 참조.

연구와 달리 "경험의 의미(the meaning of experience)"[58], 다시 말해서 "살아 있는 경험(the lived experience)"[59]을 탐구하는 현상학의 관점을 가져야 한다. 그리고 이를 위해 일차적으로 인간의 몸은 '현상학적 경험의 세계'로서 인식되어야만 한다.

인간은 이 세계에 내던져진 이상 자신으로부터 발생하는 모든 것을 실존의 문제로 인식할 수밖에 없다. 그렇기 때문에 병은 단순히 고통의 문제로만 환원될 수 없고, 병의 발생부터 회복에 이르는 과정 전체가 문제가 된다. 병은 결과에서 문제가 되고, 건강은 과정에서 문제가 된다. 하이데거의 견해처럼, 자신의 병과 고통을 향해 "염려" 섞인 삶의 해석학적 물음을 제기하며 언제나 자신의 "존재가능(Seinkönnen)"을 향해 물음을 제기하는 "현존재(Dasein)"로서의 환자는 의학의 과학적 해석 속에서 온전히 해명될 수 없다.[60]

생명은 병에게도 심지어는 죽음에게도 쉽사리 자리를 내어주려 하지 않는다. 생명은 몸에 불만족해하지도 않고 실망하지도 않기 때문이다. 그렇기 때문에 병은 인간이 생물학적 기능의 이상을 발생시킨 오류의 존재임을 보증할 수 없다. 병이 제거되면 인간은 고통스러웠던 기억을 안고 다시 제자리로 돌아오며, 이 사실은 병을 의학적으로만 해석할 수 없는 이유이기도 하다. 생명은 변화를 만들어내지만 그 변화를 실존적으로 인식하는 것은 인간 자신이다. 그래서 인간은 언제나 병과 고통 속에서 그 누구보다 약해진다. 환자가 약해졌다고 말할 수 있는 이유는, 그가 단지 육체적 고통을 경험(經驗)하고 있는 것만이 아니라, 그 고통을 삶의 실존적 사건으로 사유하며

58) Ibid., p. 333 참조.

59) Fredrik Svenaeus, *The Phenomenology of Health and Illness*, p. 2.

60) 마르틴 하이데거, 『존재와 시간』, 22-23, 28, 166-167, 186-188, 420-422, 431-432, 449-451쪽 참조.

체험(體驗)하고 있기 때문이다.

보다 구체적으로 말하면, 환자는 병이 동반하는 아픔과 더불어 하나의 병명 아래 자신의 실존이 은폐되는 것 그리고 병이 앞으로의 삶을 보장해주지 못할 것이라는 불안을 동시에 느끼는 존재이다. 철학이 의학의 '존재론적 성찰'을 돕는 학문으로서의 역할을 해야 하는 이유는 이 때문이다. 그리고 니체의 철학은 생명의 생명력으로부터 인간의 실존을 건강과 병의 관점에서 해명하는 의철학의 특징을 담고 있다. 의학은 처음 시작되었던 그곳으로부터 벗어날 수 없는 오늘의 학문이다. 의학의 학문적 토대는 언제나 병의 고통 속에 놓인 인간, 즉 자신의 삶에서 가장 약해진 순간에 놓인 인간이다.

이러한 의미에서 1998년 영화 〈패치 아담스〉(Patch Adams)는 단지 실존하는 한 의사에 대한 기록영화일 뿐만 아니라 의사와 환자의 관계, 환자의 실존, 병의 참된 의미와 치유 등 의학과 철학에 대한 포괄적인 관점을 담고 있다. 영화의 줄거리는 이렇다. 1969년 헌터 아담스(로빈 윌리엄스)는 불행했던 가정환경 속에서 살아오다 자살미수로 정신병원에 감금된다. 하지만 그는 폐쇄적인 정신병동의 환자들도 마음을 열고 대화하며 서로 공감해주면 보다 빨리 병이 치유될 수 있다는 경험을 하게 된다. 이후 그는 주변 환자들로부터 상처에 붙이는 '패치(Patch)'라는 별명을 얻게 되고 패치 아담스(Patch Adams)로 개명하며 새로운 삶을 시작한다. 그의 이름에서 이미 알 수 있지만, 그는 자신의 삶에 대한 불안과 두려움에 갇힌 환자의 실존을 보살피는 의사이다.

2년 후 버지니아 의과대학에 입학한 그는 3학년부터 환자를 만날 수 있다는 교칙을 어기고 매일 밤 아이부터 노인까지 여러 환자들과 만나며 그들의 고통에 공감하는 시간을 가진다. 전통을 중시하는 학교에서 이러한 상황을 용납할 일 없었지만 그는 환자를 한 인간으로서 대하고 그의 실존을 존중하고자 하는 다짐을 내려놓지 않는다. 이러한 생각을 가진 그는 오직 자연과학적 지식을 통해 환자의 생명을 살리고 싶다는 친구의 견해와 충돌하기까지 한다. 또한 패치는 친구 트루먼과의 대화에서 "너희를 의사로 만들겠다!"는 의과대학 학장의 말을 마치 "군대 훈련 교관과 같은 소리"라고 비웃으며 아래와 같이 자신의 생각을 말한다.

> 사람들을 돕고 그들과 연결되고 싶어. 의사는 사람들이 가장 약할 때 만나지. 의사는 환자들에게 치료를 제공할 뿐 아니라 조언과 희망을 제공해. 그것이 의사가 된다는 아이디어를 내가 사랑하는 이유야.[61)]

21세기의 철학은 더 이상 '인간은 무엇인가?'라고 묻지 않고 '어떻게! 존재해야만 하는가?'에 대해 묻는다. 철학의 패러다임의 변화는 현대문명에 대한 총체적 반성이지만 현대의 의학 역시도 이 물음으로부터 자유로울 수는 없을 것이다. '의학이 과학의 옷을 입고 있다고 해서 인간을 사유하지 않고 존재할 수 있을까?' 그리고 '이 물음에 대한 답을 찾기 시작한 현대의학의 존재론적 성찰에 철학이 도움을 줄 수 있지 않을까?' 그렇다면 철학은 의학에 자연스럽게 녹아들어 또 하나의 인간학적 가치를 창출하는 융합학문으로서 작용할 수 있을 것이다. 과학과 인문학, 의학과 철학의 독자적인 발전은 더 이상 보다 나은 인간의 미래를 위한 방법일 수 없다. 삶의 질의 발전

---

61) 본 영화에는 패치 아담스가 환자의 실존을 보살피는 다양한 장면들이 등장한다. 영화 속 우스꽝스러운 모습을 한 패치 아담스는 실존 인물(Hunter Doherty "Patch" Adams)과 다르지 않다. 아래 제시된 영화의 장면과 실제 모습에서 확인할 수 있는 것처럼 빨간 루돌프 코는 권위를 내려놓고 환자들에게 웃음을 주는 패치 아담스의 모습을 보여주는 일종의 상징이다. 영화에서도 패치 아담스는 친구들과 오래된 집을 개조하여 가난한 사람들을 위한 무료 진료소를 운영한다. 실존인물 패치 아담스 역시 1971년부터 건강연구소(Gesundheit Institute)를 만들어 현재까지도 가난하고 소외된 사람들을 위해 무료 진료를 하고 있다. 그의 홈페이지(www.patchadams.org)에 들어가면 의학과 환자에 대한 그의 생각과 녹색 자연 속에 지어진 연구소의 모습을 볼 수 있다.

은 인간이라는 생명과 그 가치에 대한 인식의 발전을 통해서만 가능하다.

의학이 필요한 이유는 모든 인간이 결국 병에 들기 때문이다. 모든 인간이 병으로 고통받는다는 사실은 의학적으로 증명 가능하다. 하지만 이 고통이 삶에 어떤 영향을 주는지에 대해서는 철학적 고민이 필요하다. 의학이 고통 없는 삶을 이루어준다면 철학은 고통의 의미와 가치를 숙고함으로써 변함없이 삶을 긍정할 수 있도록 도와준다. 의학과 철학이 중요하게 여기는 생명의 생명력은 모두 인간 안에 있으며, 이 두 학문은 그 가치를 공유한다.

즉 의학이 "생명의 기술(die Kunst des Lebens)"이라면, 철학은 생명의 가치, 다시 말해 건강과 병의 가치를 삶의 관점에서 반성적으로 사유하는 학문이다. "의학은 생명의 기술로서 존재한다고 나는 생각한다. 왜냐하면 살아 있는 인간은 그 자체가 병리적인 것으로서의 성격을 보이고 있기 때문이다."[62] 생명이 삶이라면 생명의 기술은 곧 '삶의 기술'이다. 인간의 실존을 따뜻한 온기로 품을 수 있는 의학으로의 변화에 니체를 비롯해 다양한 철학자들의 사상과 의철학적 관점은 의학의 존재론적 성찰에 기여할 수 있는 학문의 역할을 할 수 있을 것이다.

---

62) 조르주 캉길렘, 『정상과 병리』, 137쪽; Georges Canguilhem, *Das Normale und das Pathologische*, p. 82.

II

니체철학의 의철학적 특징과 건강과 병에 대한 인식론적 전환

1. 자기인식의 기회로서의 병
2. 건강과 병에 대한 철학적 관점
3. 건강과 병의 인식론적 전환
4. 니체철학의 의철학적 특징
5. 생명에 대한 니체의 철학적 인식과 의철학적 특징

1. 자기인식의 기회로서의 병

"위대한 해방의 역사에는 [...] 아픔과 고통이 따른다. 해방은 동시에 인간을 파멸시킬 수도 있는 하나의 병이기도 하다. 스스로 정의하고 스스로 가치를 정립시키려는 힘과 의지가 만드는 이 최초의 폭발, 자유로운 의지를 향한 이 의지: 그리고 풀려난 자, 해방된 자가 이제부터 자신이 사물을 지배한다는 것을 증명하고자 할 때 그의 거침없는 시도와 기묘한 행동에는 얼마나 많은 질병이 나타날 것인가?"[1] 니체철학의 중기를 여는 저서 『인간적인 너무나 인간적인』은 「자유정신을 위한 책」이라는 부제에서 유추할 수 있는 것처럼, '어떻게 하면 인간들이 자유로운 정신으로서 살아갈 수 있는가?'라는 문제의식으로부터 시작한다.

위에 제시된 니체의 글에서 확인할 수 있듯이, "위대한 해방(eine grosse Loslösung)"에는 그에 상응하는 고통이 따른다. 이 해방은 중기의 마지막 저서 『즐거운 학문』에서 "신의 죽음"으로 선언되며 이때 동반되는 고통은 "허

---

1) 니체, 『인간적인 너무나 인간적인 I』, 「서문」, 3, 김미기 옮김, 책세상, 2003, 13쪽.

무주의"로 구체화된다. 허무주의는 절대적 가치의 상실로 인한 허무, 공허, 무기력 등과 같은 실존의 병을 유발하는 위험한 사건으로 제시된다. 하지만 그럼에도 불구하고 니체가 허무주의와 이로부터 동반되는 증상들을 긍정하는 이유는, 이 사건이 병으로부터 건강으로의 변화, 즉 인간의 실존적 건강을 위한 변화가능성의 조건으로서의 역할을 하기 때문이다. 중요한 것은 병으로 인해 건강은 낡은 개념이 될 수 없다는 사실이다. 인간은 병으로 인해 매 순간 새로워진다.

> 우리가 그 어떤 일에서 좀 더 편안해지려고 할 때마다 주어지는 대답은 바로 병이라는 것이다. 이것이야말로 기이하고 동시에 가공할 만한 일이 아닌가![2)]

형이상학과 종교에 대한 니체의 날 선 비판은 건강과 병의 이원화 속에서 병이 신에 의한 벌일 수도 없고, 건강이 그로부터 부여된 축복일 수도 없으며 오직 유기적인 생명의 관계를 맺고 있다는 '몸의 현상'이라는 사실을 부각시키기 위해 수행된다. 니체에 의하면 건강과 병에 대한 형이상학적 · 종교적 이원화는 병을 건강의 존재론적 토대이자 실존적 조건으로 이해하지 않기 때문에 필연적으로 인간의 실존을 초월한 가치로 규정하는 인식론적 오해를 유발할 뿐이다. 니체에 의하면 형이상학적 · 종교적 이원화는 건강과 병을 인간의 실존을 초월한 가치로 규정하는 인식론적 오해 속에서 도출된 사고의 체계이다. 그렇기 때문에 이러한 오해의 체계 속에서 병은 건강의 존재론적 토대이자 실존적 조건으로 긍정될 수 없었다. 그래서 니체는 절대적 가치로부터의 "위대한 해방"을 시도하며, 지금까지 병에 대한 형이상학적 ·

---

2) 니체, 『인간적인 너무나 인간적인 II』, 「서문」, 4, 김미기 옮김, 책세상, 2002, 15쪽.

종교적 해석의 속박 속에서 병의 가치가 오해되어왔음을 선포한다.

건강과 병이 맺는 생명의 관계는 건강 속에 병을 은폐하는 것이 아니라, 오히려 병을 통해 건강의 의미를 드러냄으로써 매 순간 대면하도록 만든다. "우리가 어떻게 병에 걸렸는지 정확하게 이해했다면 반드시 건강해질 것이다."[3] 그래서 니체는 자유로운 정신으로의 위대한 해방을 경험하기 이전에는 자기 자신이 얼마나 절대적인 가치에 묶인 채 살아온 속박된 정신이었는지 알 수 없을 것이라고 말하는 것이다.[4] 이러한 의미에서 신의 죽음, 즉 형이상학과 종교의 이원론적 사고의 해체로부터 발생하는 허무주의는 절대적 가치 아래 스스로를 망각해온 '자기인식의 병'과 더불어 단 하나의 가치를 추구해왔음에도 불구하고 온전히 자신만의 관점으로 살아오지 못한 '자기 소외의 병'과 직접 대면하게 해주는 실존적 변화의 토대로서의 역할을 하게 된다.

건강과 병에 대한 절대적인 해석으로부터의 해방은 두 가치의 관계를 인간적인 것으로 전환하게 해주는 본질적인 토대이다. 그리고 이러한 인식론적 해방으로부터 건강과 병은 더 이상 선과 악으로 이원화될 수 없게 된다. 이러한 의미에서 위에 언급된 니체의 말 중, "풀려난 자, 해방된 자가 이제부터 자신이 사물을 지배한다는 것을 증명하고자 할 때 그의 거침없는 시도와 기묘한 행동에는 얼마나 많은 질병이 나타날 것인가?"라는 문장은 건강과 병에 대한 인식이론적 전환의 시도에 적용될 수 있음을 보여준다.

절대적 사고의 체계 아래 악이라고 간주되었던 가치들을 추구하고 이를 따라 실천하는 삶이 결코 병이 아니라, 오히려 건강을 실천하는 것이라

---

3) Friedrich Nietzsche, *Sämtliche Briefe*, Bd. 5 (Januar 1875-Dezember 1879), 899, Brief an Paul Rée in Stibbe, in: Kritische Studienausgabe in 8 Bänden, hrsg. von Giorgio Colli und Mazzino Montinari, Berlin/New York, 2003, p. 460.

4) 니체, 『인간적인 너무나 인간적인 I』, 「서문」, 3, 12쪽 참조.

는 사실을 인식하게 만드는 것이 니체의 철학적 문제의식이다. 그리고 이 다음과 같은 물음은 이를 잘 대변해준다. “근본적으로 철학은 개인이 건강해지는 법에 대한 본능이 아닐까?”[5] 병에 대한 인식의 전환으로부터 건강에 대한 가치도 달라진다. 니체가 자신의 문제의식 속에서 규정한 철학의 역할은 바로 ‘건강과 병에 대한 인식의 전환’이다. 그리고 그는 이러한 인식의 전환을 “취향(Geschmack)”의 문제로 제시하기도 한다. ‘취향의 변화’는 자신의 병을 인식한 이후에 가능해지는 실존의 변화이다.

> 나는 나 자신을 쾌활하고 객관적이고 호기심이 많으며 무엇보다 건강하고 악하게 표현하는 기술을 배웠다. — 그런데 이것은 내가 그렇게 여기고 싶어 하는 것처럼 병든 사람에게도 ‘좋은 취향(guter Geschmack)’일까?[6]

건강을 오해하는 것은 단지 건강 그 자체를 오해하는 것에 그치지 않는다. 그 이유는 건강을 오해하는 것은 병 역시도 오해하고 있다는 것을 의미하기 때문이다. 그리고 건강과 병을 오해하는 것은 결국 자신의 “몸(der Leib)”[7]을 오해하는 것이다. 나아가 몸을 오해하는 것은 결과적으로 자기 자신을 오해하는 것이다. 내가 나를 나로서 믿지 못하고 나를 벗어난 가치 속에서 오해하게 되면 건강과 병은 내 안에서 발생하는 생명활동의 일환이 아니라, 나를 초월한 존재가 내게 부과한 짐과 같은 벌 혹은 신학적으로 위임받은 원죄가 될 수밖에 없다. 그래서 건강과 병에 대한 인식론적 전환은

---

5) 니체, 『아침놀』, 553, 박찬국 옮김, 책세상, 2004, 413쪽.

6) 니체, 『인간적인 너무나 인간적인 II』, 「서문」, 5, 15쪽.

7) 니체, 『차라투스트라는 이렇게 말했다』, 「몸을 경멸하는 자들에 대하여」, 정동호 옮김, 책세상, 2005, 52쪽.

니체에게 중요한 철학적 문제의식이었던 것이다. 건강해지기 위한 물음과 노력은 병에 걸린 이후에 가능하다. '건강한 실존'으로서 살아왔는지에 대한 물음의 답은 병으로부터 얻어진다. 즉 '자기인식의 기회'는 병에 의해 주어진다. 하지만 여전히 중요한 사실은, 건강과 병에 대한 인식이 병 그 자체가 아니라, 건강과의 유기적인 생명의 관계 속에서 인식되어야만 한다는 것이다.

> 질병은 인식의 수단이며 인식을 낚는 낚싯바늘로서 반드시 필요하다. 자기 통제와 심정의 수양이며, 수없이 많은 대립적인 사유방식에 이르는 여러 길을 허용하는 그 성숙한 정신의 자유에까지 이르는 길은 멀다. [...] 그리고 커다란 건강의 표시인 저 유연하고 병을 완치하며 모조해내고 재건하는 힘이 넘쳐흐르기까지의 길도 아직 멀다. 그렇게 넘쳐흐르는 힘은 자유정신으로 하여금 시험에 삶을 걸고 모험에 몸을 내맡겨도 된다는 위험스러운 특권을 부여한다.[8)]

또한 병을 자기인식의 기회로서 인식한다는 것은 곧 '병에 대한 인식의 전환'을 통해 그 의미와 가치 역시 전환할 수 있다는 것을 의미한다. 건강의 가치는 망각 속에 있다. 하지만 병에 의해 건강은 더 이상 침묵하지도, 망각되지도 않는다. 병에 의해 깨어난 건강의 인식은 곧 나 자신과 삶에 대한 실존적 인식으로 나아간다. 병에 걸렸다는 사실, 즉 나로부터 벗어난 가치를 추구했다는 사실보다 중요한 것은 다시 건강해질 수 있다는 것과 다시 새로운 가치를 추구할 수 있는 자유인 것이다.

위의 글에서 니체는 이 사실을 "커다란 건강"이라는 개념을 통해 설명

---

8) 니체, 『인간적인 너무나 인간적인 I』, 「서문」, 4, 14-15쪽.

한다. 니체가 위버멘쉬(Übermensch)로 명명되는 건강한 인간유형에게 요청하는 것은 바로 인식의 전환과 매 순간 삶을 결정할 수 있는 자유이며, 그 선택의 토대는 '건강한 인식'이다. 그리고 이때 병은 건강을 인식하게 하는 자극제이자 건강한 인식을 발생시키는 추동력으로서의 역할을 한다.

2.
건강과 병에 대한 철학적 관점

니체의 철학에서 "커다란 건강"은 단지 하나의 철학적 의미만을 담고 있지 않다. 이편 세계와 저편 세계, 영혼과 육체, 선과 악, 건강과 병 등 형이상학과 종교에 의해 이원화된 가치질서 및 해석에 반해 이 가치들의 본질적인 의미체계에 대한 인식 전환의 시도는 그 자체로 철학적이다. 그리고 이 가치를 추구해온 인간들의 내적 조건을 정신과 의지의 관점에서 해명하는 시도는 심리학적이다. 나아가 그들의 내적 조건을 힘의 관점에서 해명하는 시도는 생리학적이다. 결과적으로 "생명체를 발견할 때마다 나는 힘에의 의지도 함께 발견했다"[9]라는 니체의 말처럼, 이 모든 것들을 "힘에의 의지"의 관점에서 탐구하는 종합적인 시도는 '존재의 원리', 즉 '생명의 원리'를 해명

---

9) 니체, 『차라투스트라는 이렇게 말했다』, 「자기극복에 대하여」, 194쪽. 니체는 철학자로서 "힘에의 의지"라는 개념을 선호했다. 중요한 것은 이 개념이 생명의 원리로 대변되는 "생명에의 의지"이기도 하다는 사실이다. "오직 생명이 있는 곳, 그곳에만 의지가 있다. 그러나 나 가르치노라. 그것이 생명에의 의지가 아니라 힘에의 의지라는 것을! 생명체에 있어서 많은 것이 생명 그 자체보다 더 높게 평가되고 있다. 그러한 평가를 통해 자신을 주장하고 있는 것이 있으니 힘에의 의지가 바로 그것이다!"(니체, 『차라투스트라는 이렇게 말했다』, 「자기극복에 대하여」, 196쪽).

하고자 하는 시도이다.

"유기체의 기능 내부에 있는 힘에의 의지"[10], "유기적 기능은 힘에의 의지라는 근본 의지로 바꿔 번역된다 — 그리고 이 의지로부터 분열된다"[11], "모든 유기체적 기본 기능들을 힘에의 의지로 환원"[12] 등 1884년에서 1887년 기간의 유고에 있는 글들은 힘에의 의지가 생명의 활동을 반영하고, 이를 대변할 수 있는 개념이라는 사실을 보증해준다. 또한 "원형질(Platoplasma)"[13]을 예로 들어 설명하고 있는 것처럼, 힘에의 의지는 생명체의 존재론적 특징으로서의 생명과 생명력에 대한 니체의 관심을 잘 대변해준다. 건강과 병의 실존적 의미를 탐구하며 그 원리를 '몸의 원리'로, 다시 말해 '존재와 생명의 원리'로 해명하는 니체의 철학적 시도는 근대의 과학적 의학 아래 은폐된 인간의 실존을 드러내주는 역할을 한다.

이러한 의미에서 아래와 같은 가다머의 물음은 건강과 병을 과학적으로 진단함으로써 철학적 · 실존적 의미를 배제하는 근대의학의 규정에 대한 그의 철학적 성찰을 담고 있다. 병의 원인과 치유에만 집중해온 근대의학의 과학적 관점에서 건강은 병이 제거된 상태, 즉 병이 부재하는 상태를 의미할 뿐이다. 그리고 이 과정에서 건강에 대한 물음은 사라진다. 하지만 그의 말처럼, 근대의학은 이제 '건강이란 무엇인가?'라는 물음에도 답할 수 있어야만 한다. 건강은 육체적으로 침묵하고 정신적으로도 인식이 가능하지 않은 상태를 지칭한다. 나아가 건강은 일상의 모든 가능성을 대변해주지만, 병은 육체의 침묵을 깨고 건강을 인식 가능한 상태로 전환해줌으로써 '건강을 향한 생명의 생명력'을 자극하는 역할을 하게 된다.

---

10) 니체, 『유고(1884년 초~가을)』, 26[273], 정동호 옮김, 책세상, 2004, 291쪽.

11) 니체, 『유고(1884년 가을~1885년 가을)』, 35[15], 김정현 옮김, 책세상, 2004, 310쪽.

12) 니체, 『유고(1885년 가을~1887년 가을)』, 1[30], 이진우 옮김, 책세상, 2005, 19쪽.

13) 니체, 『유고(1888년 초~1889년 1월 초)』, 14[174], 백승영 옮김, 책세상, 2004, 192쪽 참조.

의학은 질병에만 관심이 있는 것은 아니다. 왜냐하면 질병이란 건강 없이는 있을 수 없는 것이기 때문이다. 의사는 질병과 건강을 동시에 알아야 하며, 근대과학이라는 수단을 통해 그것을 알려고 노력해야 한다. 여기에서 우리는 아직 대답을 얻지 못한 물음에 직면한다. 건강이란 무엇인가?[14)]

그리고 가다머는 스스로 제기한 위와 같은 물음에 정당한 답을 제시하고 있다. "우리는 질병이 무엇인지를 대략적으로 알고 있다. 그것은 무엇인가가 기능장애를 일으키기 시작할 때 발생하는 '반란'이나 폭동이다. […] 그러나 건강은 독특한 방식으로 어떻게 해서든 이 모든 것을 피해간다. 건강은 연구를 통해 드러나는 것이 아니라, 우리의 주목을 피함으로써 스스로를 드러내는 것이다."[15)] 여기서 중요한 것은 건강과 병의 의미와 가치가 생물학적으로만 해명될 수 없다는 것이다. 그 이유는 건강과 병은 한 인간의 실존을 온전히 반영하기 때문이다. 이러한 의미에서 니체는 커다란 건강을 통해서 건강과 병의 관계론적 특징과 더불어 심리적 · 생리적 원인 그리고 이로 인해 변하게 되는 삶의 실존적 관점을 모두 자신의 철학에서 해명하고자 했다. "몸"에 대한 니체의 관점은 이를 잘 보증해준다.

영혼과 육체를 유기적 생명의 관계를 맺는 몸의 조건으로 규정하는 니체의 일원론적 관점에서 생명은 절대적 존재의 계획을 따르는 활동일 수 없다. 생명은 생성의 토대이며 스스로 작용하는 생기이다. 힘에의 의지를 생명의 원리로 규정할 때, 다시 말해 몸의 활동으로 규정할 때 이 원리는 반박할

---

14) 한스 게오르크 가다머, 『철학자 가다머, 현대의학을 말하다』, 이유선 옮김, 몸과 마음, 2002, 155쪽.

15) 같은 책, 155-156쪽.

수도 없고 부정할 수도 없는 '몸의 진리'가 된다. 힘에의 의지를 통해서 생명의 생명력을 탐구하는 니체의 철학적 해석은 거대한 우주의 원리를 의학적 가정을 통해 인간에게 적용하는 자연철학자들의 철학적 의학과 달리, 오히려 근대의학의 특징을 담고 있다.

건강과 병에 대한 니체의 관점은 자연철학적 우주론이 아니라, 오히려 철학적 인간학의 관점에서 인간의 본질을 토대로 하고 있다. 그 이유는 니체 스스로 자신의 병과 고통을 철학적으로 사유했기 때문이기도 하지만, 그 과정에서 "생리학과 의학과 자연과학"[16]에 관심을 가지고 독서를 해왔기 때문이기도 하다. 니체에게는 병의 발생과 원인도 중요하지만 병으로 인해 고통받는 사람의 심리적 · 생리적 반응과 변화도 중요하다. 이에 반해 건강과 병에 대한 형이상학적 · 종교적 해석은 이 사실을 온전히 반영할 수 없다.

또한 그의 이러한 관점은 마땅히 신화적이지도, 종교적이지도 않다. 니체가 『도덕의 계보』의 「제3논문」에서 금욕주의적 성직자를 비판하는 것처럼, 병은 신에 의한 벌일 수도, 이에 대한 종교적 해석일 수도 없다. 아폴론 신이 그리스군을 향해 벌로서 내린 전염병이 퍼진 상황으로 이야기가 시작되는 호메로스의 『일리아스』는 건강과 병에 대한 인식론적 토대가 무엇인지 잘 보여준다.[17] 또한 건강과 병에 대한 니체의 관점은 플라톤이 입법가의 자질을 "노예의사"와 "자유민인 의사"[18]로, 그리고 우정의 의미를 밝혀내기 위해 건강과 병을 비유로 제시하는 것과 달리,[19] 인간과 시대적 · 문화적 조건들의 관계를 진단하고, 이 간극으로부터 발생하는 실존적 병의 증상

---

16) 니체, 『이 사람을 보라』, 「인간적인 너무나 인간적인」, 백승영 옮김, 책세상, 2002, 107쪽.

17) 호메로스, 『일리아스』, 천병희 옮김, 도서출판 숲, 2007, 25-49쪽 [역병(疫病) 아킬레우스의 분노] 참조.

18) 플라톤, 『법률』, 박종현 옮김, 서광사, 2009, 339-341쪽 참조.

19) 플라톤, 「뤼시스」, 『플라톤 전집 II』, 천병희 옮김, 도서출판 숲, 2019, 226-232쪽 참조.

에 대한 철학적 · 의학적 치유의 시도를 향해 있다. 니체가 건강과 병에 대한 낡은 이원론적 사고의 습관을 해체하고 생명의 관계로 전환하겠다는 자신의 문제의식을 해결해나가면서 제시하는 "몸", 생명과 생명력의 원리로서의 "힘에의 의지", 건강과 병을 생명의 관계로 규정하는 "커다란 건강", 철학자의 역할이 의학으로 확장될 수 있는 가능성을 보여주는 "철학적 의사" 등의 개념들은 그의 철학적 인간학을 바탕으로 하는 의철학적 특징을 드러내준다.

3.
건강과 병의 인식론적 전환

1) 몸의 진리와 건강의 진리

철학은 관계를 존재론적으로 사유하는 학문이다. 여기서 존재론적이라는 표현은 니체의 철학적 시도를 다시 형이상학적 · 종교적으로 환원하는 것이 아니라, 이편 세계와 저편 세계, 영혼과 육체, 선과 악, 행복과 불행, 건강과 병 등 모든 관계를 그 근원에서부터 사유하고 재평가한다는 의미를 담고 있다. 관계에 대한 니체의 철학적이고 존재론적인 사유는 형이상학과 종교의 이원론적 세계질서 및 세계해석에 대한 그의 강한 비판을 통해 잘 드러난다. 니체는 세계를 이편과 저편으로 그리고 인간을 육체와 영혼으로 분리함으로써 자신을 둘러싼 세계 및 삶과 온전히 관계할 수 없었던 '관계불능의 정신사'를 해체하고 다시 인간이 모든 관계의 중심이 되어 새로운 관계들을 창조할 수 있기를 희망했다. 이러한 그의 시도는 결국 문명, 시대, 국가, 사회, 학문, 정치, 예술 등 다양한 관계영역에서 인간의 실존을 구체화시키기에 이른다.

건강과 병 역시도 니체가 비판적으로 사유했던 관계들 중 하나였다. 그 이유는 '사유의 병'으로 시작된 이원론의 역사는 '병을 발생시키는 역사'로 전개될 수밖에 없기 때문이다. 또한 육체와 영혼의 관계에서 육체를 오해하며 시작된 사유의 역사는 결국 그 이유로 건강에 대한 오해를 피하지 못했다. 단 하나의 절대적인 진리를 추구해온 사유의 역사 속에서 발생한 오해 — 니체의 표현에 의하면 "몸의 오해(ein Missverständniss des Leibes)"[20] — 의 해소는 그의 고유한 철학적 문제의식으로 자리하게 된다. 아래의 글에서 확인할 수 있는 것처럼, 니체가 문제시하는 건강과 병은 한 인간이 자신의 삶에서 정신 혹은 육체로서 경험하는 "특정한 몸의 증상(Symptome bestimmter Leiber)"으로부터 도출된 형이상학적인 해석이었다.

> 형이상학의 저 모든 과감한 미친 짓거리, 특히 현존재의 가치에 대해 형이상학이 내놓는 답변은 항상 특정한 몸의 증상으로 간주될 수 있다. 이러한 세계 부정이나 세계 긍정 전체는 과학적으로 보면 전혀 의미가 없을지라도 역사학자나 심리학자에게는 이미 말한 대로 육체의 증상, 즉 육체의 성공과 패배, 충만, 힘, 역사 속에서의 자기 과시, 혹은 육체의 장애, 피로, 빈곤, 종말에 대한 예감이나 종말에 대한 의지 등으로서 가치 있는 암시를 제공한다.[21]

그리고 특정한 몸의 증상으로부터 형이상학적 · 종교적 세계부정과 자기부정 나아가 인간에 대한 수많은 문명적 · 시대적 · 사회적-문화적인 오해가 시작된다. 니체에게 있어 건강과 병은 이 모든 오해를 치유하기 위해

---

20) 니체, 『즐거운 학문』, 「제2판 서문」, 2, 안성찬 · 홍사현 옮김, 책세상, 2005, 27쪽.

21) 같은 책, 「제2판 서문」, 2, 27쪽.

수행하는 가장 본질적인 진단기호였다. 니체의 문제의식은 명확하다. 만약 영혼의 건강이 우선시된다면 대지의 자연성과 그 원리에 일치하는 삶을 살아가는 육체의 건강과 이로 대변되는 욕구, 욕망, 충동, 본능, 감정, 의지 등, 인간의 내·외적 건강의 조건들은 폄하될 수밖에 없다.

하지만 니체의 주장처럼, 인간은 육체와 영혼이 합일된 "몸"[22]의 존재일 뿐이다. 영혼과 정신 혹은 육체의 건강은 한 인간의 건강을 온전히 대변해줄 수 없다. 물론 그 반대도 마찬가지이다. 형이상학과 종교의 관점에서 영혼의 건강은 '건강의 진리'였다. 하지만 니체에게 있어 건강의 진리는 '몸의 진리'이다. 인간은 생명의 생명력이 활동하는 장소로서의 몸을 통해서 "건강과 병의 이분법(Dichotomie von Krankheit und Gesundheit)"을 넘어선다. 그 이유는 건강과 병이 생명의 활동으로 인한 몸의 사건이기 때문이다.[23]

이렇듯 몸은 건강과 병이 반복적으로 발생하는 장소이자 육체와 정신을 통해 종합적으로 병을 허용하고 해결하는 자연이다. 이렇듯 니체는 서구 정신사에서 세계와 인간을 이원론적인 관계로 규정해온 사유의 병을 인식하고 이로부터 건강을 철학적 사유의 문제로 등장시켰다. 그리고 몸의 진리로부터 건강과 병의 원리를 도출하기 위해 생명 있는 모든 유기체에게 적용할 수 있는 생명력의 자연원리로서 "힘에의 의지"를 제시한다.

이러한 의미에서 프랑스의 의철학자 캉길렘도 건강을 철학적으로 해명할 수 있는 방법을 고심한 결과 다음과 같이 말한다. "우리가 건강에 부여한 정의는 일상적 경험에 따라서 몸이 원하는 대로 살아가고 행동하도록

---

22) 니체, 『차라투스트라는 이렇게 말했다』, 「몸을 경멸하는 자들에 대하여」, 52쪽.

23) Marina Silenzi, *Eine psychophysiologische Lektüre der Vorreden von 1886/87. Genese und Bedeutung von „Krankheit" und „Gesundheit", in Nietzsches Spätphilosophie*, in: Nietzsche-Studien, Christian J. Emden/Helmut Heit/Vanessa Lemm/Claus Zittel (Hrsg.), Bd. 49, Berlin/Boston, 2020, p. 26 참조.

허용되는 상태다. 그리고 철학에 대해 이러한 명제를 지지해주기를 요청한다."[24] 만약 건강의 진리가 몸의 진리라면, 몸의 특성으로 인해서 그 진리는 다양한 내 · 외적 관계로 구성될 수밖에 없을 것이다. 그리고 마땅히 이 관계는 건강에 반한 병 역시도 부정하지 않을 것이다. 건강과 병은 생명의 관계를 맺는 몸의 활동이자 규범이기 때문이다.

생명체가 자신 안에 내재한 힘과 의지로 자신만의 고유한 생명의 원리를 따를 때, 이 원리는 형이상학 혹은 종교적 관점에서 온전히 해명될 수 없다. 이러한 의미에서 캉길렘은 건강과 병을 절대적인 기준 아래 이원화하지 않고, 정상과 병리(das Normale und das Pathologische)로 규정함으로써 두 가치가 서로 다른 힘으로 유기적인 관계를 맺고 있으며, 그렇기 때문에 그 어떤 절대적인 기준 혹은 평균적인 통계에 의해서 확정될 수 없다는 사실을 드러낸다. 그가 건강과 병, 정상과 병리의 관계에서 병리적인 상태를 "생물학적 규범의 결여" 혹은 "규범의 부재"로 이해하지 않고, 생명 안에서 발생하는 "다른 규범" 혹은 "다른 규범의 부재"로 이해하는 것은 바로 관계에 대한 사유 때문이다.[25]

캉길렘의 이러한 관점을 니체에게 적용해보면, 선과 악이 이원화될 수밖에 없었던 이유는 두 가치의 관계를 유기적으로 해석할 수 있는 (일원론적) 규범이 부재했기 때문이다. 악은 선이라는 규범의 부재, 즉 죄에 의한 벌이 아니라, 오히려 자신만의 삶을 살아가는 과정에서 도출된 새로운 규범의 발생으로부터 도출되는 가치이다. 다시 말해 병은 건강의 부재가 아니라, 생명에 발생한 모든 관계를 창조하는 새로운 규범의 시작이다. 중요한 것은 이

---

24) 조르주 캉길렘, 「건강: 통속적 개념과 철학적 질문」, 『캉길렘의 의학론 자연, 질병, 건강, 치유, 유기체와 사회에 대하여』, 여인석 옮김, 그린비, 2022, 58쪽.

25) 조르주 캉길렘, 『정상과 병리』, 이광래 옮김, 한길사, 1996, 155쪽; 조르주 캉길렘, 「정상적인 것과 병리적인 것」, 『생명에 대한 인식』, 여인석 · 박찬웅 옮김, 그린비, 2020, 258쪽.

규범은 다시 건강을 향해 또 다른 새로운 규범을 만들어간다는 사실이다.

> 인간에게 있어 산다는 것은 또한 인식한다는 것이다. 내 행위에 대해 책임질 수 있고, 사물은 존재하게 만들고, 내가 없이는 존재하지 않았을 사물들 사이의 관계를, 그러나 사물들이 없이는 존재할 수 없는 관계를 창조해 내는 한에 있어 나는 건강하다. 따라서 나는 사물들을 변화시키기 위해 그들이 무엇인지 알도록 배워야 한다.[26]

이러한 '관계에 대한 사유'는 결국 의학과 철학이 함께 공유하는 생명과 자연에 대한 사유로 발전한다. 나를 구성하는 내 · 외적인 모든 것들과의 관계를 인식한다는 것은 곧 이 삶을 살아가는 '나 자신'을 인식한다는 것임과 동시에 나를 중심으로 삶을 경험한다는 것을 의미한다.[27] 보다 본질적으로 표현하면, 나는 내 안과 밖의 수많은 관계들을 창조하는 생명으로서 그 어떠한 순간에도 '나'를 관계하는 생명으로 인식할 뿐, 관계하지 않고 활동하지 않는 죽음의 상태로 오해할 수 없다. '관계'는 생명을 매 순간 생동하는 것으로 만들어주는 존재론적 원리이며, 이 원리는 인간의 자연성을 통해 표출된다.

니체가 이원화된 세계와 인간 안에 은폐된 생명의 자연성을 해방시키기 위해 생성과 생기를 강조하며 그 의미를 되살리는 이유는, 생성이 이 세계를 끊임없이 변화하는 '관계의 세계'로 유지시켜주는 원리이기 때문이다.

---

26) 조르주 캉길렘, 「건강: 통속적 개념과 철학적 질문」, 『캉길렘의 의학론 자연, 질병, 건강, 치유, 유기체와 사회에 대하여』, 60쪽.

27) "인식의 힘은 진리에 관한 인식의 정도에 놓여 있는 것이 아니라, 그것의 연륜, 그것의 체화, 삶의 조건으로서의 그것의 성격에 달려 있다. 삶과 인식이 모순을 일으키는 것으로 보이는 곳에서 진지한 투쟁이 일어난 적은 결코 없다"(니체, 『즐거운 학문』, 110, 186쪽).

변화한다는 것은 활동하고 있다는 것이며, 이것은 결국 이편 세계와 저편 세계, 육체와 영혼, 선과 악, 이와 더불어 삶과 죽음, 낮과 밤, 건강과 병, 상승과 하강, 성장과 퇴화, 행복과 불행, 기쁨과 슬픔 등 모든 것들이 관계를 이루고 있다는 사실을 보증해준다. 그리고 인간 역시 생명과 자연이 주선하는 관계 속에서 살고 있다. 모든 것은 생명이며, 이것들은 하나의 자연으로 존재한다. 자연은 생명으로서 모든 것들과 관계하며 인간도 생명인 이상 그 관계로부터 벗어날 수 없다. 생명을 가진 유기체에 대한 생리학적 · 병리학적 진단과 처방은 철학적으로도 의학적으로도 이 사실을 공유할 수밖에 없다.

이렇듯 형이상학적 사유의 병으로부터 시작된 니체의 철학적 문제의식, 다시 말해 그의 '철학적 병리학'은 자연스럽게 이를 치유하고자 하는 생리학적 사유로 나아가며 그 사유의 과정에서 니체는 생명 안에 내재한 생명력과 자연성을 해명하기에 이른다. 이러한 의미에서 "건강한 몸, 완전하며 반듯한 몸은 더욱더 정직하며 순수하다. 이 대지의 뜻을 전해주는 것도 바로 그런 몸이다"[28]라는 니체의 말은 건강한 몸과 건강한 대지가 생명으로 관계하고, 하나의 자연으로 존재할 수밖에 없음을 잘 보여준다. 몸의 진리는 '건강의 진리'이며, 이 진리는 생명과 자연의 진리에 의해서만 보증된다.

형이상학과 종교에 대한 니체의 비판을 통해 알 수 있듯이, 자연은 오류를 만들어내지 않는다. 혹시 자연이 오류를 만들어낸다고 하더라도, 자연이 오류가 될 수는 없다. 인간의 자연 역시 마찬가지이다. 자연은 유기체가 자신 안에 맺고 있는 관계에 대한 총체적 명칭이다. 이 관계 속에서 건강과 병 역시 마땅한 원인과 결과로서 드러날 뿐이다. 몸은 생명의 생명력을 반영하는 자연일 수밖에 없다. 그리고 이 사실은 건강과 병이 유기적으로 관

---

28) 니체, 『차라투스트라는 이렇게 말했다』, 「저 편의 또 다른 세계를 신봉하고 있는 사람들에 대하여」, 51쪽.

계하는 몸의 진리 속에서 병 역시 '자기관계의 상실'을 의미할 수 없음을 보증해준다. 병도 자기관계를 보증하며, 건강 역시 그렇다. 병 역시도 내 건강을 보충하는 수많은 주석들 중 하나이다. 생명은 건강을 허용하듯, 병도 허용한다. 병은 그 자체로 '다시 건강해질 수 있는 기회'일 뿐이다. "건강은 영구적인 소유권이 아니며 질병은 단지 부정적인 것일 뿐만 아니라 자극제로서도 작용한다."[29)]

건강과 병은 생명의 도구로서 일할 뿐이다. 그렇기 때문에 건강과 병의 임무는 생명으로부터 출발한다. 하지만 건강과 달리 병은 생명으로부터 거절된 일을 강행한다.[30)] 건강이 생명을 영원히 보장해주지 못하고 또한 모든 병이 생명을 종말로 끌어가지도 못한다. 생명이 직접적으로 인식되지 않는다는 사실은, 그것이 활동하고 있지 않다는 것이 아니라 끊임없이 극복되고 있다는 것을 의미한다. 이 모든 사실을 드러내주는 역할을 하는 것이 '생명'이고 그것을 증명하는 것이 '생명력'이며 이로 인해 상승 혹은 하강, 성장 혹은 퇴화, 건강 혹은 병으로 변화되어가는 현상이 인간의 '자연'이다. 나아가 이 모든 존재론적 특징을 대변해주는 것이 바로 인간의 "몸"이다.

니체 역시 평생 동안 자신을 고통 속에 빠뜨렸던 병을 통해서 자신의 생명 안에 내재한 생명력과 상승과 하강, 성장과 퇴화 등으로 변화되는 '몸의 자연'을 경험했다. 그리고 그는 몸이라는 자연의 변화, 즉 실존의 변화를 발생시키는 근본적인 요인을 생명력으로 제시했다. 그의 철학에서 힘에의 의지로 대변되는 '생명력'은 한 인간의 모든 변화를 발생시키는 요소이다. 니체가 육체적 통증과 이 증상이 동반하는 정신적 괴로움에 갇혀 있던

---

29) Michael Skowron, *Nietzsches „Anti-Darwinismus"*, in: Nietzsche-Studien, Bd. 37, Berlin/Boston, 2008, 168쪽, 179쪽.

30) 조르주 캉길렘, 『정상과 병리』, 155쪽.

1878년부터 1881년의 기간을 "생명력(Vitalität)의 가장 낮은 지점"이라고 표현하는 이유는 이 때문이다.[31]

또한 육체적 통증과 정신적 괴로움을 치유하는 자연적인 요소 역시 바로 생명력이다. 니체가 고통을 삶의 관점에서 능동적으로 해석하는 고대 그리스인들의 비극적 사유의 근원을 "충동하는 생명력"[32]으로 이해하는 이유 역시 이 때문이다. 이러한 의미에서 아래의 글은 이 사실을 잘 보여주고 있다. 그리고 니체는 생명력이 가장 낮을 때 발생하는 증상을 "데카당스"로 명명하고 있다. 그렇다면 데카당스는 건강의 진리로서의 몸의 진리, 즉 상승과 하강, 성장과 퇴화, 건강과 병 등의 자연적 관계를 변화시키며 생명의 생명성(生命性)을 지속시키는 힘과 의지의 정지, 니체의 표현에 의하면 '힘에의 의지의 마비증상'으로 이해할 수 있을 것이다.

> 내 위의 통증은 그것이 아무리 극심하다고 하더라도 몸 전체가 소진한 결과이고, 내장 조직 전체가 극도로 약화되어서이지 위 그 자체만이 원인인 것은 아니다. 때때로 보지 못할 정도의 위험에 이르기도 하는 내 눈의 통증도 단지 결과일 뿐이지 그런 위험의 원인은 아니다: 내 생명력(Lebenskraft)이 증대됨에 따라 시력 또한 다시 좋아졌으니 말이다. […] 유감스럽지만 그것은 동시에 특정 유형의 재발과 붕괴라는 데카당스의 주기성을 의미하기도 한다. 이러함에도 내가 데카당스 문제에 관한 한 전문가라고 굳이 말할 필요가 있겠는가? 나는 데카당스를 앞에서 뒤로, 그리고 위에서 앞으로 판독해보았다.[33]

---

31) 니체, 『이 사람을 보라』, 「나는 왜 이렇게 현명한지」, 1, 332쪽 참조.

32) Volker Gerhardt, *Friedrich Nietzsche*, München, 2006, p. 85.

33) 니체, 『이 사람을 보라』, 「나는 왜 이렇게 현명한지」, 1, 333쪽.

2) 생명의 원리로서의 힘에의 의지

생명이 살아 있는 존재의 근원이라면, 생명성(生命性)은 그 존재의 존재 양태를 지시한다. 그리고 생명력은 존재가 변화를 위해 발생시키는 힘이다. 니체가 생명체의 존재원리로 제시하는 "힘에의 의지"는 이 모든 자연의 특징을 담고 있다. 다음의 글을 통해 확인할 수 있는 것처럼, 생명력은 끊임없는 생명의 활동을 대변한다. 그렇기 때문에 니체에게 있어 '낮은 생명력'은 활동을 멈춘 상태가 아니라, 그 이면에서 다시 극복의 활동을 하게 될 가능성의 상태, 다시 말해 '다시 높아질 생명력'의 상태를 의미한다. 건강과 병이 생명의 생명성(자연성), 즉 생명 안에 내재한 생명력의 문제일 수밖에 없다는 사실로부터 니체철학의 의철학적 특징은 보다 명료해진다.

> 내 건강에의 의지와 삶에의 의지를 나는 나의 철학으로 만들었다……왜냐하면 다음의 사실을 주목해보라: 내 생명력이 가장 낮았던 그해는 바로 내가 염세주의자임을 그만두었던 때였다: 나의 자기 재건 본능이 내게 비참과 낙담의 철학을 금지해버렸던 것이다……[34)]

그래서 니체는 이 가능성을 생명의 생명성과 생명력을 대변해주는 개념이자 원리로서의 힘에의 의지와 결부시키는 것이다. 힘에의 의지를 설명함에 있어 중요한 다음의 글은 의철학적 관점에서도 해석될 수 있다. "오직 생명이 있는 곳, 그곳에만 의지가 있다. 그러나 나 가르치노라. 그것이 생명에 대한 의지가 아니라 힘에의 의지라는 것을!"[35)] 니체가 생명에의 의지를

---

34) 니체, 『이 사람을 보라』, 「나는 왜 이렇게 현명한지」, 2, 334쪽.

35) 니체, 『차라투스트라는 이렇게 말했다』, 196쪽.

힘에의 의지로 전환하는 이유는, 생명의 생명성이 중요하지 않기 때문이 아니라, 생명성을 규명하기 위해서는 삶의 양태를 변화시키는 근본조건으로서의 생명력을 해명해야만 하기 때문이다.

그렇기 때문에 니체는 자신의 철학에서 건강과 병 — 캉길렘에 의하면 정상적인 것과 병리적인 것 — 을 상승과 하강, 성장과 퇴화 등 생명체 안에 내재한 생명력으로서의 힘에의 의지 활동의 결과로 규정하고, 이 현상들을 그 활동에 의한 실존적 변화의 문제로 전환했다. 인간은 자신 안에 내재한 힘에의 의지의 특성으로 인해서 상승과 하강, 성장과 퇴화, 건강과 병이라는 가치 및 상태의 극단에 설 수 없다. 그는 매 순간 그 가치들의 사이와 경계, 다시 말해 과정에 있는 존재이기 때문에 특정한 객관적 지표 및 규범에 의해 확정될 수 없다. 이러한 의미에서 니체와 캉길렘에게 있어 중요한 사실은 그 과정에서 멈추지 않는 지속적인 생명의 활동이다.

니체의 철학에 담긴 의철학적 요소를 드러내기 위해서는 건강 및 병과 같은 생명력의 변화를 "생리적 가변성"[36]의 문제로만 해명할 수는 없다. 여기서 중요한 점은 "완전한 건강"이 존재할 수 없는 이유를 건강의 개념이 단순히 "존재하는 것"이 아니라, 오히려 끊임없이 활동하며 변화를 창조하는 "규범적인 것"이라는 캉길렘의 견해처럼,[37] 니체에게 있어서도 건강과 병은 각각 가지고 있는 생명력에 의한 활동임에도 불구하고 생명의 규범 속에서 유기적인 변화의 관계를 맺는다. 영원한 건강도, 영원한 병도 있을 수 없다는 말 안에는 몸이 끊임없이 다시 건강해지기 위해 생명의 힘을 발휘하고 있다는 사실이 함의되어 있다. 생명은 본질적으로 '살아가고자 하는 힘'일 뿐, '활동을 정지하고자 하는 힘'이 아니다. 이렇듯 건강과 병은 한 인간의

36) 조르주 캉길렘, 『정상과 병리』, 283쪽.

37) 같은 책, 93쪽.

몸에 내재한 생명의 원리 속에서 유기적인 변화의 관계를 맺고 있다. 이때 건강과 병이 맺는 생명의 관계는 매순간 병에서 건강으로, 하강에서 성장으로, 퇴화에서 성장으로, 다시 말해 결코 이전과 동일하게 유지되지 않은 보다 높은 새로운 단계로 나아갈 뿐이다.[38)]

건강은 병으로 인해서 매 순간 새로워질 수밖에 없다. 그래서 니체는 "새로운 건강(eine neue Gesundheit)"으로 표현되는 이 건강을 "이전의 어떤 건강보다도 더 강하고 더 능란하고 더 질기며 더 대담하고 더 유쾌한 건강"이라고 표현하는 것이다.[39)] 건강이 매 순간 새로워질 수밖에 없는 이유는 건강이 생명의 본질, 즉 생명이 추구하는 본질적인 목적이기 때문이다. 생명의 생명력은 되어가는 힘, 즉 살아있음에 그치지 않고, 건강을 향해 끊임없이 살아가는 힘이다. 본질적으로 죽음을 향해 내달리는 생명과 생명력은 존재하지 않는다. 그렇기 때문에 생명은 건강과 병이라는 생명력의 두 가지 양태를 모두 인정하고 허용한다. 그리고 이 사실을 담고 있는 니체의 개념이 바로 "커다란 건강(die grosse Gesundheit)"이다.

니체의 이러한 관점에 담긴 의철학적 특징은 건강과 병에 대한 생명의 관계와 활동을 인간학적으로 확장시키고 있다는 사실에서 조금 더 명확해진다. 이러한 의미에서 "정상적인 인간은 규범적인 인간이다. 새로운 규범을, 즉 유기체의 규범조차도 제정할 수 있는 인간이다"[40)]라는 캉길렘의 말은 '니체의 철학에도 이러한 생명의 규범이 있는가?'라는 물음으로 제기될 수 있다. 니체에게 있어 건강과 병이라는 각각의 규범은 바로 힘에의 의지에 의한 결과이며, 힘에의 의지 그 자체이다. 힘에의 의지는 인간의 생명과 생

---

38) "보다 높은 건강(eine höhere Gesundheit)"이라는 니체의 표현을 참조하자(니체, 『니체 대 바그너』, 「후기」, 백승영 옮김, 책세상, 2002, 544쪽).

39) 니체, 『즐거운 학문』, 382, 392쪽 참조.

40) 조르주 캉길렘, 『정상과 병리』, 150쪽.

명력의 활동, 즉 인간의 자연을 온전히 대변해준다.

니체의 철학에서 정상적이고 규범적인 인간은 "위버멘쉬"로 제시되지만, 그의 인간학적 특징은 건강과 병, 상승과 하강, 성장과 퇴화 그리고 정상과 비정상의 경계에서 드러난다. 니체에 의하면 인간은 마지막 인간과 위버멘쉬 사이에 놓여 있는 변화가능성의 존재이기 때문에 건강 혹은 병, 정상 혹은 비정상으로 확정될 수 없으며 오직 그 경계에서 매 순간 삶의 새로운 규범을 만들어가야만 하는 실존적 과제를 가질 수밖에 없다.[41]

힘에의 의지의 자연적 특징을 통해 확인할 수 있는 것처럼 건강과 병, 정상과 병리로 대변되는 생명의 규범을 변화시키기 위해서는 생명력의 강도, 다시 말해 '힘의 양'뿐만 아니라 실제로 이 규범을 변화시킬 수 있는 '힘의 질' 역시 중요하다. 형이상학과 종교에 대한 니체의 비판을 바탕으로 인간 내면의 힘이 자기 자신이 아니라, 자신을 초월한 절대적 진리와 존재를 향함으로써 발생하는 실존적 병의 증상은 이를 잘 보증해준다. 자신의 삶을 살아가기 위해 표출하는 힘으로서의 생명력은 온전히 생명체를 변화시키는 원인으로서의 역할만을 해야 한다. 그래서 생명체의 힘, 보다 구체적으로 생명을 가진 유기체의 "힘 느낌"은 실제로 건강과 병, 정상과 병리 등 생명성의 변화를 실현할 수 있을 정도로 많은 '힘의 양'과 더불어 자신을 초월한 존재 혹은 가치에 의존하지 않은 채, 오직 힘을 발휘한 생명체, 즉 자기 자신을 변화시키는 '힘의 질' 역시 중요하다. 아래의 글은 생명을 가진 유기체로서의

41) 니체, 『차라투스트라는 이렇게 말했다』, 「차라투스트라의 머리말」, 4, 21쪽 참조. 물론 니체는 힘에의 의지라는 생명의 규범을 바탕으로 건강과 병을 규명하고 이로부터 두 가지 인간유형을 구분한다. "나는 상승하는 삶의 유형과, 퇴락하고 붕괴하고 약한 다른 유형을 구별한다"(니체, 『유고(1888년 초~1889년 1월 초)』, 15[120], 339쪽). "각각의 인간은 그가 삶의 상승선을 나타내는지 하강선을 나타내는지에 따라 평가되어도 무방하다"(니체, 『우상의 황혼』, 「어느 반시대적 인간의 편력」, 백승영 옮김, 책세상, 2002, 33, 168쪽). 하지만 그의 이러한 평가의 이면에는 하강에서 상승으로, 상승에서 하강으로 이행하는 지속적인 변화의 가능성이 내재되어 있다. 힘에의 의지를 실존적 변화의 원리이자 규범으로 이해할 수 있는 이유는 이 때문이다.

인간이 성장하기 위해, 즉 건강해지기 위해 이에 대한 저항으로서의 병마저도 극복하고자 하는 생명력과 그 활동을 힘에의 의지로 설명해주고 있다.

> 인간이 원하는 것, 살아 있는 유기체의 모든 최소 부분들이 원하는 것, 그것은 힘의 증대인 것이다. 힘의 증대에 대한 추구에 쾌도 따르고 불쾌도 따른다; 힘 증대에 대한 의지로부터 인간은 저항을 찾으며, 대항할 무엇인가를 필요로 한다. [⋯] 유기체의 건강한 기능들은 모두 이런 욕구를 갖고 있다 ― 그리고 유기체 전체는 [⋯] 힘 느낌의 성장을 위해 격투를 벌이는 체계들의 복합체인 것이다.[42]

---

42) 니체, 『유고(1888년 초~1889년 1월 초)』, 14[174], 193쪽.

4.
니체철학의 의철학적 특징

1) 커다란 건강: 힘의 양과 힘의 질

"힘에의 의지"는 인간의 내면에서 활동하고 있는 생명의 생명력을 보증해주는 자연 개념이다. 내-외적 자연의 활동 속에서 인간은 건강과 병의 실존적 관계 속에 서게 되며, 이를 통해 건강으로부터 병으로의 하강 혹은 병으로부터 건강으로의 상승과 같은 실존적 변화를 경험하게 된다. 그리고 이 관계 속에서 삶의 양태를 결정하는 존재는 인간 자신이며, 또한 그 자신이 이 관계의 중심이다. 위에서 언급했던 것처럼, 삶의 실존적 건강을 유지하기 위해서는 '나로부터 발생하는' 힘의 양과 '나를 향하는' 힘의 질이 함께 필요하다. 중요한 것은 니체에 의하면 "생명 그 자체"는 항상 그 안에 내재된 생명력을 발산하고 있으며, 그 힘은 자신의 생명성을 유지하는 것이라는 사실이다.

니체철학의 의철학적 특징, 다시 말해 그의 철학의 생리학적 · 병리학적 특징은 인간을 존재론적으로 해명하고자 하는 철학적 인간학과 이로부터 그의 건강한 실존의 양식을 도출하고자 하는 실존철학의 특징을 바탕으로 전개된다. 생명을 가진 인간의 삶에서 건강과 병, 정상과 병리는 철학적 인간학과 의학적 인간학으로부터, 즉 이로부터 발생하는 모든 물음에 답할 수 있는 인간학을 토대로 할 수밖에 없다. '인간이란 무엇인가?'라는 물음에 답할 수 없다면 철학과 의학은 목표를 상실하게 될 것이다. 그래서 캉길렘은 인간생물학과 의학도 인간학의 필수적인 부분이라고 말하는 것이다.

> 결론적으로 우리는 인간생물학과 의학이 인간학의 필수적인 부분이며, 지금까지도 끊임없이 그래 왔다고 생각한다. 그렇지만 우리는 또한 어떤 도덕을 상정하지 않는 인간학은 없으며, 따라서 '정상적'이란 개념은 인간의 차원에서 항상 규범형성적 개념, 그리고 본래적으로 철학의 범위에 속하는 개념이라고 생각한다.[43)]

위에 제시된 캉길렘의 글은 이 사실을 잘 보여주고 있다. 하지만 이 글에서 한 가지 주목할 만한 점은 "어떤 도덕을 상정하지 않는 인간학"이 없다는 그의 말이다. 형이상학과 종교의 이원론적 세계해석과 인간해명을 강하게 비판하는 니체의 철학은 그 자체로 인간학적 특징을 내포하고 있다. 세계와 인간을 이원화해온 사유의 역사와 이 사유의 체계를 지탱해온 선과 악, 현세와 내세, 죄와 벌, 건강과 병 등의 가치 평가규범들 속에서 인간이라는 존재는 온전히 이해될 수 없었다.

하지만 니체는 "몸"이라는 개념을 통해 그동안 오해되어온 건강과 병의 의미를 죄와 벌로부터 해방시키고 생명력의 결과로, 즉 힘에의 의지의 원리로 해명한다. 캉길렘의 견해처럼, 건강과 병, 정상과 병리라는 개념이

---

43) 조르주 캉길렘, 「정상적인 것과 병리적인 것」, 『생명에 대한 인식』, 262쪽.

인간과 그를 해석하는 철학의 차원에서 다시 해명되어야 하고 이때 이 도덕(규범)의 원리를 인간학으로 규정해야 하다면, 그 규범은 니체의 개념 "발전의 도덕(die Moral der Entwicklung)"으로 제시되어도 무방할 것이다.

> 이것은 모든 본능들 가운데 가장 오래되고 가장 건강한 본능이다: 나는 "그 이상(以上)이 되기 위해서는 지금 가지고 있는 것 이상을 가지려고 욕구하지 않으면 안 된다"고 첨언하고 싶다. 살아 있는 모든 것에게 삶 자체를 통해 전해지는 가르침은 곧 발전의 도덕이라고 들리게 된다. — 소유하고 더 많이 소유하려 하는 것, 한마디로 성장 — 이것은 생명 그 자체다.[44)]

니체가 설명하는 것처럼, "발전의 도덕"은 생명 그 자체가 추구하는 성장과 이를 위해 마땅히 필요한 생명력, 즉 성장을 가능하게 할 정도로 증대된 '힘의 양'이다. 그리고 또 한 가지 중요한 것은 증대된 힘이 오직 생명이 원하는 성장을 위해 발현되어야 한다는 의미에서 '힘의 질'이다. 모든 생명체가 가진 "건강한 본능"은 바로 스스로를 성장시키는 것, 다시 말해 스스로를 건강하게 만드는 것이다. 그리고 스스로를 건강하게 만들고자 하는 생명과 생명력의 원리와 이를 통해 발생하는 건강과 병의 법칙을 보증해주는 개념은 바로 "커다란 건강"이다.

커다란 건강은 그 개념적인 의미에서 알 수 있듯이, 힘의 양과 힘의 질을 모두 포괄하는 힘과 의지의 원리를 전제로 한다. 건강에 반(反)하는 병의 극복을 통해 보다 새롭고 커다란 합(合)의 건강에 이르는 생명력의 과정, 즉 자신 안에 내재한 힘을 발산하는 과정은 근본적으로 보다 많은 힘을 위해

---

44) 니체, 『유고(1884년 가을~1885년 가을)』, 37[11], 405쪽.

다수의 힘들과의 투쟁을 벌이고, 쾌를 얻기 위해 불쾌를 긍정하는 힘에의 의지의 원리를 따른다. 커다란 건강으로 대변되는 건강의 변증법적인 변화는 내가 증대된 나의 힘을 통해 자기 자신의 삶에 만족하는 실존적 건강의 변화 과정을 잘 보여준다.[45)]

> 커다란 건강 […] 이것은 사람들이 보유하는 것만이 아니다. 지속적으로 획득하고 계속 획득해야만 하는 것이다. 왜냐하면 그 건강은 계속해서 포기되고 포기되어야만 하기 때문이다! 그리고 이제, 오랜 항해를 했던, 이상을 찾는 아르고호의 뱃사람인 우리는 현명하기보다는 용감하고, 이따금 난파와 파손을 당하기는 했지만 이미 말했던 것처럼 사람들이 우리에게 허락할 수 있는 것보다 훨씬 더 건강하며, 위험하리만큼 건강하고 계속해서 건강하다 — 마치 우리가 오랜 항해의 대가로 누구도 그 경계를 보지 못한 미지의 땅을 지금 우리가 직면하고 있는 것처럼 보일 것이다. 지금까지의 모든 나라의 저편에 있고, 이상의 한 귀퉁이이며, 아름다운 것과 기묘한 것과 수상쩍은 것과 공포스러운 것과 신적인 것들로 어찌나 가득 차 있는지, 우리의 호기심이나 정신을 차릴 수 없을 지경이 되고 마는 그런 땅을 말이다.[46)]

위의 글에서 확인할 수 있는 것처럼, 그 어느 때보다도 건강하고 앞으로도 계속 건강할 수 있는 이유는 바로 병을 '다시 건강해질 수 있는 기회'로

---

45) "인간이 원하는 것, 살아 있는 유기체의 모든 최소 부분들이 원하는 것, 그것은 힘의 증대인 것이다. 힘의 증대에 대한 추구에 쾌도 따르고 불쾌도 따른다; 힘 증대에 대한 의지로부터 인간은 저항을 찾으며, 대항할 무엇인가를 필요로 한다. […] 유기체의 건강한 기능들은 모두 이런 욕구를 갖고 있다 — 그리고 유기체 전체는 […] 힘 느낌의 성장을 위해 격투를 벌이는 체계들의 복합체인 것이다"(니체, 『유고(1888년 초~1889년 1월 초)』, 14[174], 193쪽).

46) 니체, 『즐거운 학문』, 382, 392쪽.

긍정하는 힘에의 의지의 원리 때문이다. 니체는 인간에 대한 형이상학적이고 종교적인 해석으로부터의 해방을 통해 비로소 생명이라는 "미지의 땅"이 발견되었다고 말한다. 영원한 건강을 약속하는 절대적인 진리도 없고, 또한 지금의 병이 영원할 수도 없다는 사실을 커다란 건강이 보증해주고 있다.

이제 더 이상 건강과 병은 미지의 것으로 인식될 수 없다. 건강과 병은 오직 생명의 원리와 생명력에 의한 결과일 뿐이다. 어제의 건강이 오늘의 병에 의해서 자극을 받고 다시 내일 더욱 새로워진 건강으로 나아가는 과정은 변증법적이다. 니체에 의하면 인간을 육체와 영혼으로 이원화하고, 영혼을 건강의 조건으로 그리고 육체를 병의 조건으로 규정하는 것은 이성적 판단일지는 모르지만, 이는 "불합리한 동일성 이론"[47]에 불과할 뿐이다. 영혼과 육체는 한 사람의 몸 안에서 유기적으로 관계하며 건강과 병의 조건으로서의 역할을 할 뿐이다. 그래서 니체는 소크라테스의 변증법을 "변증법적 가뭄(die dialektische Dürre)"[48]이라고 표현하는 것이다. 아래의 글은 생명의 이름 아래 건강과 병은 결코 다른 것일 수 없음을 문학적으로 표현하고 있지만 캉길렘의 의철학적 관점에서 보면 다분히 철학적이다. 그는 이 글을 통해 건강과 병이 결코 의학적으로만 해명될 수 없는 실존적 사건임을 드러내고자 한다.

> 살아가는 수많은 방식이 있다는 사실을 기꺼이 인정한다면 실패한 생명체는 있을 수 없다. 전쟁이나 정치에서 결정적 승리는 없으며 다만 상대적이고 불안정한 우위와 균형만이 있다. 이와 마찬가지로 생명의 차원에서도 다른 시도를 실패한 것으로 보이게 만듦으로써 그러한

47) 니체, 『유고(1888년 초~1889년 1월 초)』, 14[92], 80쪽.

48) 니체, 『유고(1888년 초~1889년 1월 초)』, 14[92], 80쪽.

시도의 가치를 근본적으로 박탈시키는 성공은 없다. 모든 성공은 위협 받는다. 개체는 죽고 종도 사멸하기 때문이다. 성공은 연기된 좌절이며, 좌절은 유산된 성공이다. 형태의 미래가 그 형태의 가치를 결정한다.[49]

2) 몸에 대한 의철학적 관점

몸은 영혼과 육체가 유기적으로 관계하는 생명의 원리를 따른다. 그리고 이 두 요소를 인간이라는 자연의 구성요소로 규정하는 새로운 해석 속에서 '몸의 진리'는 비로소 인식 가능한 '실존의 진리'가 된다. 몸의 진리는 건강의 진리이다. 몸이 매 순간 생명력을 발산하는 자연인 이상 병을 바라고, 생명을 종말을 향해 이끌어갈 수는 없다. "커다란 건강"에 내포된 개념적 의미처럼, 생명은 본질적으로 건강을 추구한다. 니체는 "유기체적 생명(das organische Leben)"[50] 안에 내재한 자연적 생명력으로서의 힘에의 의지를 통해 건강과 병의 상태를 진단하고, 커다란 건강의 활동 속에서 병의 의미와 가치를 규명함으로써 생명의 활동이 본질적으로 건강을 향하고 있다는 사실을 드러낸다.

생명 있는 모든 유기체는 힘을 발산한다. 그리고 그 힘은 건강을 향한 힘이자 면역력으로 표현할 수도 있는 힘, 즉 병을 방어하고 극복해나가는 생명의 생명력이다. 힘의 이러한 특성으로부터 병은 더 이상 "표상"에 머물

---

49) 조르주 캉길렘, 「정상적인 것과 병리적인 것」, 『생명에 대한 인식』, 248쪽.

50) 니체, 『유고(1884년 가을~1885년 가을)』, 36[31], 375쪽.

지 않고 "생물학적 개체"의 문제,[51] 니체의 철학적 문제의식에 의하면 실존적 개인의 문제로 나아간다. 니체가 영혼과 육체를 "몸"으로 합일한 이후, 인간의 실존적 건강과 병은 이 두 요소에서 발생하고 치유된다.

니체에게 있어 몸은 병이 발생하는 장소이기도 하지만, 동시에 치유되는 장소이기도 하다. 병을 치유하는 방법은 이미 몸 안에 기록되어 있다. 몸은 건강에 익숙하다. 그리고 그 안에는 병에 의해 다시 그 익숙함으로 되돌아가고자 하는 자연적 생명력으로 가득 차 있다. 나아가 마땅히 이 치유의 과정에는, 몸에 담긴 의미처럼 인간의 육체와 더불어 정신의 힘도 큰 역할을 하게 된다. 이러한 의미에서 니체는 "유기체적 생명 속에는(im organischen Leben)"[52] 이미 끊임없이 성장하고 건강해지고자 하는 힘에의 의지가 작동하고 있음을 주장한다. 영혼과 육체를 포괄하는 몸을 힘에의 의지가 활동하는 장소로 규정한다면, 힘에의 의지는 '몸의 원리', 보다 구체적으로 말하면 영혼과 육체의 특성을 반영하고 또한 이 두 요소를 대변하는 '존재의 원리'이자 '건강의 원리'라는 사실 역시 도출된다.

니체는 영혼과 육체를 몸 안에 가둔 것이 아니라, 오히려 이 두 요소를 절대적 진리체계로부터 해방시킴으로써 인간적이고 유기적인 생명의 힘으로 전환했다. 이러한 시도로부터 건강과 병 역시도 형이상학적-종교적 해석으로부터 자유로워진다. 의학의 과학화가 시작된 역사도 이 지점에서부터이다. 이러한 의미에서 힘에의 의지라는 몸의 생명력은 인간의 본질적인 '인간다움'을 지지하는 개념이기 때문에, 몸에 발생한 병이 그 인간다움

---

51) "면역체계라 명명한 것을 인정함으로써 질병 개념에 혁명이 일어났다. 면역체계는 특정한 항체를 생산함으로써 항원의 공격에 대응하는 총체적 구조를 말한다. 면역학 연구에서 임상과 실험실의 협동은 아직 미약하지만, 이 협동으로 인해 질병의 표상에서 생물학적 개체성을 고려하게 되었다"(조르주 캉길렘, 「건강: 통속적 개념과 철학적 질문」, 『캉길렘의 의학론: 자연, 질병, 건강, 치유, 유기체와 사회에 대하여』, 40쪽).

52) 니체, 『유고(1884년 가을~1885년 가을)』, 40[55], 496쪽.

을 은폐할 수도 없고 대변할 수도 없음을 보증해준다. 몸에 대한 이러한 해석으로부터 도출되는 한 가지 사실, 즉 병자도 인간다움을 상실하지 않은 인간일 수밖에 없다는 사실은 마땅한 결론이다. 이렇듯 니체의 개념 "몸"과 "힘에의 의지"는 그의 철학의 의철학적 특징을 잘 보여준다. 아래의 글은 몸에 대한 니체의 견해가 담겨 있다. 그리고 이 글은 몸이 왜 그 자체로 과학과 의학의 대상이 될 수 없는지의 이유를 잘 보여준다.

> 너희들은 "자아(Ich)" 운운하고는 그 말에 긍지를 느낀다. 믿기지 않겠지만 그 자아보다 더 큰 것들이 있으니 너의 몸과 그 몸의 커다란 이성이 바로 그것들이다. 커다란 이성, 그것은 자아 운운하는 대신에 그 자아를 실천한다. [···] 감각 기능과 정신, 그것들은 한낱 도구에 불과하며 놀잇감에 불과하다. 그것들 뒤에는 자기라는 것이 버티고 있다. [···] 이 자기는 지배하는 존재인바, 자아를 지배하는 것도 그것이다. 형제여, 너의 사상과 생각과 느낌 배후에는 더욱 강력한 명령자, 알려지지 않은 현자가 있다. 이름하여, 그것이 바로 자기다. 이 자기는 너의 몸속에 살고 있다. 너의 몸이 바로 자기이기도 하다. [···] 너의 자기는 너의 자아를, 그리고 자아의 그 잘난 도약을 비웃는다. "이들 사상의 도약과 비상이라는 것들이 다 무엇이란 말이냐? 자기는 자기 자신에게 말한다. "고작 내 목적에 이르는 에움길 정도가 아닌가. 나야말로 자아를 끌고 가는 줄이요, 자아의 개념들을 일깨우는 자렷다."[53)]

모든 인간이 공유하는 보편적 특성을 변하지 않는 절대적인 가치로 설명하던 동일성 이론은 차이를 부정하고 차별을 부각시켜왔다. 플라톤의 이

---

53) 니체, 『차라투스트라는 이렇게 말했다』, 「몸을 경멸하는 자들에 대하여」, 52-53쪽.

데아도, 중세의 신도 모두 이러한 사고의 산물이다. 하지만 니체는 외적인 자아(das Ich)와 내적인 자기(das Selbst)를 몸으로 합일하고, 자아를 지배하는 비밀스러운 현자가 바로 자기 내면의 또 다른 '나'임을 선언한다. 이제 인간은 더 이상 전통적인 방식의 이성적 존재일 수 없다. 그렇기 때문에 한 인간의 육체 역시도 이성에 의해 지배될 수 없다. 위의 글에서 니체가 제시하는 "커다란 이성(die große Vernunft)"은 건강한 실존의 삶을 살아가기 위해 한 인간이 자신을 구성하는 모든 요소, 즉 육체와 영혼, 자아와 자기를 활용하는 능력에 대한 표현이다. 이렇듯 육체와 영혼, 자아와 자기는 때때로 병을 발생시키기도 하지만, 병의 치유를 위해 협력하는 건강의 원리이자 한 인간의 인간다움을 온전히 드러내는 '실존의 증거'이기도 하다.[54]

인간이 이성적 존재라는 사실은 오히려 그 이유로 그가 과학적 대상이 될 수 없다는 것을 의미한다. 인간이 이성적 능력을 발휘하여 과학과 의학을 발전시켜왔다고 하더라도 대답은 달라지지 않는다. 인간은 이성에 의해 배려와 보살핌을 받아야 하는 존재일 뿐, 이성에 의해 기계적인 분석의 대

---

54) 인간이라는 존재가 담고 있는 이러한 특징은 과학과 의학이 인정해야 하는 부분이며, 이러한 문제의식은 서사의학(Narrative medicine)을 통해서도 확인할 수 있다. 가다머는 의사와 환자의 관계 개선에 중요한 조건을 대화로 제시한다. 그에 의하면 이러한 대화는 환자를 자연적인 상태로, 즉 조화와 균형으로 대변되는 평형의 상태로 이끄는 데에 근본적인 역할을 하게 된다. "의사와 환자의 대화가 단지 환자의 병력을 기록하기 위한 것만은 아니다. 환자는 자신이 어떤 진료를 받았는지 기억해내서 설명하려고 하기 때문에 의사와 환자 사이에 이루어지는 대화는 일종의 변형된 형태의 커뮤니케이션이라고 할 수 있다. 때때로 의사가 원하는 방식으로 대화해서 '환자'는 자신이 환자고 치료 중에 있다는 사실을 잊는 수도 있다. 만약 환자가 일반적 대화처럼 합의에 도달하려고 노력하면서 대화하는 데 성공한다면, 이것은 평형상태를 회복하는 경험뿐 아니라 고통과 평안함의 관계를 편하게 받아들이는 데 큰 도움이 될 수 있다. 의사와 환자가 긴장관계에 있을 때 대화는 큰 도움이 될 수 있다. 하지만 이런 대화는 마치 그것이 일상적 대화처럼 이루어질 때에만 성공적일 수 있다. [⋯] 진정한 대화란 다른 사람이 그 나름의 길을 잃지 않으면서 그의 내면에 있는 능동성 — 의사들은 이것을 환자 자신의 '참여'라고 한다 — 을 일깨울 수 있는 기회를 만들어내는 것이다"(한스 게오르크 가다머, 『철학자 가다머, 현대의학을 말하다』, 216-217쪽).

상이 되어야 하는 존재가 아니다. 이렇듯 "몸"에 대한 니체의 사상은 건강과 병의 발생 장소에 집중해온 오랜 의학적 패러다임을 재고하는 데에 중요한 의견을 더해준다. 니체에 의하면 인간은 단지 육체로서의 삶만을 살아가는 존재일 수 없다.

인간은 육체와 영혼, 이성과 비이성, 의식과 무의식을 동시에 담고 구체적인 현실의 삶을 살아가는 존재이다. 인간은 정신과 철저하게 분리된 데카르트적인 물질과 같은 육체(der Körper)로서가 아니라, 거대한 하나의 조화로운 자연인 몸으로서 존재한다. 다시 말해 인간은 "바퀴와 태엽만으로 만들어진 시계"[55]와 같은 존재일 수 없다. 의학이 쌓아올린 수많은 생의학적 지식들의 실증주의적 성과 속에서 인간이 기술적 대상이 될 수밖에 없었던 이유는 바로 인간이 육체와 정신으로 구성된 총체적 "몸"의 존재라는 사실에 대한 망각 때문이었다. 치료를 위한 치료를 수행해온 의학의 과학화 속에서 인간의 실존은 은폐될 수밖에 없다. 중요한 것은 우리는 육체의 병 속에서 고통에 몸부림치는 존재임과 동시에 고통 속에서 불안과 두려움을 느끼며 고통을 사유하고 해석하는 몸의 존재라는 사실이다.

이렇듯 몸은 육체를 사유할 수 없는 물질로 그리고 정신을 사유의 본질로 이해하는 오랜 인문학적 패러다임의 극복을 위한 니체의 의철학적 관점을 잘 보여준다. 또한 그의 시도는 근대의학의 패러다임을 성찰하기 위해서도 중요한 철학적 근거를 제공해줄 수 있을 것이다. 근대 이래로 의학은 환자의 병과 고통을 치유하는 주체의 자리는 지켜왔지만, 삶의 위태로운 사건으로서의 그의 실존적 고통에는 참여하지 못하는 객체의 자리에 머물러왔다. 참된 인간다움은 육체에 국한될 수 없다. 근대의학은 병이 발생하는 장소가 물질적 육체가 아니라, 몸이라는 사실을 잊어서는 안 된다. 의학의 오

---

55) 르네 데카르트, 『방법서설』, 이현복 옮김, 문예출판사, 2017, 216쪽.

랜 과학적 패러다임은 몸에 대한 니체의 철학적 사유를 통해 존재론적 성찰의 기회를 가질 수 있을 것이다.

3) 철학적 의사

니체의 "철학적 의사(ein philosophischer Arzt)"[56]는 철학자이자 의사였던 자연철학자들의 철학적 의학처럼 건강과 병에 대해 우주론적이고 형이상학적인 가정을 제시하지 않는다. 이 개념은 그의 철학에 담긴 의학적 치유의 가능성을 대변해주고 실천하는 주체로서의 역할을 해준다. 고대 그리스 비극에 담긴 삶에 대한 디오니소스적 긍정을 철학적 치유의 힘으로 이해했던 니체의 사상은 후기에 이르러 점점 더 인간학적인 특성을 드러내게 됨으로써 의철학과 공유할 수 있는 문제들을 담게 된다. 물론 이러한 사상적 변화의 기간 동안 니체의 건강이 악화되어 병과 고통에 대한 그의 철학적 사유는 깊어졌으며, 이러한 사실은 곧 그의 철학이 의철학적인 특성을 가지게 된 이유이기도 하다. 그리고 이미 위의 논의에서 언급된 것처럼, 그의 철학의 의철학적 특징은 이원화된 세계질서와 해석에 따라 인간을 영혼과 육체로 이원화하지 않고 이를 모두 포괄하는 몸으로 규정하며 그 존재론적 원리를 생명과 생명력, 즉 자연성으로 이해하는 것으로부터 시작된다.

니체가 인간을 몸의 존재로 해명함으로써 비로소 서구 정신사에서 시작된 영혼은 더 이상 절대적 진리를 인식하기 위한 이성적 능력의 근원이 아니라 마음, 감정 등으로 대변되는 '자기(das Selbst)'로서의 역할을 수행하게

---

56) 니체, 『즐거운 학문』, 「제2판 서문」, 2, 27쪽.

된다. 이제 영혼으로서의 '나'와 육체로서의 '나'는 '인간이 인간일 수밖에 없는' 존재와 생명의 원리이자 오직 '내가 나일 수밖에 없는' 실존의 원리를 동시에 충족시키는 의미와 가치를 가지게 된다. 인간의 실존을 배제하지 않는 '존재의 원리' 그리고 인간의 존재를 생명과 생명력으로부터 도출하는 '건강의 원리'는 힘에의 의지를 바탕으로 한다. 그리고 이로부터 니체의 철학은 심리학적이고 생리학적인 특성을 가지게 된다. 그럼으로써 그의 철학적 치유의 방법론, 다시 말해 의철학의 사상적 토대로서의 역할을 할 수 있는 사상적 방법론은 인간의 내 · 외면을 모두 포괄하는 생명과 그 활동으로서의 생명력 그리고 이 활동들을 통해 내 · 외적으로 변화하는 자연성에 대한 탐구를 통해 수행된다.

니체가 의사일 수 없음은 당연하다. 그렇기 때문에 그가 자신의 철학적 토대 위에 새로운 의학적 방법을 정립하지 않는 사실 역시 마땅하다. 오히려 그의 철학에 등장하는 의학적 관점은 여러 가지 병적 증상과 고통 속에서 자신을 철학적 치유의 대상으로 사유했던 개인적인 경험에 기인한다. 니체의 저서 속에 나타난 건강과 병에 대한 철학적이고 의학적인 견해를 바탕으로 그의 철학의 의철학적 특성은 아마도 다음과 같이 표현될 수 있을 것이다. '철학과 의학이 건강한 인간을 목적으로 한, 이 두 학문은 하나의 진리를 공유할 뿐이다. 이때 그 진리는 몸의 진리, 즉 건강의 진리이다.'

> 다가오는 이 철학자들은 새로운'진리'의 친구들인가? 아마 그럴 것이다. 왜냐하면 모든 철학자는 지금까지 그들 나름의 진리를 사랑해왔기 때문이다. 그러나 그들이 독단론자가 될 수 없다는 것은 확실하다. 그들의 진리가 여전히 온갖 사람을 위한 진리이고자 한다면 — 이것은 지금까지 모든 독단적인 노력이 행한 은밀한 소망이자 저의였는데 — , 이는 그들의 자부심에 반하는 일이며, 그들의 취향에도 반하는 일이 될 것이

다: "나의 판단은 나의 판단이다. 이에 대해 다른 사람도 권리를 갖는다는 것은 쉽지 않은 일이다."— 미래의 철학자는 아마 이렇게 말할 것이다. 수많은 사람과 의견을 일치시키려는 좋지 않은 취미에서 스스로 벗어나야 한다.[57)]

인간의 건강을 목적으로 하며, 이를 수행하는 구체적인 임무의 영역이 육체 혹은 영혼이건 관계없이 철학은 독단적일 수 없고, 의학 역시 마찬가지이다. 그리고 위의 글에서 확인할 수 있는 것처럼, 니체가 "미래의 철학자"로 명명한 "새로운 진리의 친구들"에는 몸의 진리와 건강의 진리를 탐구하는 "철학적 의사"도 포함된다. 형이상학과 종교의 절대적인 진리와 독단적인 관념체계를 바탕으로 발생한 이원론적 사유의 역사는 인간 안에 은폐된 변화의 가능성을 해방시키기 위해 해체해야만 하는 니체의 철학적 과제이자 임무였다.

그런 그가 왜! 자신의 철학에서 의사를, 다시 말해 철학적 의사를 제시하는 것일까? 그 이유는 지금까지 서구정신사는 "금욕주의적 성직자"[58)]에 대한 니체의 비판에서 알 수 있듯이, 의사조차 건강과 병을 이원화하여 인간을 병들게 만들어온 오해의 역사였기 때문이다. 이와 동시에 소크라테스 이래로 등장한 이성중심주의적인 철학자들에 대한 그의 비판에서 알 수 있는 것처럼, 철학자조차 인간을 온전히 이해하지 못했던 오류의 역사를 만들어왔다. 특정한 진단에 대한 철학적 오류는 치유의 방법론에 대한 오해를 불러올 수밖에 없다. 니체에 의하면 지금까지 이러한 역사는 건강과 병에 대한 형이상학적 · 종교적 오해 속에서 인간조차 스스로를 병들게 만들 수

57) 니체, 『선악의 저편』, 43, 김정현 옮김, 책세상, 2005, 73쪽.

58) 니체, 『도덕의 계보 III』, 김정현 옮김, 책세상, 2005, 17, 497-498쪽 참조.

밖에 없었던 '자기 파괴의 역사'였다.

니체의 전 저작에 담겨 있는 문제의식처럼, 의사가 필요한 시대에 철학자가 할 수 있는 일은 시대의 병을 진단하고 치유하는 건강한 실존의 방법론을 제시하는 역할을 하는 것이다. 그리고 때때로 그들은 병의 원인을 찾기 위해서 몇천 년을 거슬러 올라가야만 한다. 니체는 철학자로서 마땅히 철학적인 일을 했다. 하지만 "철학적 의사"라는 개념에 담긴 의미처럼, 그가 수행한 철학적인 작업들은 치료의 특징을, 즉 의학과 의사의 특징을 갖게 된다. 니체가 몸의 개념을 통해 영혼과 육체를 유기적인 생명의 원리로 통합했듯이, 이제 이론적 사유는 실천의 조건으로서만 의미를 가지게 된다. 이렇듯 니체의 철학적 의사는 의학의 실천성을 부각시키며 의사에게 병든 인간의 육체와 영혼을 모두 보살펴야 하는 역할을, 즉 '환자의 실존'을 배려해야 하는 역할을 부여한다.

의학의 과학화 과정 속에서 발생한 근본적인 오류는 의학의 본질적인 임무를 병의 치료에 국한시켰다는 것이다. 물론 오늘날의 관점에서 이러한 현상은 마땅히 인정하게 되는 부분도 있다. 왜냐하면 의학은 증상의 깊이를 달리하는 다양한 병의 치료를 위해 과학이라는 전문영역에 몰두해왔기 때문이다. 하지만 인간의 인격은 과학적 관찰 및 의학적 치료의 영역은 아니기 때문에 건강과 병을 그의 정신과 의지의 관계로부터 도출하는 니체의 의철학적 관점은 철학적 인간학의 특성을 토대로 한다. 병은 육체라는 제한된 공간에 발생한 생물학적 기능의 이상증상만은 아니다. 병은 환자의 정신과 의지를 가두는 고통의 세계이자 그가 바라보는 삶을 뒤흔드는 불안의 세계이다. 의학의 비인간화, 탈인격화는 환자를 고유한 실존을 가진 인격적 존재로 사유하지 않은 사실로부터 발생한 현상이다.[59] 그리고 이 현상은 "병의

59) 진교훈, 『의학적 인간학: 의학철학의 기초』, 서울대학교출판부, 2004, 35-41쪽 참조.

역사"에서 "환자의 역사"를 사라지게 만든 '병의 객관화'로부터 시작된다.[60)]

니체는 『즐거운 학문』의 「서문」에서 철학적 의사를 제시하며 그의 임무를 다음과 같이 설명하고 있다. 그에 의하면 철학적 의사는, ① 민족, 시대, 인종 등 인류의 건강을 부여해온 "진리"라는 절대적 가치체계를 문제시한다. ② 하지만 건강과 더불어 병은 진리에 의한 것이 아니라, 각 민족과 인종이 가진 다양한 기후적 · 지리적 · 문화적 특성 속에서 서로 다른 증상으로 발생한다. 이 점은 마치 히포크라테스의 합리적 의학을 따르던 의사들이 다양한 도시에 정착하여 의사로서의 삶을 살아갈 때, 지역마다 다른 다양한 삶의 자연환경을 일차적으로 탐구했다는 사실을 떠올리게 한다. 이러한 의미에서 니체 역시 다음과 같이 말하기도 한다. "무기적인 것이 우리를 전적으로 규정한다: 물, 공기, 땅, 지형, 전류 등등. 우리는 그러한 조건하의 식물이다."[61)] ③ 여기서 "의사"에 대한 니체의 철학적 관점이 부각된다. 니체가 전문적인 의학지식과 기술을 가진 의사는 아니었기 때문에, 그가 철학적 의사의 탐구영역으로 규정한 것은 건강, 미래, 성장, 권력(힘), 삶 등과 같은 인

---

60) 같은 책, 35쪽 참조. 야스퍼스의 저서 『기술시대의 의사』에 실린 글들 중 의철학적 성격을 보이는 글은 「의사의 이념」, 「의사와 환자」, 「기술시대의 의사」이다. 이 중 「의사와 환자」는 그 어느 글보다 의사의 실천적인 임무는 병에 대한 자연과학적 분석도 중요하지만, 이와 더불어 심리치료적 접근을 통해 병 속에 은폐된 환자의 실존을 해방시키는 것이다. "어떤 인간도 전체로 객관화되거나 전체로 이해될 수 없다. 인간을 전체로 객관화한다는 것은 인간을 올바로 파악하지 못하게 하는 것이다. 모든 전체 개념은 그것이 이해될 수 있는 한, 어떤 개별적인 것에 대한 개념으로 드러난다"(같은 책, 35-36쪽). 근대의 자연과학적 의학은 병을 객관화시킴으로써 환자의 인격에 주목하지 못하고 수동적인 치료대상으로 규정하며, 한 인간으로서의 인격적 토대인 자유를 억압하게 된다. "의사라는 주체는 오직 환자라는 주체하고만 진정으로 만날 수 있다. 그러나 이러한 환자라는 주체는 질병 그 자체에, 모든 질병 속에 숨어 있다"(같은 책, 38쪽; Hans Binder, *Die menschliche Person.: Ihr Wesen, ihre Gestalt und ihre Störungen. Eine Einführung in die medizinische Anthropologie*, Stuttgart/Wien, 1974, p. 203 참조). 객관화는 보편적 사례를 찾는 경험과학적 분석과 기록의 차원에서는 긍정적이지만, 개별성에 무관심하다는 점에서는 철학적 성찰의 대상이 된다. 고유한 개별 인격체로서의 환자가 의학의 중심이 되지 못할 때, 의사 역시 환자와 인격적인 관계를 가질 수 없다.

61) 니체, 『유고(1881년 봄~1882년 여름)』, 11[210], 안성찬 · 홍사현 옮김, 책세상, 2005, 525쪽.

간적 · 실존적 영역이었다.

> 나는 여전히 단어의 예외적인 의미에서 철학적인 의사를 고대하고 있다. 민족, 시대, 인종, 인류의 총체적인 건강의 문제를 진단하고, 내가 제기한 의혹을 끝까지 추구하여 모든 철학이 지금까지 다루어 온 것은 "진리"가 아니라 다른 어떤 것, 즉 건강, 미래, 성장, 권력, 삶 등이라는 명제에 과감하게 천착하는 그런 의사를 고대하고 있는 것이다……[62]

니체는 자연 속에서 만물의 근원을 찾고 생성소멸의 원리를 인간의 본질에 적용했던 밀레토스의 자연철학자들처럼 '생성(Werden)'하는 대지의 자연과 '생기(Geschehen)'하는 인간의 자연을 긍정했다. 하지만 니체는 그들과 본질적으로 다른 견해를 가지고 있었다. 자연철학자들은 만물로서의 자연을 추구했고 니체는 자연 안에 내재한 생명성 — 생명의 생명력 — 을 추구했다. 자연철학자들의 이론은 히포크라테스와 그의 코스학파에도 영향을 주어 초자연적인 가정들을 거부하고 합리적 의학의 탄생에 기여했다. 그리고 이들 중 철학자이자 종교인이었으며 또한 의사였던 엠페도클레스는 철학과 의학의 관계를 주선한 자였다.[63]

④ 하지만 만물에 인간이 포함된다고 해서 만물에 대한 철학적 해석

---

62) 니체, 『즐거운 학문』, 「제2판 서문」, 2, 27쪽.

63) 자연철학자들 중 주목할 만한 사람은 시켈리아 학파를 창시했던 엠페도클레스이다. 그는 만물이 불, 공기, 흙, 물로 이루어져 있다는 4원소설을 주장했으며, 학파의 일원이었던 필리스티온(Philistiōn)은 그가 제시한 각각의 원소에 온냉습건[溫冷濕乾/hot(thermon), cold(psychron), dry(ksēron), wet(hygron)]이라는 성질(힘)을 부여했다. 즉 그의 우주론은 인간의 본질을 이해하는 토대로서의 역할을 했으며, 나아가 병의 원인과 치료의 방법론으로 활용되었다. 이렇듯 엠페도클레스에 의해 철학과 의학은 밀접한 관계를 맺게 된다. 하지만 이들의 철학적 주장은 합리적 의학을 추구하는 코스학파에게는 오히려 인간 본질에 대한 이해를 방해하고, 그럼으로써 인간 안에서 발생하는 병의 원인과 치료의 장애가 되는 가정에 불과할 뿐이었다.

이 인간에 대한 의학적 해석으로 나아갈 수는 없었으며, 이 견해는 단지 가정(Hypothēsis)에 불과하다는 이유로 히포크라테스 학파의 합리적 의학에 의해 비판을 받게 된다.[64] 당시 자연철학자들은 철학적 의학자로 불렸다. 하지만 니체가 제시하는 "철학적 의사"는 철학적 가설과 가정을 통해 인간을 이해하고자 하지 않았다. 그는 우주가 아니라, 생성하는 대지(자연)를 바탕으로 인간의 생명과 생명력을 부각시키는 철학자이자 의사였다.

보다 정확하게 표현하면, 니체는 철학자로서 '의사의 역할'을 수행했다. 철학적 의학의 관점에서 니체의 "철학적 의사"는 소크라테스와 플라톤 이래의 철학자들과 비교하면 비합리적이고, 형이상학 및 종교와 비교하면 합리적이다. ⑤ 철학과 의학 그리고 철학자와 의사가 문제시하는 병과 그 증상 및 치유의 방법론은 다를 수밖에 없다. 하지만 건강은 학문적 · 직업별

---

64) 18세기의 의사이며 유물론자였던 라 메트리(Julien Jean Offroy de La Mettrie)는 보다 철저하게 사변적인 자연철학자들과 신학자들의 사상을 경계한다. 그는 "나는 생각한다, 고로 존재한다"라는 명제에 담겨 있는 사상적 의미처럼, 존재의 근원을 이성에 의한 사유로 규정함으로써 그 외의 조건들을 부정하고 이를 보증하기 위해 신이라는 제3의 실체를 제시하는 데카르트와 비판적 거리를 취한다. 그는 오히려 스피노자식의 육체와 영혼을 몸이라는 실체에 내재한 두 가지 양태로 이해하며 자신만의 유물론적 관점을 전개해나간다. 이러한 의미에서 "인간은 지극히 복잡한 기계이다"라는 라 메트리의 말에는 데카르트의 심신이원론도 아니고, 스피노자의 심신평행론으로부터 의철학적으로 한 걸음 나아가 생명의 생명력을 대변하는 실체를 뇌로 규정하는 의학의 유물론적 접근을 시도한다(줄리앙 드 라 메트리, 『라 메트리 철학 선집』, 여인석 옮김, 섬앤섬, 2020, 50쪽. 본 저서에 첨부된 「해제」의 32-33쪽을 참조). 이에 대한 구체적인 내용은 다음의 글을 참조. "경험과 관찰만이 여기서 우리를 인도해야 한다. 경험과 관찰은 철학자를 겸한 의사의 비망록에서는 적지 않게 보이지만 의사가 아니었던 철학자에게서는 보이지 않는다. 의사들은 인간이란 미궁을 탐구해 그것을 밝혔다. 의사만이 (많은 경이로움을 보지 못하도록) 우리의 눈을 가리는 덮개 아래에 감추어져 있는 원동력을 드러내 보여주었다. 의사만이 비천함과 위대함에서 우리의 영혼에 대해 고요히 명상하면서 어떤 상태에서는 영혼이 비천하다고 경멸하고 다른 상태에서는 위대하다고 찬양하지 않았다. 특히 신학자들이 무슨 말을 할 수 있겠는가? 그들이 부끄러움도 없이 자신들의 지력이 전혀 미치지 못하는 주제에 대해 이러쿵저러쿵 말하는 것이 우스꽝스럽지 않은가? 그들은 수많은 편견으로 인해, 한마디로 말해 몸의 작용에 대한 그들의 무지를 배가시키는 광신으로 이끈 모호한 공부로 인해 완전히 길을 잘못 들었다"(같은 책, 49-50쪽).

탐구와 관계없이 오직 인간을 중심으로 한다. 이러한 의미에서 의철학자 캉길렘의 말은 건강에 대한 철학과 의학의 관점을 종합해준다.

> 우리가 말하는 건강은 기구에 의해 측정된 것과는 거리가 멀다. 우리는 이 건강을 자유롭게 제약받지 않으며 계수화되지 않은 건강이라고 부를 것이다.[65]

자연철학자들의 의학적 관념이 모든 병을 치유할 수 있는 방법론으로서의 역할은 할 수 있다.[66] 하지만 병은 다양한 발생원인을 가지며 여전히 한 개체의 문제이다. 철학과 의학이 공유하는 목적은 '건강한 인간'이라기보다는 오히려 '인간의 건강'이다. 건강한 인간으로부터 인간의 건강은 형이상학 · 종교 · 도덕 등 특정한 원리에 의해 지배받을 수 있게 되지만, 인간의 건강으로부터 건강한 인간은 이로부터 자유로울 수 있다. 다시 말해 건강한 인간이 절대적인 기준이 되면 인간의 건강은 그 기준에 따라 통계화될지도 모른다.[67] 그렇게 되면 병을 치료하는 절대적 · 통계적 기준 속에서 환자의

---

65) 조르주 캉길렘, 「건강: 통속적 개념과 철학적 질문」, 『캉길렘의 의학론: 자연, 질병, 건강, 치유, 유기체와 사회에 대하여』, 55-56쪽.

66) 엠페도클레스의 우주론을 인간에게 적용함으로써 전개된 철학적 의학은 철학과 의학의 관계를 밀접하게 만들어준다. 하지만 기원전 5세기 코스의 히포크라테스 학파는 의학으로부터 철학적인 관념들을 제거함으로써 합리적 · 경험적 의학의 길을 열어간다. 철학적 의학에 대한 비판을 직접적으로 보여주는 글은 『히포크라테스 전집』 중 「전통의학에 관하여」이다(히포크라테스, 『히포크라테스 선집』, 「전통의학에 관하여」(Peri archaiēs iētrikēs), 여인석 · 이기백 옮김, 나남, 2011, 135-172쪽 참조). 그리고 당대 철학과 의학의 관계에 대한 글로는, 이기백, 「고대 헬라스에서 철학과 의학의 관계」, 『의사학』 제14권, 대한의사학회, 2005, 32-50쪽 참조; 여인석, 「철학과의 관계에서 본 의학적 합리성의 기원 고대희랍의학을 중심으로」, 『서양고전학연구』 제25권(한국서양고전학회, 2006), 93-120쪽 참조.

67) "우리는 이전의 연구에서 생명체도, 환경도 서로 분리해서 고려된다면 정상적이라고 말할 수 없으며 다만 그들의 관계에서만 정상적이라고 말할 수 있다고 주장했다. 오직 그렇게 할 때에만 길잡이를 보존할 수 있으며, 그러한 길잡이를 놓친다면 필연적으로 이례적(anomal) 개

병은 오류가 될지도 모른다. 그럼에도 인간이라는 자연은 여전히 절대적 기준을 바탕으로 통계적으로 분석될 수 없는 모호한 오류를 남긴다.

> 그러나 이 모호함으로부터 끊임없이 반복될 수 있는 생명력이 무엇인가를 이해하고 또한 그로부터 지침이 아니라 교훈을 끌어내기 위해서는 이 같은 모호함이 생겨난 이유를 아는 것이 더욱 시급할 것이다.[68]

의철학적 관점에서 생명과 생명력으로 대변되는 자연성을 채우는 요소는 인간의 '실존'이다. 니체는 생성하는 대지의 자연적 원리를 이해함으로써 인간 역시 자연의 일부이자 자연 그 자체임을 철학적으로 밝혀냈다. 건강과 병에 대한 니체의 인식론적 전환의 본질은 — 생성하는 대지와 생기하는 인간이 동일한 자연성을 공유하듯이 — 자연에서 발생하는 것은 생명에서도 발생한다는 사실이었다. 자연현상에서 예측할 수 없는 힘이 나타나듯이, 인간이라는 자연에서도 이해할 수 없는 힘이 나타난다. "생리학적 자기모순(der physiologische Selbst-Widerspruch)"[69]이라는 표현처럼, 니체는 인간 안에 내재한 이 힘을 심리적으로 오해할 때, 실존적 병이 발생한다고 진단한다. 그리고 과학적 의학에 대한 철학의 존재론적 성찰은 의학이 이 실존의 힘을 허용하지 않는 사실로부터 시작된다. 그렇다면 인간을 변화시키는 이 힘을 탐구하는 것은 비단 철학의 임무일까?

이 힘은 죽음을 향한 힘이 아니라, 살아 있기 때문에 발생하는 '생명의

체(이상의 담지자), 즉 통계적으로 결정된 특정한 유형에서 벗어난 개체를 모두 이상한 것, 즉 병리적인 것으로 간주하게 될 것이다"(조르주 캉길렘, 「정상적인 것과 병리적인 것」, 『생명에 대한 인식』, 250쪽).

68) 조르주 캉길렘, 「정상적인 것과 병리적인 것」, 『생명에 대한 인식』, 240쪽.

69) 니체, 『우상의 황혼』, 「어느 반시대적 인간의 편력」, 41, 182쪽.

힘'이다. 이 힘을 이해하지 못하면 인간이라는 생명과 생명성, 즉 스스로 삶을 발생시키고 유지하며 치유하는 자연성은 해명될 수 없을 것이다. 이 생명력을 생명의 자연현상으로서 해명할 수 없었던 2500여 년 전에 인간은 오해될 수밖에 없었다. 니체가 형이상학과 종교를 강하게 비판하며 절대적인 이원론의 체계 아래 은폐된 인간의 자연성을 드러낸 이유는 이 때문이다. "몸의 오해"[70]를 해명하는 시도로부터 건강과 병에 대한 인식론적 전환은 이루어지며, 이는 니체철학의 의철학적 전제로 작용한다.

---

70) 니체, 『즐거운 학문』, 「제2판 서문」, 2, 27쪽.

5.
생명에 대한 니체의 철학적 인식과 의철학적 특징

니체의 철학에서 병으로부터 건강으로의 치유는 자기 자신에 대한 긍정과 극복을 통해 가능해진다. 비록 니체가 건강한 실존의 조건이자 병든 실존의 치유방법으로 자기긍정과 자기극복을 제시하고 있지만, 건강과 병에 대한 그의 관점은 본질적으로 생명의 자연성을 반영하는 생명력을 바탕으로 하고 있다. 그 이유는 인간 안에 내재한 생명력이 정신과 의지를 통해 자기긍정과 극복으로 발산되기 때문이다. 이 과정 속에서 병은 인간으로부터 벗어난 현상이 아니라, 그 안에 내재한 자연적인 생명력의 현상이자 규범으로 인정받게 된다.

이러한 의미에서 그의 개념 "커다란 건강"[71]은 병이 생명력을 약화시키는 것이 아니라, 오히려 병이 발생하는 순간 '생명의 새로운 활동'은 시작되며, 병이 극복되어가는 과정에서 '건강을 향한 생명력의 활동'은 더욱 자극되고 강화된다는 사실을 보증해준다. 병에 의해 건강은 비로소 육체적 침

71) 니체, 『즐거운 학문』, 382, 392쪽.

묵으로부터 입을 열고, 정신적 망각으로부터 깨어난다. 이렇듯 병은 삶을 변화시키는 본질적인 조건이다. 니체가 병을 "효과적인 자극제(ein energisches Stimulans)"[72]로 표현하는 이유는 이 때문이다.

니체에게 있어 생명은 생명력의 활동이 미약해질 때 가장 큰 위험을 경험하게 된다. 하지만 생명은 죽음에 이르기 전까지 결코 그 활동을 멈추지 않기 때문에, 병은 건강의 활동 과정에서 발생하는 생명의 현상일 수밖에 없다. 커다란 건강이 병의 발생을 위험하게 여기지 않고, 오히려 병을 극복함으로써 그 이전과는 다른 "새로운 건강"[73]으로의 심리 · 생리학적 변화를 보증해준다는 니체의 견해는 이 사실을 잘 대변해준다. 니체에게 있어 병이 건강을 구성하는 조건일 수밖에 없는 이유는 생명은 병을 극복하는 과정에서 오히려 건강의 힘을, 다시 말해 '건강을 향한 생명의 생명력'을 강화하기 때문이다.

니체의 철학적 관점에서 — 이와 더불어 의철학의 관점에서도 — 건강이 중요한 이유는 그것이 망각되기 때문이다. 병을 인간적인 관점에서 해석하지 못하면, 건강은 인간적인 가치를 초월하게 된다. 이와 반대로 건강을 인간적인 관점에서 해석하지 못하면, 병은 절대적 진리와 존재에 어긋난 오류 혹은 죄에 의한 벌이 될 수밖에 없다. 그렇기 때문에 건강과 병에 대한 인간학적 해명, 즉 인식론적 전환은 철학적 사고의 변화과정에서 철학과 의학에게 동일하게 중요한 문제였다.

건강과 병에 대한 니체의 인식론적 변화의 시도는 건강과 병을 신학적

---

72) "나는 내 자신을 떠맡아, 내 스스로 다시 건강하게 만들었다: 그럴 수 있었던 전제 조건은 — 모든 생리학자가 인정할 것이지만 — 사람들은 근본적으로 건강하다는 사실이다. 전형적인 병든 존재는 건강해질 수 없고, 자기 스스로 건강하게 만들기는 더욱 어렵다; 전형적인 건강한 존재가 그 반대인 반면에 말이다. 그에게는 심지어는 병들어 있는 것이 삶을 위한, 더 풍부한 삶을 위한 효과적인 자극제이다"(니체, 『이 사람을 보라』, 「나는 왜 이렇게 현명한지」, 2, 334쪽).

73) 니체, 『즐거운 학문』, 382, 392쪽.

으로 해석함으로써 이원화하지 않고, 다시 생명의 유기적 관계로 전환하는 작업을 통해 전개된다. 인간이 완전하지 않다는 사실을 인정한다면, 자연스럽게 건강과 병이 인간의 몸 안에서 반복적으로 발생하는 '생명의 질서'임을 알 수 있게 된다. 생명이 유지해온 기존 질서의 파괴로부터 고통은 유발되지만, 새로운 질서를 수립하는 과정에서도 고통은 동반된다. 중요한 것은 병든 상태에서도 "새로운 건강"으로의 질서를 만들어갈 수 있는 생명의 본질적인 자연적 특징이다. 자연은 단 한순간도 스스로 시들기를 원하지 않으며 매 순간 잎을 틔우고 꽃을 피우고자 한다. 인간 역시 생명인 이상, 자연의 원리를 따를 수밖에 없다. 그렇기 때문에 생명의 특징을 대변해주는 자연은 대지의 영역에서도, 인간의 영역에서도 결코 형이상학적 · 종교적으로 해석될 수 없다.

이렇듯 인간 그 자체가 변화의 조건이라면, 인간 안에서 발생하는 모든 현상은 마땅히 변화의 과정일 수밖에 없다. 니체의 관점에서 건강과 병에 대한 인식론적 전환이 가능한 이유는, 인간은 생명으로서 매 순간 자신의 생명력을 발현하는 변화의 존재, 즉 '되어가는 존재(das werdende Wesen)'이기 때문이다. 인간은 우주적 존재가 아니라, 우주 안에 기거하며 세계를 구성하는 '자연의 존재'이다. 이러한 의미에서 우주의 운행원리를 이해하며 동시에 인간의 생명원리를 이해할 수 있다고 믿었던 자연철학자들의 사상과 이들의 철학적 의학이 저편 세계의 절대적 존재에 의존하지 않는다는 사실은 니체에게도 중요한 의미를 가진다.

니체 역시도 인간 안에서 발생하는 건강과 병이라는 현상의 원인을 우주적인 원리로 인정하지도 않고 저편 세계로 소급하지도 않는다. 건강과 병은 인간 안에서 발생하기 때문에 인간적인 현상일 뿐이다. 그렇기 때문에 니체에게 있어 인간을 이해하는 형이상학적 · 종교적 가설은 필연적으로 파괴해야만 하는 해석의 토대였다. 니체에게 있어 인간의 존재론적 본질은 생명이다. 생명에 대한 니체의 철학적 관점을 '생명철학'으로 명명할 수도 있다. 하지만 인간의 존재론적 생명의 원리를 탐구하는 니체의 시도를 건강과 병의 관점에서 살펴보면, 그의 문제의식이 의철학이 다루는 구체적인 문제들과 사상적으로 맞닿아 있음을 확인할 수 있다. 물론 니체는 의철학자가 아니다. 이미 언급한 적이 있지만, 니체는 자신의 철학에서 의사의 역할을 수행해온 철학자이다. 그의 철학을 의철학으로 확정할 수도 없다. 그럼에도 불구하고 건강과 병에 대한 니체의 인식론적 전환의 시도는 건강과 병의 의미와 가치를 생명과 실존의 관점에서 탐구하는 의철학의 문제의식과 맞닿아 있다.

지금까지의 논의는 니체가 자신의 철학에서 제시하는 건강과 병에 대한 견해가 그를 의철학자로 명명할 수 있다는 사실을 증명하기 위해서가 아니라, 그의 철학적 관점이 의철학자들의 문제의식에 충분히 부합할 수 있으며 또한 의철학의 탐구영역에 인간을 이해하는 학문적 토대가 될 수 있다는 사실을 보여주기 위한 시도이다. 의철학이라는 학문적 명칭에서 확인할 수 있는 것처럼, 이 학문은 '의철학자의 철학적 관점'뿐만 아니라, '철학자의 의학적 관점' 역시 포괄할 수 있어야만 한다. 이로부터 의철학은 결국 '철학자의 의학적 관점'과 더불어 '의사의 철학적 관점'으로까지 확장될 수 있을 것이다.

그리고 이러한 사고와 관점 확장의 근거는 건강과 병이며 또한 그 원리로서의 생명과 생명력이다. 인간을 형이상학적 · 종교적 관점으로 이원화하여 이해하지 않고, 그 안에 은폐된 존재성으로부터 인간의 존재론적 본질과 특성 그리고 그 실존적 조건을 해명하고자 했던 니체의 철학적 시도는 그의 철학의 의철학의 특징을 잘 보여준다. 나아가 이 특징을 통해 그의 철학이 의철학과 함께 공유할 수 있는 문제의식을 가지고 있음과 더불어 의철학의 사상적 토대를 보충해줄 수 있는 가능성을 확인할 수 있다.

III

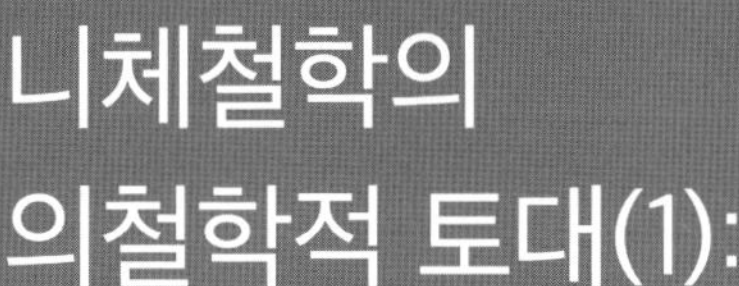

니체철학의 의철학적 토대(1):

생명, 생명력, 자연에 대한 니체의 탐구

1.
생명, 생명력, 자연 그리고 건강과 병: 니체의 생명철학과 의철학적 사유

철학자와 의사가 탐구하는 인간은 동일하지만, 그 안에 내재한 원리에 대한 탐구는 철학과 의학을 개별 학문영역으로 나아가게 한다. 그럼에도 이 두 학문은 건강과 병을 바탕으로 인간의 존재론적 본질을 탐구하는 의철학 속에서 유기적으로 관계한다. 그럼에도 변함없는 사실은 철학은 의학의 문제의식이며 의학은 철학이 제기한 문제의식을 해소하는 인간학적 답변이라는 것이다. 철학이 사유하는 자연(Natur)과 의학이 보살피는 자연은 동일하다. 그리고 철학자와 의사가 진단하고 치유하는 자연은 동일하다. 인간의 존재론적 토대로서의 자연 속에서 영혼과 육체의 이원론이 무의미한 이유는 이 때문이다. 건강과 병이 육체에 국한되지 않는 한, 즉 병이 정신적 불안과 두려움을 동반하는 한, 철학과 의학, 철학자와 의사는 인간의 실존과 관계하지 않을 수 없다. 다시 말해 건강과 병은 실존적 삶의 가치문제를 동반하지 않을 수 없다.

인간은 대지의 자연과 생명력의 원리를 공유하는 자연의 일부이자 자연 그 자체이다. 그렇다면 건강과 병은 자연의 원리일 수밖에 없다. 그렇기 때문에 건강과 병은 단 하나의 진리체계 혹은 기계적인 지식체계에 의해 규명될 수 없다. 이러한 의미에서 니체는 다음과 같이 말한다. "우리는 자연 자체에서 절대 지식(das absolute Wissen)에 대항하는 메커니즘을 감지한다: 철학자는 자연의 언어(die Sprache der Natur)를 인식하고 말한다."[1] 인간이 스스로의 생명으로 살아가는 자연인 이상, 철학과 의학은 자연의 언어로, 다시 말해 인간을 생성과 창조의 과정으로 이해하는 존재예술의 언어를 통해 접근해야만 한다. "절대 지식은 염세주의에 이른다"[2]는 니체의 말처럼, 하나의 절대적 · 기계적 원리는 하나의 결과를 염두에 두게 되며, 결과적으로 건강과 병의 절대적 이원화 속에 인간의 실존을 은폐시킬 우려를 범하게 된다.

근대의학의 발전 속에서 과학은 의학의 도구가 되고, 의학 역시 과학의 도구라는 문명의 그림자를 달고 다닐 수밖에 없게 되었다. 과학과 마찬가지로 의학 역시 인간의 건강을 위해 생명, 생명력, 자연을 탐구하는 학문인 한, 이 학문들은 결코 오만해질 수 없다. 『도덕의 계보』의 「제3논문」에 있는 니체의 환경철학적 명제는 철학적 인간학과 의철학의 관점에서 읽혀도 무리가 되지 않는다. 의철학의 토대는 철학이며, 보다 구체적으로 말하면 철학적 인간학이다. 이 글에서 언급되는 과학기술문명에 힘입어 인간의 "자연"을 대하는 "오만(Hybris)"은 여전히 우리가 개개의 우리 자신에게 가하는 폭행인 것이다.

> 오늘날 오만이란 자연에 대한 우리의 전체 태도이며, 기계가 안심할 수 있는 기술 전문가와 엔지니어의 발명에 힘입어 자연에 가하는 폭행

1) 니체, 『유고(1872년 여름~1874년 말)』, 19[49], 이상엽 옮김, 책세상, 2002, 30-31쪽.

2) 같은 책, 32쪽.

이다. […] 오만이란 우리 자신에 대한 우리의 태도이다.[3)]

니체의 철학적 사유, 다시 말해 인간을 존재 그 자체로부터 탐구하는 그의 철학적 인간학은 의철학의 사상적 토대로서의 역할을 할 수 있다. 그의 철학적 사유가 의철학의 성격을 가질 수 있는 첫 번째 이유는, 그 스스로 오랜 시간 여러 증상을 동반하는 병의 고통 속에서 살아온 환자였기 때문이다. 그는 자신의 병과 고통에 대한 의학적 진단보다 더욱 본질적인 접근이 필요했다. 하지만 철학적으로 이보다 더 중요한 사실은 니체가 철학자로서 자신의 병과 고통을 사상적으로 확장하여 인간의 실존에 적용했다는 것이다. 그 결과 니체는 자신을 고통으로 억압하는 병을 치유하는 것보다, 병으로 인해 자신의 존재를 긍정하지 못하고 삶의 일상으로부터 멀어지는 나약한 정신과 의지를 실존의 문제로 인식했다. 니체에게 있어 이제 병은 육체에 발생한 증상을 진단하는 과학적 · 의학적 문제에 국한되지 않고, 인간의 전체 실존에 영향을 주는 의미와 가치의 문제로 전환된다.

그리고 니체의 철학적 사유가 의철학의 성격을 가지고 있는 두 번째 이유는, 건강과 병의 실존적 의미와 가치에 대한 그의 철학적 탐구가 형이상학적 · 종교적 인간해석으로부터 해방된 인간의 존재론적 특성, 즉 그 안에 내재한 생명과 생명력 그리고 이 내적 활동을 대변하는 자연에 대한 탐구로 전개되기 때문이다. 이렇듯 니체는 고통과 회복이 반복되는 삶 속에서 건강과 병을 생명의 관점에서, 구체적으로 말해 생명체로서의 인간 안에 내재한 생명력의 활동으로 대변되는 자연의 관점에서 바라보게 된다. 이로부터 그가 도출한 철학적 결론은 인간 실존의 토대가 형이상학적 진리 혹은 종교적 존재가 아니라, 대지의 자연과 생명 · 생명력의 원리를 공유하는 '자연으로

3) 니체, 『도덕의 계보 III』, 9, 김정현 옮김, 책세상, 2005, 474쪽.

서의 인간 자신'이라는 사실이었다. 그의 개념 "힘에의 의지"는 이를 잘 보증해준다.

니체의 철학에서 생명의 자연성을 대변해주는 개념은 힘에의 의지이다. 그리고 이 개념은 그의 철학에서 인간의 존재론적 원리로 제시되지만, 엄밀하게 말해 생명체의 생명과 생명력의 원리이다. 생명이 굴복하지 않는 한, 건강과 병은 육체적 상태에 대한 표현일 뿐이며, 니체는 이 생명의 활동에 정신과 의지를 포함시킨다. 그 이유는 생명의 활동이 육체적 건강과 정신적 건강을 모두 포괄하는 건강한 인간 실존의 토대이기 때문이다. 평생 동안 지속된 병과 고통 속에서 니체가 괴로워한 것은 다름 아닌 삶에의 의지의 약화, 다시 말해 '나'라는 한 인간 안에 내재한 생명과 생명력의 약화였다. 이러한 의미에서 생명 있는 모든 생명체가 힘에의 의지를 가진다는 사실은[4] 결국 모두 '실존하는 존재'라는 사실을 의미한다. 그렇기 때문에 생명체에 발생하는 생명력의 문제는 결국 실존의 문제와 직결될 수밖에 없다. 인간의 실존에 대한 철학과 의학의 본질적인 문제의식은 건강과 병이 아니라, 바로 병에 걸린 환자, 넓은 의미에서 '고통 속에 놓인 인간'에 대한 관점의 변화이다.

니체의 철학적 문제의식은, 그가 제시한 "관점주의(Perspektivismus)"라는 개념을 통해 알 수 있듯이 병으로부터 건강으로의 관점적 전환이었다. 그리고 힘에의 의지는 이 전환을 철학적으로 해명하는 존재의 존재론적 원리로서의 역할을 한다. 절대적 본질과 가치를 부정하고 관계를 중요하게 여기는 그의 관점주의는 건강과 병을 이원화하지 않고 오히려 생명의 관계로 인식하게 해준다. 그리고 건강과 병을 생명의 관계로 전환하는 이러한 관점주

---

4) "생명체를 발견할 때마다 나는 힘에의 의지도 함께 발견했다. 심지어 누군가를 모시고 있는 자의 의지에서조차 나는 주인이 되고자 하는 의지를 발견할 수 있었다"(니체, 『차라투스트라는 이렇게 말했다』, 「자기극복에 대하여」, 정동호 옮김, 책세상, 2005, 194쪽).

의는 건강의 전제가 건강일 수 없다는 사실을 바탕으로 병이 건강의 부재일 수 없다는 사실 또한 보증해준다.

이러한 관점의 전환은 건강을 향한 인간의 정신과 의지의 활동을 병 속에 억압할 수 없다는 사실을, 즉 이 활동을 생명력의 일환으로 긍정할 수 있는 기회를 제공해준다. 생명은 건강과 병의 파동이 만들어내는 생명력에 의해 변화를 반복하고, 이때 인간의 정신과 의지는 이 파동을 일으키는 본질적인 토대, 다시 말해 생명력을 자극하고 표출하는 요소이다. 니체가 관점주의를 통해 시도한 형이상학적 · 종교적 인간이해의 해체는 건강과 병의 이해에도 온전히 적용된다.

건강이 현재 상태의 유지를 목적으로 한다면 병은 그 상태의 보존을 자극하며 새로운 건강의 상태로 나아가게 하는 추동력으로서의 역할을 한다. 그렇기 때문에 병에 대한 부정은 곧 건강에 대한 맹목적인 믿음을, 다시 말해 생명력과 그 활동에 의한 변화의 정지를 유발하는 실존의 병인 것이다. 니체는 이 믿음을 병의 의미와 가치의 전환으로부터 극복하고자 했다. 즉 병에 대한 긍정은 곧 병이 지향하는 건강으로의 과정 속에서 동반되는 정신적 불안과 두려움에 대한 허용과 긍정을 의미한다. 결과적으로 실존에 대한 긍정은 건강과 병, 선과 악, 기쁨과 슬픔, 행복과 불행 등 생명의 생명력과 그로 인한 삶의 변화를 긍정한다는 것과 다르지 않다.

이렇듯 니체의 철학적 파토스는 병이다. 나아가 병과 고통에 대한 니체의 '철학적 병리학'은 자연스럽게 '철학적 생리학'을 유추하는 토대가 되며, 그의 '철학적 생리학'은 다시 '철학적 병리학'을 진단하고 치유하는 토대로서의 역할을 하게 된다. 그리고 이때 힘에의 의지는 인간을 본질적인 관점에서 일원론적 · 유기적인 존재로 해명하는 생명과 생명력의 원리로서의 역할을 하게 된다. 이렇듯 건강과 병 그리고 인간에 대한 니체의 철학적 사유는 그의 철학에 담긴 철학적 인간학의 특징과 더불어 생명철학의 특징 역시 구체화해준다. 그리고 이 특징들은 인간에 대한 니체의 본질적인 해석과 그의 실존적 조건을 규명하기 위한 여러 개념들 속에 융합되어 드러난다. 그의 철학의 이러한 특징이 의철학의 사상적 토대로서의 역할을 하게 되는 것이다.

2.
위버멘쉬의 존재론적 조건: “커다란 자연(die große Natur)”

니체는 1883년 가을의 한 유고에서 『차라투스트라는 이렇게 말했다』의 3부에 대한 계획을 제시하며, 다음과 같은 자신의 문제의식을 밝힌다. “위버멘쉬를 어떠한 방식으로든 창조해야만 한다. 그러나 너는 친구들과 너 자신에 대한 사랑에 빠진다! 그 사상은 우리에게 짐이 되었다.”[5] 자기인식과 극복이 아니라, 자기보존에 대한 사랑은 “마지막 인간(der letzte Mensch)”으로 대변되는 시장터 사람들의 실존적 병으로 진단되며, 위버멘쉬는 이 병을 치유할 수 있는 철학적 치유의 방법론으로 제시된다. 위버멘쉬를 창조하기 위한 다양한 문제의식으로 제시된 이 계획은 저편 세계의 진리 아래 삶을 불신하고 염세주의적으로 바라보는 정신의 치유와 이를 위해 절대적 · 보편적 가치를 의심해야만 한다는 내용으로 종합된다.

여기서 이 글이 주목하는 개념은 총 22개의 계획 중 6번 “커다란 자

5) 니체, 『유고(1882년 7월~1883/84년 겨울)』, 16[83], 박찬국 옮김, 책세상, 2005, 696쪽.

연(die große Natur)과 인간"[6]이다. 니체의 개념 "커다란 건강", "커다란 경멸(die große Verachtung)"[7]을 통해 유추할 수 있는 것처럼, 커다란 자연 역시 위버멘쉬적 인간유형의 실존적 조건으로 해명될 수 있을 것이다. 위에 제시된 개념과 더불어 "커다란 이성(die grosse Vernunft)"[8], "커다란 고통(der grosse Schmerz)"[9] 등, 니체가 여러 개념에서 사용하는 형용사 "커다란(gross/great)"은 '활동'에 대한 명칭을 대변해주는 역할을 한다. 예를 들어 커다란 건강에서는 병을 포괄하는 '커다란 활동'으로서의 의미를 가진다. 그리고 커다란 이성은 영혼과 이성을 모두 포괄하는 '커다란 활동', 다시 말해 두 요소의 일원화된 유기적 활동을 보증해주는 의미를 가진다.

조금은 다른 의미이지만, 커다란 고통은 실존을 자극하는 작은 고통이 아니라, 자기 존재의 지반을 뒤흔들며 "삶에 대한 사랑(die Liebe zum Leben)"을 완전히 변화시키는 관점, 정신, 의지 전환의 활동을 의미한다. "커다란 경멸(der grossen Verachtung)"[10] 역시 이러한 의미를 담고 있다. 내가 나로서 실존하는 조건은 온전히 내 안에 존재한다. 그리고 내 안에 존재하는 것들은 그 무엇이든지 오직 나를 위해 활동한다. 이 활동들은 결코 이원화될 수 없다. 만약 그렇게 된다면 인간은 자신으로 존재해도 온전한 자기 자신으로 살아갈 수 없는 자기소외의 증상과 이편의 세계에 살고 있지만 저편의 세계를 추구

---

6) 같은 책, 696쪽. 커다란 자연을 니체의 다양한 개념들, 즉 몸, 위버멘쉬, 힘에의 의지, 영원회귀과 관련하여 설명한 글로는, Friedrich Kaulbach, *Nietzsches Interpretation der Natur*, in: Nietzsche-Studien Bd. 10, Ernst Behler, Mazzino Montinary, Wofgang Müller-Lauter, Heinz Wenzel (Hrsg.), Berlin · New York, 1982, 446, 456-457쪽 참조. 커다란 자연을 우주론적으로 해명하는 카울바흐의 논의에 반해 이 글은 니체가 제시하는 자연을 인간의 생명력을 대변하는 개념으로 설명하며 동시에 건강과 병에 적용하는 작업에 중점을 둘 것이다.

7) 니체, 『유고(1882년 7월~1883/84년 겨울)』, 16[83], 696쪽.

8) 니체, 『차라투스트라는 이렇게 말했다』, 「몸을 경멸하는 자들에 대하여」, 52쪽.

9) 니체, 『즐거운 학문』, 「제2판 서문」, 3, 안성찬 · 홍사현 옮김, 책세상, 2005, 28쪽.

10) 니체, 『차라투스트라는 이렇게 말했다』, 「창백한 범죄자에 대하여」, 60쪽.

하며 살아감으로써 결국 스스로를 상실하는 실존적 병에 걸릴 수밖에 없다.

커다란 건강, 커다란 이성, 커다란 자연이 위버멘쉬로의 변화를 위한 인간의 '존재론적 조건'을 탐구하며 도출된 개념이라면, 커다란 고통과 커다란 경멸은 이 변화를 위한 '실존적 조건'을 대변한다고 볼 수 있다. 그리고 "커다란 자연"은 인간의 존재론적 · 실존적 조건을 모두 포괄하는 본질적인 토대를 대변해주는 개념이다. 이 개념은 ① 인간이 생명체로서 생명과 생명력을 자유롭게 발산하는 자연이라는 사실, ② 자연으로서의 그가 태어나 살아가는 세계가 오직 이편의 거대한 대지, 즉 자연세계일 수밖에 없다는 사실, ③ 이 세계에서 진정한 자기 자신으로서, 다시 말해 위버멘쉬로서 살아가기 위해서는 자기 자신을 형이상학적 · 종교적으로 이원화하지 않고 '총체적 자연'으로서, '인간 본연'으로서 그리고 '본연의 나'로서 인식해야만 한다는 사실을 함의하고 있다.

인간이 자연이라는 사실은 건강과 병 역시도 자연스러운 몸의 일원론적 · 유기적 활동으로 긍정하게 해준다. 거대한 자연으로서 인간의 생명이 발산하는 생명력의 관점에서, 건강도, 병도 생명이 발산하는 생명력의 문제, 즉 힘에의 의지의 문제일 수밖에 없다. 그리고 선과 악, 이기주의와 이타주의, 행복과 불행, 쾌와 불쾌, 미와 추 역시도 마찬가지이다. 이렇듯 니체에게 있어 자연은 인간의 내적 생명력으로부터 삶을 향해 의지로 표출되는 외적 생명력까지도 포괄하는 존재의 존재론적 본성을 의미한다.

이러한 의미에서 니체는 1882년의 한 유고에서 위버멘쉬적 변화의 토대가 자연일 수밖에 없음을 다시 한 번 명확하게 말한다. "우리는 전체 자연을 우리의 관점에서 사유하고 사유할 수 있는 것으로 만든 후, 위버멘쉬를 창조한다."[11] 하지만 그 이전에 선행되어야만 하는 작업이 있다. 그것은 바

11) 니체, 『유고(1882년 7월~1883/84년 겨울)』, 4[81], 178쪽.

로 형이상학과 종교 아래 억압된 자연을 다시 인간의 자연으로 전환해야만 하는 작업이다. 위버멘쉬는 끊임없이 자기 자신을 긍정하고 극복하는 인간 유형으로서 그의 존재론적 토대와 조건은 오직 자연으로서의 자기 자신일 수밖에 없다. 하지만 꽃과 나무 등 자연의 생명들이 느끼지 못하는 죽음, 병, 고통의 불안과 두려움을 극복하기 위해 자신의 자연을 (과학적 · 의학적으로) 지배한 인간에게 내적 자연의 상실은 존재론적 본질의 상실, 즉 인간적인 본질의 상실을 의미한다. 인간의 자연을 은폐한 형이상학적 · 종교적 해석과 문화적 토대에 대한 니체의 불만은 동일한 의미에서 근대의 과학과 의학에 대한 불만으로 나아간다.

인간과 달리 '자연의 생명'이 상실하지 않은 것은 '생명의 자연'이다. "자연에는 살아 있는 자에 찬성하거나 죽은 자에 반대하는 편파성이 없다. [...] "유용하다", "합목적적이다"라는 특징은 장식적이고 인간적이다."[12) 니체의 이 말처럼, 살아나가는 생명의 힘 속에 죽음마저 허용하는 자연의 세계를 합목적적으로 해석한 것은 인간일 뿐이다. 이 해석으로 인해 자연은 인간의 세계에서 경험 가능하고 지배 가능한 세계로 전락하지만, 본질적으로 자연은 그 해석 속에서도 생명의 원리를 망각하지 않는다. 이렇듯 모든 절대적인 해석의 해체로 대변되는 신의 죽음으로부터 탄생한 위버멘쉬는 인간적인 본질과 현상의 토대를 '자연'으로 전환하고, 이 사실을 증명하고자 하는 니체의 철학적 사유와 시도를 잘 보여준다.

---

12) 니체, 『유고(1881년 봄~1882년 여름)』, 12[111], 안성찬 · 홍사현 옮김, 책세상, 2005, 615쪽.

3.
위버멘쉬적 변화를 위한 존재론적 토대의 전환: 자연의 탈인간화와 인간의 자연화

1885년의 한 유고에 제시된 글처럼, 니체가 "위대한 인간(ein großer Mensch), 자연이 커다란 스타일(in großem Stile aufgebaut)로 세우고 고안한 인간, 이는 어떤 존재인가?"[13]라고 물을 때, 그러한 인간은 위버멘쉬이다. 그리고 니체가 '어떻게 위버멘쉬를 창조할 수 있는가?'라는 물음을 제기했을 때, 그 물음의 답은 바로 다시 인간을 자신의 자연으로, 다시 말해 자기 자신으로 되돌리는 것이다. "자연을 탈인간화하자!(entmenschlichen wir die Natur!)"[14]라는 니체의 외침에서 알 수 있듯이, 그는 이 작업을 성공적으로 실현하기 위해 형이

---

13) 니체, 『유고(1884년 가을~1885년 가을)』, 34[96], 김정현 옮김, 책세상, 2004, 230쪽.

14) 니체, 『유고(1881년 봄~1882년 여름)』, 11[238], 535쪽. 이 명제가 담긴 글은 다음과 같다. 그리고 이 글은 형이상학과 종교에 반하여 철학과 예술이 가진 힘을 통해 인간의 자연을 해방시키고자 하는 니체의 시도를 함의하고 있다. "이전에 인간과 철학자들은 인간을 자연 안으로 들여와 시로 노래했다 — 이제 자연을 탈인간화하자!(entmenschlichen wir die Natur!) 나중에 그들은 보다 자기 자신 안으로 빠져들어 시를 짓고 노래하게 될 것이다. 그래서 철학과 예술은 작품 대신에 자신으로부터 5년마다 새로운 이상을 만들어내는 이상적인 인간이 존재할 것이다."

상학적 · 종교적 해석 아래 억압된 자연을 "탈인간화"하고자 했던 것이다. 1885년의 한 유고에서도 니체는 다음과 같은 짧은 글을 통해 이 부분에 대한 자신의 견해를 제시하고 있다. "자연의 인간화 — 우리에 따른 해석"[15] 이렇듯 니체는 더 이상 자연을 신의 창조물로 보지 않는다. "자연의 인간화"는 인간에 대한 본질적인 해석을 통해 형이상학적 · 종교적 해석을 해체하는 시도로서 '인간의 자연화', 즉 '인간의 인간화'를 위한 시도이다.

> 우리를 구별 짓는 점은 우리가 역사에서든 자연에서든 자연의 배후에서든 아무런 신도 다시 발견하지 못한다는 데 있지 않다 — 오히려 신으로서 경외되었던 것을 우리는 '신적'으로가 아니라, 가련하고 불합리하며 해롭다고 느끼는 데 있다. 그리고 오류로서뿐만 아니라 삶에 대한 범죄라고 느낀다는 데 있다……[16]

'자연의 탈인간화'는 '인간의 자연화'를 불러오는 역할을 한다. 이러한 의미에서 니체는 마치 우리가 우리와 친할 수도, 나쁠 수도, 선할 수도 있는 여러 측면의 신을 오직 선한 존재로 해석하듯이[17] 건강과 병, 행복과 불행, 쾌와 불쾌 등의 자연적이고 인간적인 가치들을 인간화하는 해석 아래 획일화시키는 현상을 "반자연적 거세(die widernatürliche Castration)"[18]일 뿐이라고 단언하기도 한다. 니체에 의하면 절대적 해석 아래 인간의 자연을 폄하하고 부정함으로써 그의 변화가능성을 억압하는 현상 역시도 반자연적 거세일 뿐이다.

---

15) 니체, 『유고(1885년 가을~1887년 가을)』, 1[29], 이진우 옮김, 책세상, 2005, 18쪽.

16) 니체, 『안티크리스트』, 47, 백승영 옮김, 책세상, 2002, 285쪽.

17) 니체, 『유고(1888년 초~1889년 1월 초)』, 17[4], 1. 백승영 옮김, 책세상, 2004, 395쪽.

18) 같은 책, 17[4], 1. 395쪽.

그렇기 때문에 "자연에 반해(wider die Natur)"라는 형이상학적 · 종교적 해석은 결국 "자연의 제거(Auszug der Natur)"를 향한 거세의 시도일 수밖에 없다. 아래의 글은 이러한 니체의 의도를 잘 설명해준다. 이 글에 제시된 것처럼, "자연적인 것을 무시하고, 실제로 부정하며 위축하게 만드는 인간은 어떤 인간이 될 것인가?"라는 니체의 이 물음에 대한 답은 『차라투스트라는 이렇게 말했다』에 등장하는 시장터의 "마지막 인간(der letzte Mensch)"일 수밖에 없을 것이다.[19] 그리고 그 반대의 대답은 위버멘쉬이다.

> "자연에 반해"라는 그리스도교인의 이러한 투쟁이란 도대체 무엇인가? 우리는 그 말이나 해석에 속아서는 안 된다! 이것은 자연이라고 하는 그 무엇에 반하는 자연이다. [...] 최고의 인간에게 있는 육체와 욕망이 없는 이상에 대한, "자연의 제거"에 대한 사랑 [...] 일반적인 문제: 자연적인 것을 무시하고, 실제로 부정하며 위축하게 만드는 인간은 어떤 인간이 될 것인가? 사실 그리스도는 자기 지배의 과장된 형식으로 드러난다: 자신의 욕망을 제어하기 위해, 그는 그 욕망을 없애거나 십자가에 매달릴 필요가 있는 것처럼 보인다.[20]

이렇듯 자연은 인간화될 수 없다. 왜냐하면 인간이 자연의 일부이기 때문이다. 인간의 관점에서 자연을 해석한다는 것은 결국 자신의 존재론적 토대를 부정하는 결과를 낳을 수밖에 없다. 그래서 니체는 다음과 같이 말하는 것이다. "잊혀진 자연 — 우리는 자연에 대해서 말하면서 그때 우리 자신

---

19) 니체, 『차라투스트라는 이렇게 말했다』, 「차라투스트라의 머리말」, 5, 24쪽.

20) 니체, 『유고(1884년 가을~1885년 가을)』, 44[6], 568-569쪽.

은 잊어버린다: 우리 자신도 자연이라는 사실을."[21] 인간화한다는 것은 결국 자연에 인간적인 목적과 법칙을 부여한다는 것을 의미한다. 인간이 가진 무한한 과학적 이성으로 자연을 지배하는 시도는 결국 그 법칙 안에 자신의 존재가능성을, 즉 자신 안에 내재한 자연의 무궁무진한 생명력을 축소시키는 것일 뿐이다. 인간을 둘러싼 "커다란 자연"과 그 자연의 일부로서 '커다란 생명'의 줄기를 따라 살아가는 인간의 삶은 과학적 언어로 완전하게 포착될 수 없다. 이러한 의미에서 니체는 다음과 같이 말하기도 한다.

> 자연이 목적에 따라 진행되지 않는 것처럼 사상가도 목적에 따라 생각하지 않는 것이 바람직하다. 즉 아무것도 시도하지 말고 아무것도 증명하거나 논박하려 하지 말아야 한다. 그러나 오히려 음악의 경우에서처럼 귀 기울여 들어야 할 것이다.[22]

그 이유는 자연에는 그 어떤 형이상학적 · 종교적 · 도덕적 목적이 없기 때문이다. 자연에는 "기적도, 신의 섭리도, 창조주도, 입법자도, 죄도, 벌도" 있을 수 없다.[23] 그 안에는 오직 수많은 개개의 생명체들이 자신 안에 내재한 생명력으로 살아가는 필연적이지만 자연스러운 존재 본연의 임무만 있을 뿐이다. 이에 대해 니체는 『즐거운 학문』에서 다음과 같이 표현하기도 한다. "자연에 법칙이 있다고 말하는 것을 경계하자. 자연에는 오직 필연성

---

21) 니체, 『인간적인 너무나 인간적인 II』, 「방랑자와 그의 그림자」, 327, 김미기 옮김, 책세상, 2002, 418쪽.

22) 니체, 『유고(1880년 초~1881년 봄)』, 4[73], 최성환 옮김, 책세상, 2004, 154쪽. 다음의 글도 함께 참조. "나는 어떤 목적을 위한 수단이 아니다 — 자연 속에는 수단도 목적도 존재하지 않는다"(같은 책, 6[151], 309쪽).

23) 같은 책, 4[55], 147-148쪽.

이 있을 뿐이다. 자연에는 명령하는 자도, 복종하는 자도, 위반하는 자도 없다."[24)]

절대적이고 보편적인 가치들은 믿음을 필요로 한다. 이때 이 믿음의 가장 커다란 장애는 바로 인간의 자연적인 성향, 즉 욕구, 욕망, 본능, 충동, 감정, 의지 등과 같은 정념(Pathos)이다. 그리고 이 모든 내적 자연의 활동들은 이성 아래 억압되어왔다. 위에 인용된 니체의 말처럼, 인간의 자연은 커다란 자연의 흐름에 따라 살아가기 때문에, 이 흐름이 만들어내는 소리들을 듣기 위해서는 마치 음악을 듣듯이 귀를 기울여야만 한다. 이 소리들은 결코 하나의 기계적 법칙으로 정형화될 수 없다. 니체가 형이상학적 · 종교적 사상가들을 비판하는 이유는 바로 이들이 본질적으로 자연을 비방하는 자들이었기 때문이다. 아래의 글은 이 사실을 잘 보증해준다.

> 자연의 비방자들(die Verleumder der Natur)에 대하여. — 모든 자연적인 성향(jeder natürliche Hang)이 즉시 병적인 것이 되어, 왜곡된 것을 만들어내거나 심지어 치욕스러운 것이 되어버리는 그런 사람들은 나를 불쾌하게 한다. — 이런 사람들은 인간의 성향과 충동이 악하다는 견해로 우리를 오도한다. 이런 사람들이야말로 우리의 자연적 본성과 모든 자연에 대해 우리가 저지르는 불의의 원인이다.[25)]

니체가 비판하는 "자연의 비방자들"은 그의 저서 『차라투스트라는 이렇게 말했다』의 단편에 제시된 "몸을 경멸하는 자들(die Verächter des Leibes)"과 다르지 않다. 그 이유는 자연을 경멸한다는 것은 곧 인간의 몸을 경멸한

24) 니체, 『즐거운 학문』, 109, 184쪽.

25) 같은 책, 294, 271쪽.

다는 것을 의미하기 때문이며, 그 반대의 경우 역시 마찬가지이다. 몸은 인간 존재의 조건이자 인간 본성의 현장이다. 중요한 것은 '몸의 존재'라는 이유가 인간이 '그 자신'이라는 사실을 온전히 보증할 수 없다는 것이다. 니체에게 있어 본성의 발전은 단어 그대로 인간 안에 있는 본연의 자연을 억압하지 않을 때에야 비로소 가능해진다. "인간의 목표는 본성의 발전(die Entwicklung seiner Natur)이다. […] 사람들은, 있는 그대로의 본성이 아니라 그에게 있어야 하는 본성과 같은 하나의 본성의 '참된 본성(die wahre Natur)'을 통해 스스로를 돕는다."[26)]

하지만 지금까지 인간의 자연은 부정되어왔고, 그 결과 그는 온전한 자기 자신을 인식할 수 없었다. 형이상학과 종교가 제시해온 명제는 "'인간의 참된 본성' — 금지된 표현법!"[27)]과 같은 니체의 말에 잘 드러나 있다. 인간의 자연은 도덕적일 수 없다. '몸의 도덕'은 생명과 생명력을 반영하는 자연의 활동을 따르고, 그 활동에 기여할 수 있어야만 한다. 니체는 이러한 몸의 도덕을 "몸의 생명 속에 깃들어 있는 인간의 사실적 도덕성(die thatsächliche Moralität)"[28)]이라고 표현한다. 이 "사실적 도덕성"의 토대는 바로 자연이며, 이로부터 인간의 본성이 결정된다. 이렇듯 자연만이 인간을 자연적인 존재, 즉 스스로 자기 존재의 조건으로 살아가는 "호모 나투라"로 만들어준다.

> 도덕적이고자 하는 것, 하나의 목표를 세우고 우리의 모든 행동을 논리적으로 그 목표에서 추론하는 것. 그러나 우리의 본성은 그런 목표나 이 같은 논리를 갖고 있지 않다! 이 때문에 도덕은 우리의 본성을 실망

---

26) 니체, 『유고(1880년 초~1881년 봄)』, 6[136], 304쪽.

27) 같은 책, 6[150], 309쪽.

28) 니체, 『유고(1884년 초~가을)』, 25[437], 정동호 옮김, 책세상, 2004, 166쪽.

시키는 결과를 가져오게 된다.[29)]

몸의 도덕은 '나'라는 존재를 있는 그대로 보증해주는 '생명의 원리'이자 지금 이 순간의 나를 있는 그대로 증명해주는 '자연의 원리'이다. 그렇기 때문에 '몸의 도덕'은 인간 안에 내재한 생명과 생명력의 원리를 부정하지 않는 '자연의 도덕'이어야만 한다. 몸은 이성을 통해서 자신의 영혼을 감지하고 육체를 인지할 때, 스스로를 현실적 삶의 세계로서 대지의 자연원리를 따라 살아가는 자기 인식의 단계로 나아갈 수 있게 된다. 몸을 통해 '나'라는 존재도, 나의 삶도 비로소 권리를 가지게 된다. 그리고 이 권리는 도덕에 의해서가 아니라 존재에 의해, 즉 생명에 의해 보증되는 몸의 특권이다. 이렇듯 니체가 몸을 통해서 극복하고자 했던 것은 인간이라는 존재에 대한 형이상학적-종교적 해석이었다. 전통적인 이원론적 사유의 전통에서 부정되어 온 몸의 복권(復權)은 인간이 자기 자신에 대한 참된 인식을 통해 실존적 건강을 실현하는 변화의 기회를 부여해준다. '존재의 자연'을 긍정하는 "호모 나투라"는 '나'라는 존재를 '자연의 존재'로 긍정하는 인간유형에 대한 명칭인 것이다.

---

29) 니체, 『유고(1880년 초~1881년 봄)』, 7[73], 434쪽.

4.
건강과 병의 '자연적' 토대: "몸(der Leib)" 그리고 "호모 나투라(Homo Natura)"

몸은 생명의 생명력이 활동하는 자연이다. 몸은 그 안에서 발생하는 수많은 생명환경과 생명활동들을 온전히 반영하는 자연인 것이다. 이렇듯 생명은 인간이라는 몸의 자연적 특성이자 그 활동을 발생시키는 원리이다. 인간은 삶과 죽음, 낮과 밤 등과 같은 자연의 원리를 따르는 '자연 그 자체'이기 때문에 본질적으로 형이상학적 · 종교적 관점에서 해명될 수 없다. 즉 생명은 다른 생명체와 마찬가지로 인간조차 탄생과 더불어 부여받은 '자연의 선물'이자 그 원리를 따라 살아갈 수밖에 없는 '자연의 산물'이다. 하지만 생명 역시 인간이라는 '몸의 자연' 안에 내재한 것이기 때문에 그가 발현하는 정신과 의지의 활동과 역할 역시 몸의 활동으로, 즉 생명력의 일환으로 이해해야만 한다.

니체가 자신의 철학에서 수행했던 형이상학과 종교의 이원론적 세계해석 및 인간해석의 해체는 결국 인간의 본성, 즉 그 안에 내재한 생명의 원리를 온전히 반영하는 자연성을 되살리기 위한 시도였다. 이러한 의미에서 1881년 한 유고에 있는 니체의 말, "나의 임무: 먼저 자연을 탈인간화(die Entmenschung der Natur)시키고, 그다음 인간이 순수한 "자연"의 개념을 깨닫게 되면, 인간을 자연화시키는 것(die Vernatürlichung des Menschen)"[30]은 그의 이러한 시도를 잘 보증해준다. 니체에 의하면 인간 안에 내재한 자연성이 그 자신의 본성으로서의 역할을 할 수 있기 위해 중요한 존재론적 토대는 특정한 사상적 · 종교적 해석에 의한 '세계의 자연'이 아니라, 삶의 현실적 토대로서 '자연의 세계'이다.

> 자연은 인간과 유사한 것으로서 표상되어야만 한다. 즉 그것은 시행착오를 하고, 선하고 악한 것으로서 그리고 투쟁하고 자신을 극복하는 것으로서 표상되어야만 한다.[31]

인간은 자연의 세계를 구성하며 살아가는 자연 그 자체이다. 이렇듯 "몸"은 인간이라는 자연을 있는 그대로 드러내주는 존재론적 토대이자 현상학적 표상이며 실존적 조건이다. 인간의 자연성을 온전히 대변하는 몸은 변화의 거대한 흐름 속에서 수많은 건강과 병이라는 시행착오를 멈추지 않으며 좌절과 극복 그리고 투쟁을 반복한다.[32] 몸은 자연이기 때문에 그 자체로 나의 세계이자 내 존재의 장(場)일 수밖에 없다. 이 세계가 나 아닌 다른 존재

30) 니체, 『유고(1881년 봄~1882년 여름)』, 11[211], 525-526쪽.

31) 니체, 『유고(1882년 7월~1883/84년 겨울)』, 16[1], 657쪽.

32) "유기체의 생명에서 미래의 선취나, 요컨대 정신이 수반하는 조심성이나 술책이나 영리함, 힘의 관계의 절대적인 확정이, 무자비함 전체가 경화되지 않고 문제시된다. 힘에의 의지의 절대 순간이 지배한다. 인간 속에는 (이미 세포 속에서) 이러한 확정이, 모든 관련자의 성장에서 지속적으로 모습이 바뀌는 어떤 과정이 — 지배자와 피지배자의 관계 역시 여전히 하나의 싸움으로, 복종하는 자와 지배자의 관계가 여전히 저항으로 이해될 수 있도록, 이 용어를 더 넓고 깊게 이해한다고 전제한다면, 어떤 투쟁이 있다"(니체, 『유고(1884년 가을~1885년 가을)』, 40[55], 496쪽).

에게 위임될 수 없다는 사실은 분명하다.

생명의 원리를 주관하는 내적 규범의 도덕은 마땅히 "생리학적 기능들에 종사하는 도덕"[33], 즉 영혼까지 포괄하여 실재하는 육체의 기능들에 기여할 수 있는 '몸의 도덕'이어야만 한다. 니체는 이러한 생명의 도덕을 다음과 같이 표현한다. "몸의 생명 속에 깃들어 있는 인간의 사실적 도덕성(die thatsächliche Moralität)."[34] 니체에게 있어 형이상학과 종교의 실천원리로서의 도덕은 본질적으로 오랜 시간동안 인간의 자연성을 억압해온 내 · 외적 강제였다. 그리고 내적 자연의 억압은 삶의 조건을 저편 세계의 가치로 제한함으로써 삶의 성장을 방해하는 장애에 불과했다.[35] 몸의 부정은 곧 그 안에 내재한 자연적인 원리의 부정과 다르지 않다. 다음과 같은 니체의 표현은 자연의 총체로서의 몸을 부정하는 현상에 대한 니체의 견해를 잘 보여준다. "너희의 불쌍한 몸(Euer armer Leib) — 자연 법칙에 대한 무지함."[36]

이제 니체는 몸의 도덕을 창조하기 위해 낡은 도덕 안에 내재한 형이상학적 · 종교적 토대의 해체를 자신의 과제로 삼는다. "나의 과제는 겉보기에 해방된 것처럼 보이지만 사실은 자연본성을 상실해버린 도덕가치를 자연본성으로 다시 옮기는 것이다 — 즉 도덕가치의 자연적인 '비도덕성'으로."[37] 몸의 특권이 나를 초월한 존재에게 위임될 때, 나는 스스로를 온전한 나 자신으로 인식할 수도 없고, 나로서 나를 위한 행위를 할 수도 없다. 몸의 도덕은 그 자체로 '비도덕적'일 수밖에 없다. 이러한 의미에서 니체는 도덕에 의한 자연의 억압 증상을 다음과 같이 진단한다.

---

33) 니체, 『유고(1880년 초~1881년 봄)』, 2[55], 57쪽.

34) 니체, 『유고(1884년 초~가을)』, 25[437], 정동호 옮김, 책세상, 2004, 166쪽.

35) 니체, 『선악의 저편』, 188, 김정현 옮김, 책세상, 2005, 140-141쪽 참조.

36) 니체, 『유고(1882년 7월~1883/84년 겨울)』, 5[1], 260, 285쪽.

37) 니체, 『유(1887년 가을~1888년 3월)』, 9[86], 백승영 옮김, 책세상, 2005, 57쪽.

도덕적 초월에 의해 자연의 가치를 박탈해버린 일의 잔재들:
탈아(Entselbstung)의 가치, 이타주의에 대한 예찬[38)]

이렇듯 몸은 나라는 존재를 나의 가치로 보증해주는 존재론적 조건이며, 이로부터 건강과 병은 초월적인 가치체계로부터 해방되어 인간적 · 실존적 가치로 전환된다. 니체가 『차라투스트라는 이렇게 말했다』의 「몸을 경멸하는 자들에 대하여」에서 영혼과 육체는 '나'라는 유일한 존재의 조건으로서 유기적 관계를 맺고 있으며, 이를 모두 포괄하는 개념을 "몸"으로 명명하는 이유는 이 때문이다.[39)] 이 외에도 아래의 글에 잘 드러나 있는 것처럼, "인간의 몸(der menschliche Leib)"은 생명의 생명력으로 인해 형이상학적 · 종교적 인간해석보다 훨씬 더 비밀스럽고, 그 본질을 헤아릴 수 없을 정도로 끊임없이 자유롭게 생동하는 존재의 토대인 것이다.

몸을 실마리로 해서. — 철학자들이 당연히 단지 저항하며 스스로 구분했던 '영혼'이란 매력적이고 비밀스러운 사상이었다고 가정한다면 — 그들이 이제부터 그것에 대해 바꾸는 법을 배우는 것이란 아마도 훨씬 매력적이고 훨씬 비밀에 가득 찬 것일 것이다. 인간의 몸이란, 그것에서 모든 유기적 생성의 가장 멀고도 가장 가까운 과거가 다시 생생하게 그리고 생명을 갖고 살아 있게 되며, 그것을 통해, 그것을 완전히 넘어서 들어본 적 없는 거대한 흐름이 흘러가는 것처럼 보이게 된다: 몸은 낡은 '영혼'보다 훨씬 놀라운 사상인 것이다.[40)]

38) 같은 책, 10[153], 246쪽.

39) 니체, 『차라투스트라는 이렇게 말했다』, 「몸을 경멸하는 자들에 대하여」, 52-53쪽 참조.

40) 니체, 『유고(1884년 가을~1885년 가을)』, 36[35], 377쪽.

니체의 견해는 명확하다. 인간이라는 "근본텍스트(Grundtext)"[41], 다시 말해 인간이 인간으로서 부여받은 자연적인 본질은 낡은 사상적 체계에 의해서 해명될 수 없다. 인간은 본질적으로 "호모 나투라(Homo Natura)"[42], 즉, 자연의 일부로 존재하며 자연으로 살아가고 자연으로서 스스로를 인식하는 존재이기 때문이다. 자연으로서의 자기 자신에 대한 인식불능의 증상은 결국 건강과 병을 믿음에 대한 은혜와 죄에 대한 벌로 해석하게 되는 실존적 자기인식의 병을 유발할 수밖에 없다. 그렇기 때문에 니체는 지금까지 영혼과 육체로 이원화된 채 오해되어온 인간의 존재와 실존의 텍스트를 다시 "자연"으로 번역하고자 하는 것이다.[43] 이와 관련하여 니체는 다음과 같이 말하기도 한다. "너희가 자연이라고 부르는 것에는 많은 어리석음과 서툰 접촉이 있다. 그러나 너희의 정신이 진정 이러한 '자연'에 속한다."[44]

몸 안에서 활동하는 생명과 생명력의 관점에서 영혼과 육체는 서로 다른 것을 지향할 수 없다. 두 요소는 유기적 관계를 맺으며 오직 몸을 위해 존재할 뿐이기 때문에 결코 분리될 수 없다. 영혼과 육체는 몸으로 대변되는 존재의 아름다움을 구성하는 본질이다. 그래서 니체는 "자연에서는 모든 것이 유용함을 위해 있고, 모든 것이 아름답다"고 말하는 것이다.[45] 이러한 의미에서 '존재의 아름다움'은 그 안에 내재한 생명력을, 즉 상승과 하강, 성장과 퇴화, 건강과 병과 같은 그 어떤 자연성도 배제하지 않고 — 건강에서 병으로 하강하고, 병에서 건강으로 상승하는 — 변화의 관계 및 활동으로 이해하는 '생명의 미학'으로부터 도출되는 가치이다. 그렇다면 존재의 아름다

---

41) 니체, 『선악의 저편』, 230. 220쪽.

42) 같은 책, 230. 220쪽.

43) 같은 책, 230. 220쪽.

44) 니체, 『유고(1882년 7월~1883/84년 겨울)』, 12[3], 526쪽.

45) 니체, 『유고(1878년 봄~1879년 11월)』, 32[18], 강용수 옮김, 책세상, 2005, 400쪽.

움은 결국 영혼과 육체의 건강한 합일로부터 도출되는 '존재의 건강'과 의미론적 · 가치론적으로 다르지 않을 것이다.

이렇듯 영혼과 육체는 단순히 몸을 구성하는 요소가 아니라, 생명의 관계를 맺으며 유기적인 영향을, 즉 유용한 영향을 주고받는다. 그리고 이 관계는 건강을 유지하기 위해 병의 발생을 막고, 병을 치유하고 다시 건강해지기 위해 내 · 외적으로 협력한다. 그렇기 때문에 이 관계는 본질적으로 생명의 질서를 따르며, 이 질서가 부정될 때 인간이라는 존재는 오해될 수밖에 없다. 세계를 이원화함으로써 영혼 혹은 정신을 육체와 별개의 것으로 이해하고 저편의 세계를 살아가는 요소로 이해했을 때, 인간의 자연은 어리석고 서툰 방식으로 오해되었다. 하지만 한 인간의 심리적 · 생리적 힘, 다시 말해 영혼과 육체의 힘은 그에게 귀속되어 있다는 이유만으로 이미 '생명의 질서'를, 다시 말해 '생명의 도덕'을 따른다고 볼 수밖에 없다. 이 관계의 총체를 니체는 몸으로 표현하며 종합하는 것이다.

그래서 의사가 진료실에서 만나는 환자는 영혼과 육체를 가진 '몸의 존재'인 것이다. 그리고 의사는 생명의 질서에 참여하는 존재이기 때문에 환자가 가진 생명의 도덕, 즉 '몸의 도덕'을 이해할 수 있어야만 한다. 그 이해를 통해 의사는 환자의 실존에 참여하게 된다. 생명과 생명력이 표출하는 인간의 자연을 되살리고, 낡은 사상적 · 신학적 체계 아래 오해되어온 건강과 병의 관계를 생명의 관계로 전환하는 니체의 시도는 그의 철학에 담긴 의철학적 특성을 부각시켜준다. 이와 더불어 "호모 나투라"로 대변되는 니체철학의 철학적 인간학은 의철학의 철학적 토대서의 역할을 해줄 수 있을 것이다.

5.
건강과 병의 '자연적' 원리: "커다란 건강"

몸의 자연성은 건강과 병의 관계를 자연적으로, 다시 말해 유기적으로 해명할 수 있게 해주는 본질적인 토대이다. 몸은 생명을 담고 있는 장이며, 건강과 병은 몸 안에 내재한 생명력의 활동이다. 생명은 몸 안에 갇힌 것이 아니라, 오히려 그 안에서 자유롭다. 그 이유는 생명은 생명력을 통해 삶을 창조해나가는 존재의 원리이자 실존의 원리이며 또한 건강의 원리이기 때문이다. 그렇기 때문에 생명은 형이상학적 · 종교적으로 평가될 수 없으며, 그 몸의 주인으로서의 인간 역시 그렇다. 몸은 생명력의 모든 활동들을 허용하는 열린 자연이기 때문에 건강과 더불어 병 역시도 자연의 활동일 뿐이다. 중요한 사실은 니체의 개념 "커다란 건강(die grosse Gesundheit)"[46]에서 확인할 수 있는 것처럼, 건강은 본질적으로 병을 전제로 할 수밖에 없다는 것이다.

> 커다란 건강 [⋯] 이것은 사람들이 보유하는 것만이 아니다. 지속적으

46) 니체, 『즐거운 학문』, 382, 392쪽.

> 로 획득하고 계속 획득해야만 하는 것이다. 왜냐하면 그 건강은 계속해서 포기되고 포기되어야만 하기 때문이다! 그리고 이제, 오랜 항해를 했던, 이상을 찾는 아르고호의 뱃사람인 우리는 현명하기보다는 용감하고, 이따금 난파와 파손을 당하기는 했지만 이미 말했던 것처럼 사람들이 우리에게 허락할 수 있는 것보다 훨씬 더 건강하며, 위험하리만큼 건강하고 계속해서 건강하다 — 마치 우리가 오랜 항해의 대가로 누구도 그 경계를 보지 못한 미지의 땅을 지금 우리가 직면하고 있는 것처럼 보일 것이다. 지금까지의 모든 나라의 저편에 있고, 이상의 한 귀퉁이 이며, 아름다운 것과 기묘한 것과 수상쩍은 것과 공포스러운 것과 신적인 것들로 어찌나 가득 차 있는지, 우리의 호기심이나 정신을 차릴 수 없을 지경이 되고 마는 그런 땅을 말이다.[47]

"커다란 건강"은 건강을 병이 제거된 상태로 규정하지 않는다. 오히려 진정한 건강은 병을 막아낼 수 있는 정신과 의지의 강함과 더불어 병에 굴복하지 않고 실존의 자극제로 긍정하는 관점의 변화로부터 도출된다. 그래서 니체는 이 개념을 통해 지금까지 형이상학과 종교에 은폐되어온 "미지의 땅", 즉 '존재의 비밀'을 밝혀내고자 하는 것이다. 건강과 병은 생명의 관계를 맺는 몸의 자연활동이기 때문에 낡은 사상에 의해 확정될 수 없다. '몸의 자연'에서 건강과 병은 서로 다른 이름과 색을 가진 꽃인 것이다. 이러한 의미에서 위에 언급된 "인간의 몸"은 본질적으로 인간이 진정한 자기 자신으로서의 삶으로 뿌리를 내리며 살아갈 '존재의 땅'인 것이다.

니체의 이러한 자연주의적인 해석 속에서 영원한 건강도, 영원한 병도 인정될 수 없다. 그에 의하면 몸의 활동은 오직 수많은 시행착오와 변화 그

---

47) 같은 책, 382, 392쪽.

리고 긍정과 극복으로 드러날 뿐이다. 몸을 통해 자신의 존재를 인식할 때, 건강과 병에 대한 관점 역시 변화될 수밖에 없다. 이러한 의미에서 "병마저도 포괄하는 건강"[48]이라는 니체의 표현에는 건강과 병이라는 생명력이 결코 이원화될 수 없다는 사실과 더불어 건강과 병이 결코 몸을 벗어난 활동일 수 없다는 사실이 함의되어 있다.

생명의 생명력이 자유롭게 활동하는 '자연의 땅'으로서의 몸은 본질적으로 병이 아니라, 건강을 향하며, 이때 병은 건강을 매 순간 새롭게 만들어 주는 자극제로서의 역할을 한다. 니체가 자신의 개념 "커다란 건강"을 "새로운 건강"[49] 혹은 "내일과 모레의 건강"[50]으로 나아가는 '생명의 원리'로 설명하는 이유는 이 때문이다. 이렇듯 건강과 병의 관계를 변증법적으로 설명할 수 있다는 것은[51] 곧 건강이 열린 상태라는 것을 의미한다. 그리고 이 과정에서 병은 열린 건강으로 이행, 즉 "새로운 건강"을 획득하기 위한 전제로서의 역할을 한다. 이렇듯 건강은 병에 의해 역동적일 수밖에 없다.[52] 병은 다시 건강해질 수 있는 기회이다. 그리고 이 기회는 생명의 생명력에 의한 자연의 원리에 의한 것이다. 이 사실은 철학적이고 의철학적인 관점을 필요로 한다.

이렇듯 영혼과 육체의 일원론적 · 유기적 관계를 대변해주는 인간의 "몸"은 본질적으로 하나의 방향을 향한다. 그리고 니체의 개념 "커다란 건

48) 니체, 『인간적인 너무나 인간적인 I』, 「서문」, 4, 김미기 옮김, 책세상, 2003, 14쪽.

49) 니체, 『즐거운 학문』, 382, 392쪽.

50) 니체, 『인간적인 너무나 인간적인 II』, 「서문」, 6, 18쪽.

51) Werner Stegmaier, *Nietzsches Befreiung der Philosophie. Kontextuelle Interpretation des V. Buchs der Fröhlichen Wissenschaft*, Berlin / Boston, 2012, p. 606 참조.

52) Marina Silenzi, *Philospohy of Health. Nietzsche's humanism on health and on the aesthetic acts of the human being*, in: Nietzsche Umanista, InCircolo. Rivista di filosofia e culture, N.10, Milano, 2020, p. 143 참조.

강"에 담긴 의미처럼 그 방향은 '건강'이다. 물론 병에 의해 생명의 방향과 규범이 달라지기도 한다. 하지만 그럼에도 불구하고 건강은 병을 극복한 이후 망각하지 않고 몸의 활동 속에 남겨둔다. 다시 말해 몸은 건강을 향한 방향을, 다시 말해 건강으로 대변되는 균형을 망각하지 않는다. 그럴 수밖에 없는 이유는, 인간이 대지와 공유하는 것은 자연이기 때문이다. 자연이 생명의 원리를 따르는 한, 그리고 인간이 자연의 일부인 한, 식물의 생장 혹은 인간의 성장과 구분 없이 생명의 생명력은 건강이라는 균형을 지향한다. 이러한 의미에서 "대지에 충실하라!"[53]는 차라투스트라의 말은, 인간이 자연과 생명의 원리를 공유하고 있다는 사실을 인식하라는 요청이다.

생명의 활동으로 유지되는 인간의 자연 속에서 건강과 병은 생명의 생명성과 자연의 자연성을 대변해주는 활동일 뿐이다. 그렇기 때문에 병으로 인해 생명이 생명력의 주도권을 빼앗기는 것은 아니다. 정신과 육체는 생명의 도구이며 생명력은 이 도구의 활동성이 병의 상태를 변화시킬 수 있음을 보장한다. 그렇지 않으면 병의 의미에 대한 철학적 · 의학적 논의는 무색해질 것이다. 오히려 생명은 육체적 기관에 발생한 병의 사태를 통해 육체에 내재한 생명력을 점검하고 강화하며 건강으로의 회복을 시도한다. 벌어진 살을 붙이고 부러진 뼈를 고정시키며 흐르는 피를 멈추게 하는 것, 다시 말해 생명을 유지해나가는 생명력의 활동 속에서 병에 대한 섣부른 가치판단은 아직 이르다. 병은 다시 건강해질 수 있는 실존의 기회이다.

생명이 생을 유지하는 생명력의 전제인 한, 병은 죽음과 동일한 의미를 가질 수 없다. 병이 죽음으로 향하는 통로가 아닌 한, 그것은 아직 생명에 기여하기 위해 발생한 생명력의 일환일 수밖에 없다. 건강과 병은 철학 혹은 의학에 국한되지 않은 존재와 생명의 언어이다. 그리고 생명 역시 마찬가지

---

53) 니체, 『차라투스트라는 이렇게 말했다』, 「차라투스트라의 머리말」, 3, 18쪽 참조.

이다. 생명은 인간의 존재론적 본질을 탐구하게 해주는 근원이자 원리이다. 생명은 인간의 특성이 아니라, 모든 자연과 함께 공유하는 생명력의 속성이다. 모든 생명은 그 안에 내재한 생명력으로 인해 죽음을 추구하지 않고 삶을 추구한다.

중요한 사실은 인간은 자신의 유한성 속에서 '생장'이 아니라, '성장'을 목적으로 한다는 것이다. 그리고 육체적 생장은 시간에 따라 변화되지만, 정신적 성장은 그렇지 않다. 그렇기 때문에 더더욱 건강과 병은 실존의 조건일 수밖에 없다. 생명이 인간의 실존과 연관될 수밖에 없는 이유는 인간이 '이성적 존재'임과 더불어 '비이성적 존재'이기 때문이다. 이 사실은 곧 인간이 '철학적 존재'임과 더불어 '비철학적 존재'라는 것 역시 보증해준다. 이성적이고 과학적인 사고의 인간에게 건강과 병은 '탐구의 영역'이지만, 육체라는 물질을 가진 감각과 감정의 인간에게는 실존의 문제, 즉 '삶 그 자체의 문제'로 다가온다. 이러한 의미에서 니체가 신의 죽음을 선언하며 형이상학 및 종교로 확장된 철학적 토대를 해체한 후 시도한 인간의 심리적 · 생리적 해명은 그의 철학이 의철학의 철학적 토대로서의 역할을 할 수 있다는 가능성을 잘 보여준다.

6.
의철학의 중심주제로서 인간의 “실존”

니체에게 있어 건강은 결코 망각될 수 없는 가치이다. 그 이유는 생명은 필연적으로 병에 걸릴 수밖에 없기 때문이다. 병이 건강의 소중함을 알리는 방식은 언제나 고통스럽다. 하지만 침묵하고 있는 정신과 육체를 자극하고 다시 건강의 가치를 인식하게 해주는 병의 의미는 의학보다는 의철학의 문제의식이며 본질적으로는 인간의 실존을 다루는 철학의 탐구영역이다. 병의 의미와 가치의 전환을 시도하는 니체에게 있어 보다 근본적인 것은 인간 실존의 병을 진단하고 그 원인을 밝혀내는 철학적 병리학이었으며, 생리학은 병을 치유할 수 있는 가능성을 발견하는 철학적 치유의 방법론이었다. 니체의 철학적 문제의식은 인간의 실존적 건강이었으며, 그 과정에서 병의 의미와 가치에 대한 심리 · 생리적 해명은 필수적인 작업이었다. 그리고 그 과정에서 니체는 건강과 병이 생리적인 영역에 국한될 수 없다는 사실을 깨닫게 된다. 병은 언제나 심리적인 불안과 두려움을 동반하게 될 수밖에 없기 때문이다.

니체가 바라본 2,500여 년의 서구정신사는 생리적인 병과 고통을 심리적인 문제로, 다시 말해 형이상학과 종교의 문제로 환원해왔다. 그 결과 영혼과 육체로 이원화되었으며, 그 치료 역시 이원화되었다. 중세 이후 근대의 시작과 더불어 의학의 과학화가 가속화될 수 있었던 이유는 철학의 관념론적 특성이 약화되었기 때문이었다. 니체가 소크라테스에 이어 데카르트의 철학에 반기를 들 수밖에 없는 이유는 이 때문이다. 시대의 패러다임이 발생시킨 시대의 변화는 자연스러웠다. 하지만 철학이 망각된 시대에는 필연적으로 인간이 스스로 창조한 문명의 중심에서 서서히 밀려나며 많은 실존의 문제들을 발생시킨다. 건강과 병의 문화에서도 인간은 동일한 입장에 처하게 된다.

인간은 힘에의 의지의 존재이다. 즉 인간은 자신 안에 내재한 힘으로 살아가며 이 힘으로 고민하고 매 순간 그 힘의 강함과 약함을 경험한다. 인간의 힘은 의지에 의해 생의 파동을 만들어내고 삶을 생동하게 만든다. 많은 병의 증상들로 고통받는 삶을 살았던 니체가 건강과 병의 경계에서 깨달은 것은 바로 자신 안에 내재한 힘을 표출하는 의지의 활동이었다. 니체는 지금까지 이원화되어 온전히 인간에게 귀속되지 못했던 영혼과 육체, 정신과 의지의 활동을 생명력의 활동으로 통합하기 위해 인간을 몸의 존재로 해명했다. 이를 통해 생명의 생명력이 끊임없는 활동을 하는 몸은 인간이 자연 그 자체임을 보여주는 존재론적인 토대로서의 역할을 하게 된다.

자연 속에서는 건강과 병, 정상과 병리 심지어 삶과 죽음까지 자연스럽다. 인간이 본질적으로 형이상학과 종교에 의해 해명될 수 없다는 사실을 해명하기 위해 생명과 생명력 그리고 자연을 탐구하던 니체의 철학적 탐구와 시도는 자연스럽게 의철학의 사상적 토대로서의 역할을 할 수 있음을 보여준다. 니체에게 있어 건강과 병은 생명 안에서 활동하는 생명력의 문제이며, 마치 따뜻하고 추운 계절 속에 꽃이 피고 지고 다시 피는 것과 같은 이 활동은 인간이라는 자연 안에서 마땅히 긍정되어야만 한다. 그리고 과학과 의학의 입장이 철학과 동일할 수 없다는 사실 역시 자연스럽다. 하지만 두 학문이 상호 융합하지 않는다면, 두 학문 모두 인간이라는 존재의 반쪽만을 사유하게 될 것이다.

이러한 의미에서 "질병은 건강에 이르려는 서투른 시도(ein plumper Versuch)이다. 우리는 정신을 지니고 자연을 도우러 가야 한다"[54]라는 니체의 말은 의철학의 명제로서의 역할을 할 수도 있다. 그의 이 말은, ① 병이 건강의 종말이 아니라, 오히려 건강에 이르는 과정의 일부라는 사실과 더불어, ② 이성적 · 과학적 · 의학적 사고를 통해, 즉 이러한 정신을 통해서 육체에서 발생하는 병의 의미를 몸의 관점에서 해명할 수 있어야만 한다는 사실을 함의하고 있다. 니체에 의하면 정신(영혼)과 육체는 몸의 자연을 구성하는 두 가지 조건이다. 그렇다면 몸에서 발생하는 건강과 병은 이 두 조건으로부터 벗어날 수도 없고, 어떤 한 조건에 의해서 발생한다고 하더라도 두 가지 조건의 증상을 동반할 수밖에 없다. 진정한 건강은 곧 인간 안에 내재한 자연의 건강으로부터 가능할 수밖에 없다.

의학은 마땅히 과학의 특성을 가질 수밖에 없으며, 인간은 그 특성에 많은 빚을 지고 있다. 하지만 과학적 치료의 과정에서 인간의 실존은 은폐될 위험에 처할 수밖에 없게 된다. 과학적 의학의 역사는 건강과 병의 객관적인 조건들을 탐구하고 이로부터 보편적인 임상의 체계를 발전시켜왔다. 이러한 역사는 의학이 이루어낸 커다란 성과이다. 하지만 병이라는 육체적 사건의 객관적인 조건들이 병 그 자체를 명확하게 제시해줄 수는 없다. 그 이유는 병이 의학적인 치료로 회복이 된다고 하더라도, "병적인 것"이라는 가치의 문제를 동반하게 될 때에는 온전히 한 인간의 개인적이고 주관적인

---

54) 니체, 『유고(1882년 7월~1883/84년 겨울)』, 5[1], 261, 285쪽.

삶의 사건이 되기 때문이다. 건강과 병에 대한 니체의 가치론적이고 실존적인 문제의식은 평생 고통스러워했던 자신의 병으로부터 시작되었으며, 그는 이러한 개인적이고 주관적인 병의 경험을 보편적인 병의 개념으로 확장시켜 자신의 철학적 주제로 발전시켜나간 것이다.[55)]

니체는 초기 『비극의 탄생』에서부터 후기철학에 이르기까지 예술, 문화, 교육, 학문, 정치 등 다양한 영역을 진단하며 실존적 병의 원인과 치유의 방법을 탐구했다. 그 과정에서 니체는 실존적 병의 발생원인과 치유의 방법을 생명력의 감소와 증가로, 다시 말해 힘에의 의지의 활동으로 설명한다. 그에게 있어 이 원리의 정지는 곧 의철학의 대상으로서의 생명의 원리와 생명력의 자연적 활동이 정지된다는 것을, 다시 말해 건강과 병의 관계론적 토대가 상실된다는 것을 의미한다. 신의 죽음을 선언하며 그 토대를 해체한 니체의 문제의식은 아래의 글에서 확인할 수 있는 것처럼, 자연의 상실 때문이었다. 니체는 소크라테스, 데카르트, 칸트, 헤겔 등 이성중심주의적인 철학자들에 반한 자연중심주의적인 대지의 철학자였으며, 탈레스, 아낙사고라스 등의 자연철학자들과 달리 인간의 자연을 사유한 철학자였다.

> 인류의 도덕적인 시기에 이르러 사람들은 자신의 신에 대한 사람들이 가지고 있던 가장 강한 본능, 자신의 '자연'을 희생으로 바쳤다. 이러한 축제의 즐거움은 금욕주의자, 감격한 '반(反)자연주의자'의 잔인한

---

55) Eberhard Falcke, *Die Krankheit zum Leben. Krankheit als Deutungsmuster individueller und sozialer Krisenerfahrung bei Nietzsche und Thomas Mann*, Frankfurt am Main, 1992, p. 62 참조. Raffaele Mirelli, *Friedrich Nietzsches renovatio philosophiae. Neue Formen akademischen Denkens?*, in: Nietzscheforschung, Bd. 21, Berlin, 2014, p. 161 참조. 요르단은 니체가 자신의 병과 고통에 대해서 의학적 진보에 의존하지 않고, 자연적인 치유를 시도했다는 사실이 흥미롭다고 말한다(Wolfgang Jordan, *Friedrich Nietzsches Naturbegriff zwischen Neuromantik und positivistischer Entzauberung*, Würzburg, 2006, p. 118 참조). 그리고 그가 흥미롭게 주시한 자연치유는 힘에의 의지이다.

눈초리 속에서 빛났다.[56)]

니체는 인간 스스로 자신 안에 내재한 존재론적 본질로서의 생명과 생명력을 고갈시키는 증상을 '실존의 병'으로 규정했으며, 이에 대한 치유법은 다름 아닌 실존적 자기 인식, 보다 구체적으로 말해 자신 안에 내재한 생명과 생명력의 인식 — 힘에의 의지 — 이었다. 힘에의 의지가 초월적 존재로부터 부여받은 능력이 아니라, 인간 안에 내재한 생명력의 활동을 반영하는 생명의 자연적 원리라는 사실은 건강과 병이 결코 이원론적으로 해석될 수 없음을 보증해준다. 니체가 『도덕의 계보』의 「제3논문」에서 건강과 병에 대한 "금욕주의적 성직자들"의 신학적 견해를 강하게 비판하는 이유는 그들이 생명과 생명력을 인간적인 관점이 아니라, 피조물의 관점에서 해석했기 때문이다. 과학 아래 인간이 피조물이 될 때에도 이 문제는 시대의 가면 속에 그대로 지속될 수밖에 없다.

내가 나의 힘에 대한 특권을 다른 존재에게 위임할 때, 그는 자신의 현실을 대체할 이상(Ideal)을 얻지만 이에 대한 반작용의 역학으로 인해 자기 자신만의 고유한 삶의 의미는 상실하게 된다. 하지만 자신 안에 내재된 생명력, 즉 힘에의 의지에 대한 인식은 건강과 병의 경계에서 지금 이 순간의 삶의 방식을 결정할 수 있는 존재로 만들어준다. 니체의 철학에서 힘에의 의지로 대변되는 존재론적 자연성, 즉 생명과 생명력은 육체뿐만 아니라, 정신에게도 동일하게 주어진 모든 가능성의 토대이다. 그렇기 때문에 생명성의 부정은 육체의 부정에 그치지 않고 정신의 부정 역시 동반하게 된다. 힘에의 의지로 대변되는 생명의 자연성이 부정될 때, 인간은 자연치유력을 상실하게 될 수밖에 없다. 의학 너머로 환자들이 믿는 기적은 형이상학적이고

56) 니체, 『선악의 저편』, 55, 92쪽.

종교적인 것이 아니라, 본질적으로 인간 안에 내재한 자연에 대한 믿음이다.

니체의 철학에서 인간 안에 내재한 자연의 활동으로서의 힘에의 의지가 자유정신, 신의 죽음, 허무주의, 영원회귀, 운명애의 주체로서 스스로 삶의 과제를 긍정하고자 하는 위버멘쉬의 존재조건인 이유는 이 때문이다. 자기 자신으로서 자신만의 고유한 삶을 살아가고자 하는 위버멘쉬에게 있어 자연치유는 저편 세계의 존재로부터 부여받은 능력일 수 없다. 니체의 개념 "위버멘쉬(Übermensch)"에 담긴 의미에서 확인할 수 있는 것처럼, 인간은 진화의 법칙 혹은 과학적 실험을 초월하는 존재가 아니라, 오히려 그 안에서도 자기 존재의 의미를 제기할 수 있고 또한 그럴 수밖에 없는 실존적 존재이다. 의학이 염두에 두지 못하는 인간의 실존은 바로 니체가 말하는 이러한 실존이며, 이는 의철학의 중심주제가 아닐 수 없다.

니체철학의 의철학적 토대(2):

철학과 의학의 문제의식으로서의 "실존"

1. '건강의 기술'로서의 철학과 의학
2. 철학과 의학의 인간학적 토대로서의 '병자의 실존'
3. 니체와 베르나르
4. 니체와 캉길렘
5. 관계를 사유하는 실존적 학문으로서의 철학과 의학

1.
'건강의 기술'로서의 철학과 의학

의학은 명확한 의료지식을 바탕으로 인간을 병으로부터 지키며 건강을 수호하는 학문이다. 병의 치료를 위한 확고한 규범이 없는 의학은 수많은 병과 고통 속에 놓인 인간을 안심시킬 수 없을 것이다. 물론 의학의 과학화에 의한 인간적인 비판이 있겠지만, 의학의 1차적인 목표는 병의 진단과 치료를 위한 과학적인 사고일 것이다. 그럼에도 의학은 본질적으로 인간에 의한, 인간을 위한 학문이다. 이러한 의미에서 의철학은 건강 및 병보다 더 본질적인 인간의 존재론적 조건들, 즉 생명, 생명력, 자연 등을 사유함으로써 의학을 존재론적으로 성찰하는 학문으로서의 역할을 하게 된다. 건강과 병이 인간의 실존과의 연관 속에서 탐구될 때, 의학은 과학적 · 기계적 사고로부터 조금은 자유로울 수 있다. 그럼에도 인간의 실존은 아직 의철학의 문제의식이 아니다. 그렇다면 의철학의 토대로서의 철학은 어떤 역할을 할 수 있을까?

생명, 생명력, 자연, 건강과 병 등의 개념들은 인간의 실존을 구성하는 근본적인 조건이다. 인간의 실존에 대한 철학적 탐구는 의학과 의철학이 한 인간으로서의 병자에 한 걸음 더 가깝게 다가갈 수 있다는 사실을 보여준다. 건강과 병은 우선적으로 생리학과 병리학 등의 과학적 탐구와 실험을 통해 규명되는 의학의 영역에 속하지만, 본질적으로 생명, 자연, 고통, 죽음, 불안, 두려움 등 인간의 존재론적 · 실존적 탐구를 통해 해명되는 철학의 영역에 속한다. 병이 한 인간의 실존을 깊은 불안 속으로 끌어들여 그의 삶 전반을 억압한다면 의학은 여전히 철학의 존재론적 성찰을 필요로 하고, 의철학은 병과 고통에 빠진 인간의 실존을 문제의식으로 삼아야만 한다.

과학적이고 기계적인 관점에서 철학은 의학에 직접적인 역할을 할 수 없다. 철학이 메스로서의 역할을 할 때, 그 용도는 과학적이지도, 의학적이지도 않고 오직 인간학적일 수밖에 없다. 하지만 인간이 기계가 아닌 이상, 의학은 변함없이 인간을 마주해야 한다. 의철학은 이러한 문제에 직면한 의학의 과학적 · 기계적 사고와 관점을 변화시키는 역할을 할 수 있어야만 한다. 의사들의 철학적 사고는 곧 인간에 대한 숙고이기 때문에 '인간의 실존', 즉 '병자의 실존'은 의철학의 철학적 토대로서의 역할을 할 수 있을 것이다. 인간의 실존이 의철학의 문제의식이 아니라면, 철학은 의학을 존재론적으로 성찰하며 동시에 의철학의 철학적 토대로서의 역할을 할 수 있어야만 한다.

그렇다면 왜 철학과 의학은 인간의 실존을 사유해야만 하는 것일까? 또한 이 두 학문은 어떻게 인간의 실존을 이해할 수 있을까? 철학의 관점에서 실존은 내가 나로서 살아갈 수 있는 본질적인 토대이다. 그리고 의학의 관점에서 실존은 내가 건강한 나로서 살아갈 수 있는 근본적인 조건이다. 즉 건강과 병은 인간 실존의 전제이다. 이 사실은 실재이며, 철학 역시 의학과 마찬가지로 이 문제를 관념으로서 사유하지 않는다. 건강과 병은 오직 의학에서만 통용되는 용어일 수 없다. 건강과 병이 육체에 발생한 특정 상태에 대한 표현이 아닌 이상, 이 용어는 철학적인 관점을 필요로 할 수밖에 없다. 그 이유는 건강과 병은 인간의 실존과 직결되어 있기 때문이다.

철학과 의학은 인간이라는 존재의 본질과 그 속에서 발생하는 건강과 병의 현상을 공유한다. 물론 서로 다른 학문적 탐구영역을 토대로 하지만, 육체와 영혼으로 융합된 인간의 본질을 공유하는 한, 두 학문이 추구하는 목적은 다르지 않다. 이 두 학문이 '건강의 기술'일 수밖에 없는 이유는, 건강과 병이 인간으로 명명되는 사고하고 해석하며 평가하는 생명체에 발생한 현상이기 때문이다. 이 표현은 철학과 의학이 삶의 조건과 환경이 아니라, 인간의 본질을 탐구하는 학문임을 보증해준다.

철학과 의학은 '건강의 학문'이다. 이 두 학문은 본질적으로 병을 생명활동의 오류로 규정함으로써 제거하거나 배제해야만 하는 것으로 이해하지 않고, 오히려 인정하고 허용하며 치유에 이르게 하는 '건강의 기술'이다. 그렇기 때문에 두 학문의 기술은 '병자의 실존'에 대한 이해로부터 시작되어야만 한다. 인간 실존의 존재론적 토대이자 근본적 조건으로서의 건강과 병을 의철학적으로 살펴보는 작업은 니체의 철학에 담긴 의철학적 특징을 드러내줄 것이다. 또한 철학의 고유한 개념으로서의 "실존"이 의학 및 의철학에서도 숙고되어야만 하는 인간학적 토대라는 것 역시 중요한 사실로 제기될 수 있을 것이다.

2.
철학과 의학의 인간학적 토대로서의 '병자의 실존'

철학이 탐구하는 주제 및 논의는 의학의 사상적 · 인간학적 문제의식과 맞닿아 있다. 예를 들어 인간의 건강과 병에 대해 언급한 다양한 자연철학자와 철학자들의 사상도 의철학의 철학적 토대가 될 수 있을 것이다. 하지만 만약 이들의 사상이 인간의 정신과 심리에 집중되어 있다면 직접적으로 의학적 적용이 가능한 논의로 제시되기 위해서는 심사숙고해야만 할 것이다. 그럼에도 니체의 철학에 담겨 있는 여러 논의들은 직접적으로 의철학의 철학적 토대로서의 역할을 할 수 있을 것이다.

초기 『비극의 탄생』에서부터 시작된 형이상학에 대한 비판 및 그 사상적 대안에서 알 수 있듯이 니체의 철학적 특징과 시도는 인식론으로부터 시작된다. 하지만 그의 인식론은 시간이 지날수록 구체적인 변화를 보이게 된다. 그리고 그 변화는 건강과 병에 대한 관계규명을 통해 보다 적극적으로 철학적 인간학, 생철학, 실존철학의 유형으로 전개된다. 보다 구체적으로 이러한 그의 철학적 전환은 형이상학 · 종교적 · 도덕적 행위를 심리 · 생리적으로 해명하면서 보다 분명해진다. 이 과정에서 그의 철학은 의철학과 공유할 수 있는 인간적인 문제들과 맞닿게 된다. 물론 니체가 자신의 철학에서 제시하는 건강 및 병과 관련한 주제 및 표현들이 "의학적 은유(die medizinische Metaphorik)"[1]로 보일 수도 있다. 하지만 니체의 편지와 더불어 중기 마지막 저서 『즐거운 학문』 및 『이 사람을 보라』에 제시된 니체의 글들은 단순한 은유로 보기에는 무리가 있다.

분명한 사실은 니체는 의사도 아니고, 의철학자도 아니라는 것이다. 그는 의학과 철학을 전공하지도 않았다. 사실 니체는 이미 1870년부터 의학의 생리학적 · 자연과학적 특징의 영향을 받기 시작한다. 이 특징이 전면에 부각되기 시작한 때는 후기 철학에 이르러서이다. 다윈의 진화론에 대한 비판으로부터 위버멘쉬와 힘에의 의지 그리고 데카당스에 대한 생리학적 해석은 이 영향을 잘 보여준다.[2] 하지만 그는 자신의 철학에서 당시 의학에 대한 치료의 대안이나 실무에 대한 언급을 하지는 않았다.[3] 그럼에도 건강과 병에 대한 니체의 철학적 의도와 그의 사상에 대한 다양한 해석 중 하나를 의학이 아니라 '의철학적'으로 규정할 수 있는 이유는, 그가 진단과 치유의 관점에서 '병자의 실존'을 자신의 철학적 문제의식으로 규정했기 때문이다.

니체가 의학에 작은 관심을 가지게 된 이유는 그 스스로 병자였기 때문이었다. 그는 평생을 여러 병의 증상으로 고통받아온 한 인간이었고, 병자였으며 철학자였다. 니체는 한 인간으로서는 병의 고통 속에 매몰된 수많은 병자들의 '소외된 실존'을 철학적으로 대변했고, 철학자로서는 형이상학 · 종교 · 도덕의 절대적 가치체계 아래 진정한 자기 자신으로 살아가지 못하

1) Orsolya Friedrich/Diana Aurenque/Galia Assadi/Sebastian Schleidgen, *Nietzsche, Foucault und die Medizin. Philosophische Impulse für die Medizinethik*, Bielefeld, 2016, p. 11 참조.

2) 같은 책, pp. 10-11 참조.

3) Diana, Aurenque, *Die medizinische Moralkritik Friedrich Nietzsches. Genese, Bedeutung und Wirkung*, Wiesbaden 2018, pp. 16-17 참조.

는 실존적 병에 의해 '위축된 실존'을 인간적으로 대변했다.

의학에 대한 니체의 관심은 육체적 병이 동반하는 정신적 괴로움으로 인한 '전체 실존의 나약함'을 향하며, 이 사실은 그의 철학을 전개하는 과정에서 특별한 동기를 부여해주었다. 이렇듯 니체는 병과 고통에 대한 개인적 · 주관적 경험을 문명, 문화, 사회 등에 발생하는 보편적인 병, 즉 실존적인 병으로 확장시키며 자신의 철학적 문제의식을 건강과 병으로 구체화해 나간다.[4] 니체는 병으로 고통받는 한 인간이었음에도 결코 철학자로서의 임무를 내려놓지 않았으며, 그러한 철학적 고민의 과정에서 제시된 많은 단편들과 개념들은 그가 얼마나 건강과 병의 경계에 놓인 자신의 실존에 대해 깊이 있게 사유했는지를 유추할 수 있게 해준다. 병이 동반하는 고통 속에서 평생을 살아온 니체가 체험한 개인적 · 주관적인 경험은 그의 철학 속에서 병자의 실존을 대변해주는 요소로 작용하고 있다.

니체에게 있어 생명체 안에 내재한 생명과 생명력의 특수한 활동에 대한 유물론적 · 생기론적 해석보다 본질적인 사실은 생명으로서의 생명력을 발현하며 삶을 살아가는 일, 다시 말해 "삶에의 의지(der Wille zum Leben)"[5]의 일환일 뿐이다. 생명은 삶을 가능하게 하는 본질로 이해될 때에 인간적인 실존의 영역까지 안을 수 있게 된다. 생명이 삶의 본질로 해석될 때 그리고 그 활동에 의한 결과로서 건강과 병이 삶의 문제로 이해될 때, '병자의 실존'은 의학의 과학화 속에 무관심해지지도, 은폐되지도 않을 것이다.

이러한 의미에서 의학은 유물론적인 특성과 생기론적인 특성을 모두 가진 특수한 학문이다. 인간은 물질과 정신으로 융합된 존재이다. 그렇기 때

---

4) Eberhard Falcke, *Die Krankheit zum Leben. Krankheit als Deutungsmuster individueller und sozialer Krisenerfahrung bei Nietzsche und Thomas Mann*, Frankfurt am Main, 1992, p. 62 참조.

5) 니체, 『차라투스트라는 이렇게 말했다』, 「자기극복에 대하여」, 정동호 옮김, 책세상, 2005, 193쪽; 니체, 『이 사람을 보라』, 「비극의 탄생」, 3, 백승영 옮김, 책세상, 2002, 393쪽.

문에 인간이라는 존재는 철학과 의학을 동시에 필요로 할 수밖에 없다. 육체적 아픔은 정신적 괴로움을 동반하며, 그 반대의 경우 역시 마찬가지이다. 중요한 사실은 병자가 겪는 고통, 즉 고(苦)와 통(痛)은 병자의 실존마저 병들게 한다는 사실이다. 철학자가 되는 의사가 신과 같을 수밖에 없는 이유는 이 때문이다. 이렇듯 건강과 병은 철학과 의학이 공유하는 실존의 가치이며, 니체는 이 두 상태를 정신과 의지의 영역에서 해명함으로써 의철학의 철학적 토대로서의 역할을 할 수 있는 사상적 지반을 마련했다.

3. 니체와 베르나르

1) 생명에 대한 과학적 접근과 철학의 부재 현상

만약 병이 다시 건강해질 수 있는 기회라면, 건강도 언제든 다시 병이 될 수 있다는 사실을 허용해야 한다. 이렇듯 건강과 병은 그 자체로 존재할 수 없다. 이러한 견해는, 니체가 건강과 병이 정도의 차이만 있을 뿐 본질적으로 다르지 않은 연속적 과정이라는 베르나르의 글을 인용하고 있다는 사실을 바탕으로,[6] 우선 그가 베르나르의 생리학적 주장을 따르고 있다는 사실을 확인할 수 있다. 베르나르의 생리학은 병리학의 토대를 규명해주는 과학적 실험의학의 전제이다.[7] 그의 이러한 관점은 병이 마치 외부에서 유기체의 생리현상에 침입하는 실체가 아니라는 사실을 과학적으로 밝혀내어

---

6) 니체, 『유고(1888년 초~1889년 1월 초)』, 14[65], 56-57쪽. 베르나르가 언급된 단편의 전체는 이 장의 마지막 부분에 제시되어 있음.

7) Claude Bernard, 實驗醫學方法論, 유석진 옮김, 大光文化社, 1985, 248쪽 참조.

생명과학의 발전을 가져왔다.[8] 하지만 병의 실체를 건강의 이상 현상의 하나로 보는 베르나르의 견해 속에서 병은 실존적 의미와 가치를 가질 수 없게 된다.

물론 "존재의 조건"을 과학적으로 확립하기 위해 건강과 병의 관계를 결과론적 · 결정론적으로 규명한 베르나르의 실험생리학은 기존의 의학이 따르던 비결정론적 관념과 더불어 생기론적 해석을 합리주의적 · 실증주의적인 실험을 통해 제거함으로써 과학으로서의 의학을 정초하고자 했다.[9] 그에게 있어 "과학적 의학"[10]은 "실험의학"과 동일한 것이었으며, 실험의학은 곧 "실험과학"일 뿐이었다. 이러한 의미에서 그는 의학자도 과학자에 포함되어야만 하며,[11] 의사는 합리적 · 실험적으로 병을 처리하게 이르러야만 비로소 병을 알았다고 할 수 있다고 주장하기도 한다.[12]

이러한 의미에서 베르나르는 다음과 같이 말하기도 한다. "병원은 다만 과학적 의학의 현관에 지나지 않는다."[13] 그의 이러한 견해는 의학이 통계를 기반으로 하는 "추측 의학(conjectural science)"이 아니라, 과학을 기반으로 하는 "정밀과학(exact science)"이 되어야만 한다는 사상적 바람으로부터, 즉 스스로

---

8) 조르주 캉길렘, 『정상과 병리』, 이광래 옮김, 한길사, 1996, 83쪽 참조.

9) 생기론에 반해 결정론, 숙명론, 인과론, 합리주의를 주장하는 그의 의견에 대해서는, Claude Bernard, 實驗醫學方法論, 93-94, 113, 231, 239-240, 269쪽 참조. "결정할 수 없는 것의 존재를 결코 승인하지 않는다는 것을 우리는 이미 서술했다. 왜냐하면, 이것은 바로 모든 실험과학이 절대로 배척해야 할 불가사의 · 유현(幽玄) · 초자연 등의 존재를 허용하는 것이 되기 때문이다. 그 결과 하나의 사실이 우리 앞에 제공될 때, 그 결정론을 앎으로써만 이 사실은 과학적 가치를 낳게 된다. 다듬어지지 않은 사실은 아직 과학은 아니다. 마찬가지로, 그 결정론이 합리적이 아닌 사실도 과학에서 배척되지 않으면 안 된다"(같은 책, 220-221쪽).

10) 같은 책, 253, 256쪽 참조.

11) 같은 책, 253, 256, 265쪽 참조.

12) 같은 책, 179쪽.

13) 같은 책, 182쪽.

주장한 "실험의학의 원리(Principles of Experimental Medicine)"로부터 도출된 것이다.[14] 히포크라테스의 의학적 관점에서도 확인할 수 있는 것처럼, 의학의 자연철학적 · 우주론적 토대는 추후 보편적 원리가 아니라 생명의 생리적 · 병리적 법칙을 도출하고자 하는 과학적 탐구로 나아간다. 인간의 정신이 "감정, 이성, 실험"[15]으로 단계를 거쳐 왔다는 그의 말처럼, 그의 실험생리학은 근대의 과학적 의학 발전의 최전선에 서 있었다.

의학의 과학화와 이로 인한 인류의 혜택은 결코 부정될 수 없다. 하지만 그 과정에서 은폐된 인간의 실존, 다시 말해 병자의 실존 역시 부정될 수 없다는 사실은 분명하다. 의학의 과학화에 대한 베르나르의 견해는 분명하고 마땅하다. 다음과 같은 그의 말은 인류의 건강을 위해 인정할 수밖에 없다. "실험의학은 또 생명현상의 연구를 되도록 깊이 추진하는 것이다. 실험의학은 병자의 관찰에만 머무를 수도 없다. 형세 관망만으로 만족할 수도 없다."[16] 하지만 의학의 과학적 진보와 함께 인류의 의식적 진보가 향상된 오늘날 이 사실은 온전히 받아들여지기 어려울 것이다. 그 이유는 인간은 병과 고통 속에서도 인간이기를 내려놓지 않기 때문이다.

이러한 의미에서 베르나르는 자신의 과학적 실험의학을 강하게 주장하는 과정에서 생명체를 일종의 "살아 있는 기계(Living machines)"[17]로 이해하

---

14) 같은 책, 174쪽 참조; Claude Bernard, *An Introduction to the Study of Experimental Medicine*, translated by Henly Copley Greene, A.M, Dover Publication, INC., New York, 2020, p. 140 참조.

15) Bernard, 實驗醫學方法論, 48쪽.

16) 같은 책, 256쪽.

17) "생물은 결국 일종의 기계, 즉 생명물질을 저장시켜 습기, 열, 기타 생명작용에 불가결한 조건을 간단없이 유지하기 위해, 한편으로는 외계와 내계의 자유로운 교통이 있고, 다른 한편으로는 세포의 보호작용이 있도록 만들어진 기계이다. […] 한마디로 말하면 생명현상이란 생물세포와 생리적 내부환경과의 접촉의 결과일 뿐이며, 이것이 모든 실험의학의 중축(中軸)이다" (같은 책, 100, 103쪽; Claude Bernard, *An Introduction to the Study of Experimental Medicine*,

기도 한다. "생물도 결국은 지극히 불가사의한 성질을 갖추고, 극히 복잡미묘한 작용에 의해 활동하고 있는 감탄할 만한 기계(a wonderful machine)일 따름이다."[18] 그에게 있어 생명체를 생명과 생명력으로 설명하고자 하는 시도는 과학적으로 해명할 수 없는 영역에 대한 언어적인 환상이자 막연한 현상에 대한 신앙일 뿐이다.[19] 그래서 그는 실험을 통해 생명력의 물리화학적 성질을 과학적으로 확립하고자 했던 것이다. "생명의 생리적 조건이란 생물의 생명조직(the tissues of the organism)을 활동시키는 특수한 물리화학적인 자극일 따름이다."[20] 그 이유는 만약 생명체 안에 내재한 생명과 생명력이 과학적 실험을 통해 해명되지 않는다면 의학은 추상적인 학문일 수밖에 없기 때문이다. 이러한 의미에서 베르나르는 다음과 같이 말한다.

> 생리학자도, 의학자도 생명의 특성을 물리화학적 특성으로 인도하려고 노력해야 할 것이며, 물리화학적 특성을 생명의 특성으로 인도하려고 노력해서는 안 된다.[21]

그의 견해처럼, "과학적 습관의 결여(the absence of the scientific habit)"[22]는

---

pp. 76, 79).

18) Claude Bernard, 實驗醫學方法論, 85쪽; Claude Bernard, *An Introduction to the Study of Experimental Medicine*, p. 63.

19) Claude Bernard, 實驗醫學方法論, 250쪽 참조.

20) 같은 책, 149쪽; Claude Bernard, *An Introduction to the Study of Experimental Medicine*, p. 118.

21) Claude Bernard, 實驗醫學方法論, 250쪽; Claude Bernard, *An Introduction to the Study of Experimental Medicine*, p. 202.

22) Claude Bernard, 實驗醫學方法論, 249쪽; Claude Bernard, *An Introduction to the Study of Experimental Medicine*, p. 201. "왜냐하면 그들은 의학에서 용이하게 신비적인 힘을 믿고, 생명의 결정론을 배척하며, 좀 곤란해지면 곧잘 생명력을 원용하여, 생명현상은 신비적인 생명력에 의하여 지배되고 있다는 식으로 인식하고 있기 때문이다. 어떤 불명한 현상 또는 설명할 수 없는

실험의학의 본질적인 장애, 그의 다른 표현에 의하면 "생명론적 설명의 습관(the Habit of vitalistic explanation)"[23]일 뿐이다. 의학의 과학화를 강하게 주장하는 베르나르에게 있어 이러한 습관은 생명에 대한 인식의 과학적 전환을 불러온다. 그에 의하면 생명력은 아직 물리화학적으로 확립되지 않은 유기적 특성을 부르는 일시적인 명칭에 불과할 뿐이다.[24] 이러한 해석 아래 인간은 탈인간화되고 비인격화되는 상황에 놓이게 된다. 중요한 것은 캉길렘의 말처럼, 인간은 단순히 나무 혹은 토끼와 같이 단순한 삶을 살아가지 않는다는 사실이다.[25]

그럼에도 베르나르는 철학의 역할을 부정하지는 않는다. 하지만 그가 인정하는 철학의 유용성은 인간 실존에 대한 역할이 아니라, 학문적 유용성에 그친다. 즉 그는 실험의학자로서 철학적 사고와 체계는 피할 수밖에 없지만, 현상의 이치를 관념적으로 탐구하는 "철학적 정신(the philosopic Spirit)"만큼은 부정할 수 없다고 말한다.[26] 그 이유는 이 정신이 미지의 사상을 인식하기 위한 이성의 관념론적인 특징을 잘 보여주기 때문이다.

현상이 의학에서 일어날 때, 모든 학자가 당연히 하는 것처럼 "나는 모른다"고 말하는 대신에, 의학자는 "그것은 생명이다"라고 말하는 습관을 가지고 있다. 그리고 이것이 불명한 것을 한층 불명한 것으로써 설명한 것이라는 것을 조금도 모르고 있다. 따라서 그들로 하여금 과학은 현상의 조건의 설명에서 생명 같은 것을 완전히 제거하도록 항상 주의하지 않으면 안 된다. 생명이라는 말은 무지를 드러내는 말에 지나지 않는다. […] 과학은 항상 가장 간단명료한 것으로써, 가장 불명복잡한 것을 설명하지 않으면 안 되므로, 가장 불명한 점을 포함하고 있는 생명은 결코 어떤 것의 설명에도 소용될 수가 없다"(Claude Bernard, 實驗醫學方法論, 249쪽).

23) 같은 책, 250쪽; Claude Bernard, *An Introduction to the Study of Experimental Medicine*, p. 202.

24) Claude Bernard, 實驗醫學方法論, 120쪽 참조.

25) "인간의 생명은 생물학적인 의미, 사회적인 의미, 실존적인 의미를 가질 수 있다. (그런데) 질병이 인간의 신체에 가한 변용에 대한 평가에서 위의 모든 의미들은 구별되지 않은 채로 고려된다. 인간은 나무나 토끼처럼 단순하게 살아가지 않는다"(조르주 캉길렘, 「정상적인 것과 병리적인 것」, 『생명에 대한 인식』, 여인석 · 박찬웅 옮김, 그린비, 2020, 239-240쪽).

26) Claude Bernard, 實驗醫學方法論, 272쪽; Claude Bernard, *An Introduction to the Study of Experimental Medicine*, p. 220.

이러한 의미에서 그는 다음과 같이 첨언한다. “내 생각으로는, 참다운 철학적 정신이란 그 고상한 고무(鼓舞)가 과학을 풍요롭게 하고, 이것을 미지의 진리의 연구를 향하여 끌고 가는 것과 같은 정신을 말하는 것이다. 그리고 이들 진리는, 현재는 비록 과학밖에 없지만, 지금부터 한층 날카로운 철학적 정신에 의하여, 장래 해결되지 않는 것이므로 결코 말살해서는 안 되는 것이다.”[27] 그의 이 말은 실험의학의 관점에서 철학의 유용성은 근본적으로 이성의 역할을 철학적으로 환원한 결과로서만 가치를 가지게 된다는 사실을 잘 보여준다. 아래의 글은 조금 더 철학과 과학의 관계가 긍정적으로 융합될 수 있다는 가능성에 대한 그의 견해를 잘 보여준다.

> 철학은 또 과학 외에도 인류를 괴롭히는 문제가 있다는 것, 과학이 아직 해결하지 않는 문제가 있다는 것을 과학에게 가르친다. 과학과 철학의 이와 같은 확고한 악수는 약자에게 유리하다. 서로 향상을 격려하고 서로 껴안는다. 그렇지만 철학과 과학을 결부하고 있는 이 연락이 끊어진다면, 철학은 과학 의지 혹은 균형을 잃고, 멀리 구름 뒤로 빠져 들어가고, 과학은 이에 반하여 자기의 진로와 향상적 정신을 잃고 타락하여, 정지하거나 또는 정처 없이 방황의 나그네 길을 떠날 것이다.[28]

하지만 철학과 과학에 대한 그의 본질적인 관점은 아래와 같다. 그의 견해처럼, 철학자 역시 시대의 아들로서 자신만의 고유한 사상적 체계를 창조한다. 하지만 그 시대의 과학적 진보는 철학적 체계 아래 놓일 수 없다. 그 이유는 과학적 실험의 진보를 위한 탐구는 오직 실험실에서만 이루어질 수

---

27) Claude Bernard, 實驗醫學方法論, 274쪽.

28) 같은 책, 275쪽.

있으며, 이를 뒷받침해주는 사상은 철학이 아니라, 오직 실증적인 실험에 의해서만 가능하기 때문이다.[29] 베르나르에 의하면 과학은 철학의 체계나 관념론적 문제의식을 증명하는 학문이 아니다. 위의 글에서 확인할 수 있는 것처럼, 그는 철학과 과학의 한 걸음 떨어진 융합에 대해서는 긍정적이다. 하지만 그에게 철학은 여전히 과학 앞에 막연한 관념론에 불과한 망상일 뿐이다. 아래의 글은 과학과 과학적 실험 그리고 이 규칙을 따르는 의학에 대한 그의 생각을 종합적으로 잘 대변해준다.

> 설사 과학자가 철학자에게 유익하고, 동시에 철학자는 과학자에게 유익하다 하더라도, 과학자는 그 자신에 대하여 자유이며, 주인공이다. 나 혼자의 생각으로는, 과학자는 철학자가 없더라도 자기의 발견 · 학설 · 과학을 만든다고 생각한다.[30]

2) 건강과 병의 관계에 대한 유사성과 차이점

"실험의학은 오직 건강시와 질병시(in the healthy and in the morbid state)에 걸쳐서 생명현상의 근접원인으로 거슬러 올라가려고 노력하고 있는 과학이다."[31] 베르나르의 이 말처럼, 건강과 병에 대한 그의 관점은 생명에 대한 탐구로부터 시작된다. 여기서 중요한 것은 생명에 대한 그의 과학적 이해이다.

---

29) 같은 책, 277쪽.

30) 같은 책, 276쪽.

31) 같은 책, 270쪽. 다음의 원서도 함께 참조. Claude Bernard, *An Introduction to the Study of Experimental Medicine*, p. 218.

베르나르는 생명의 생명력, 즉 생명적인 일체의 현상들, 즉 생명, 죽음, 건강, 질병, 특이체질 등 역시 조직물질 혹은 유기물질의 일정한 사실들로 설명할 수 있어야만 한다고 주장함으로써 실험의학의 중요성을 강하게 피력한다.[32] “단 하나의 생명과학이 있을 뿐이다. 병적 상태에 있어서나 생리적 상태에 있어서나, 똑같이 잘 설명하지 않으면 안 되는 생명현상이 있을 뿐이다.”[33] 이 글에서 유추할 수 있는 것처럼, 건강과 병에 대한 베르나르와 니체, 니체와 캉길렘의 관점은 생명에 대한 고유한 이해로부터 출발한다.

우선 니체는 베르나르의 이러한 실험생리학의 관점을 따르며 건강과 병을 생명에 발생한 동일한 현상으로 이해한다. 다음의 글은 이 사실을 잘 보증해준다. “건강상태와의 관계를 제시하면서 병적 현상의 설명을 주는 것은 생리학이기 때문이다. 병적 상태에 있어서의 생명현상의 설명을, 건강상태에 있어서의 생명현상의 설명에서 따로 떼어내고 있는 한, 영구히 참다운 의학은 태어나지 않을 것이다.”[34] 이후 캉길렘과의 비교에서 보다 분명해지겠지만 니체의 본질적인 관점은 건강과 병의 관계에서 병이 갖는 역할이다.

“커다란 건강”[35]의 개념적 의미에서 확인할 수 있듯이 병은 건강의 이상현상으로 발생하는 증상이 아니라, 오히려 매 순간 건강을 새롭게 만들어 주는 자극제인 것이다. 그래서 니체는 병의 의미론적 가치전환의 인식을 중요하게 여겼던 것이다. 또한 건강과 병은 생명이 표출하는 두 가지 생명력의 동일한 활동이기 때문에, 양적인 측면과 더불어 질적인 측면에서도 탐구될 때 실존에 영향을 주는 가치로 인식될 수 있다. 하지만 베르나르는 생명

32) 같은 책, 228-229쪽 참조.

33) 같은 책, 181쪽. 생리학과 병리학, 건강과 병의 관계론적 동일성에 대한 베르나르의 관점은 캉길렘에 의해 비판된다. 그 내용은 아래에 인용된 글(주석 41번)에서 확인할 수 있다.

34) Claude Bernard, 實驗醫學方法論, 181쪽.

35) 니체, 『즐거운 학문』, 382, 안성찬 · 홍사현 옮김, 책세상, 2005, 392쪽.

안에 발생하는 생명력의 문제를, 다시 말해 건강과 병을 질적으로 동일하고 양적인 차이로 발생한다는 인과론적 결정론을 주장했다.[36] 생명의 활동 안에서 생명력은 분명 양적인 인과관계를 맺게 되지만, 그럼에도 삶의 실존적 문제는 질적인 문제와 관련되어 있다.

이렇듯 건강과 병은 힘의 양에 대한 수학적 계산에 의해 결정될 수 없다. 만약 건강이 계산될 수 있다면, 병 역시도 계산될 수 있는 확고한 법칙을 따를 수밖에 없을 것이다. 이러한 과학적 · 수학적 사고 아래 생명체의 존재론적인 생명과 생명력의 활동에 대한 사고는 축소될 수밖에 없었다. 근대 이후로 건강과 병은 철학적 관점보다는 과학적이고 의학적인 관점에서 포착되어왔다. 하지만 생명에 나타난 생명력의 결과로서 건강과 병은 본질적으로 이 두 가지 관점을 모두 필요로 한다. 그 이유는 생명은 존재의 문제를 담고 있는 생명력의 문제이자 삶으로 표출되는 실존의 문제이기 때문이며, 동시에 수많은 세포와 조직 등 물리적 기관으로 이루어진 육체의 문제이기 때문이다.

생명의 탄생을 형이상학적 · 종교적으로 해석하면 존재 그 자체는 신비롭다. 하지만 그 신비함 속에 인간의 자연은 본연의 가치를 지킬 수 없게 된다. 베르나르의 실험생리학적 관점에서 인간과 자연의 세계는 질서와 무질서, 조화와 부조화가 발생하는 '예외의 세계'이다.[37] 힘과 힘의 질서와 조화로 이해할 수 있는 자연의 원리는 아직 물리화학적으로 비교 실험될 수 있는 사실 판단의 결과가 아닌 것이다. 그에게 있어 생명과 생명력의 활동은 아직 확립되지 않은 비과학적 세계일 뿐이다. "나는 예외라는 말은 비과

---

36) 최종덕, 『의학의 철학: 질병의 과학과 인문학』, 씨아이알, 2020, 182-183쪽 참조.

37) 같은 책, 86쪽 참조.

학적이라고 단언한다."[38] 반복되는 원리는 현상의 이념일 뿐, 아직 발생에 대한 과학적 실험의 결과가 아닌 것이다. 자연은 관찰을 요구하지만 과학은 관찰에 머무르지 않고 탐구와 실험 그리고 판단과 결과를 지향한다. 하지만 철학적 관점에서 이 자연이 바로 예측할 수 없는 수많은 가능성을 발생시키는 가능성인 것이다. 상반된 이 관점은 철학과 과학의 인간해석과 이해의 본질적인 차이를 보여준다.

베르나르의 실험생리학의 의의는 생명의 활동을 과학적으로 해명함으로써 건강과 병의 관계를 규명한 거대한 의학적 성과에서 찾을 수 있다. 그럼에도 불구하고 생명이 살아가는 삶의 본질인 이상, 다시 말해 생명력의 다양한 변화에 의해 건강과 병이 발생하는 토대인 이상, 그 활동은 베르나르의 실험의학의 관점에서 탐구되고 해명되어야만 하는 유기체의 실제일 수밖에 없다. 니체가 베르나르의 글을 왜 인용하고 있는지 그리고 그 내용이 그의 철학에 어떻게 적용되고 있는지를 살펴본다면, 건강과 병에 대한 니체의 철학적 관점을 보다 명확하게 드러낼 수 있게 될 것이다.

사실 니체가 베르나르의 글을 인용하고 있다는 사실이 그가 그의 의학 저서를 읽고 이해했다는 것을 보증해주지는 못한다. 니체의 전 저작에서 그의 이름은 1888년 후기 유고에 한 번 등장할 뿐이다. 그럼에도 니체가 그의 글을 인용하고 있다는 사실은, 그가 베르나르의 생리학을 바탕으로 건강과 병에 대한 자신의 사상적 토대로 만들었거나 혹은 — 이 인용이 후기 유고에 남겨진 사실을 염두에 둔다면 — 자신의 건강이론을 정당화하고 있다는 사실은 분명하다. 그럼에도 철학자로서의 니체는 생명과 자연에 대한 고유한 관점을 통해 형이상학적 · 종교적 인간해석을 해체하며 자신만의 철학적 의학을 전개해나간다. 하지만 철학자로서 니체의 사상이 의학적일 수는 없

38) 같은 책, 93쪽.

다. 그리고 이 사실은 그의 철학에 담긴 의철학적 특징과 이 특징이 의철학의 철학적 토대가 될 수 있다는 사실에 국한되어야 할 것이다.

베르나르에 대한 캉길렘의 비판적 견해에서 확인할 수 있는 것처럼,[39] 생리학과 병리학을 동일시함으로써 병을 건강으로부터 연속된 현상으로 규정하게 되면 병은 건강으로부터 이탈한 소극적 상태로 이해될 수밖에 없다. 다시 말해 건강과 병을 동일한 생리학적 관점에서 규정하게 되면, 병은 건강이 유지되어가는 과정 중에 나타나는 생물학적 기능의 오류로 오해될 수밖에 없다. 이 점은 이미 병을 "효과적인 자극제"[40]로 제시하는 니체의 사상과 어긋난다. 그리고 병의 치료는 마땅히 그것이 이탈한 건강 상태로의 회복에 지나지 않게 된다. 그렇다면 의학은 결국 병이 동반하는 실존적인 가치들을 배제하게 될 수밖에 없게 된다. 결국 병으로 고통받는 환자의 개별적인 상태는 보편적인 과학적 병리학에 은폐될 수밖에 없다.

하지만 캉길렘의 견해처럼, 병은 자기 존재에 대한 불안과 두려움으로 채워진 삶의 가치문제이기도 하다. 다시 말해 병이 인간의 몸에서 발생하는 사건인 한, 병은 가치의 문제를 동반하고 또한 이러한 문제로 대두될 수밖에 없다. 그리고 건강과 병이 동반하는 가치의 문제를 고려하기 위해서는 이 두 상태를 동일한 매커니즘에 의해 해석해서는 안 된다. 그 이유는 병을 건강으로부터 이탈한 상태로 규정해서는 안 되기 때문이다. 그렇게 된다면 건강과 병은 형이상학과 종교의 절대적 가치평가 아래 마치 이편과 저편, 현세와 내세, 선과 악, 긍정과 부정, 삶과 죽음처럼 기계론적으로 이원화될

---

39) "클로드 베르나르는 의학을 질병의 과학으로 간주하고, 생리학을 생명의 과학으로 간주한다. 과학에서는 이론이 실천을 참조하고 지배한다. 합리적인 치료법은 과학적 병리학에 의해서만 초래될 것이며, 과학적인 병리학은 생리과학 위에 세워져야만 한다"(조르주 캉길렘, 『정상과 병리』, 83쪽).

40) 니체, 『이 사람을 보라』, 「나는 왜 이렇게 현명한지」, 2, 334쪽.

수밖에 없을 것이다. 베르나르의 관점에서 생명의 생명력은 연속하지만, 니체와 캉길렘의 관점에서 연속한다고 믿는 순간 건강과 병이 갖는 서로 다른 가치의 의미는 사라지게 된다.

건강과 병은 하나의 생명 속에서 활동하는 생명력의 차이에 의한 변화를 동반하는 서로 다른 메커니즘이다. 하지만 그렇다고 해서 이 두 현상이 유기적으로 관계하지 않는 것은 아니다. 인간의 자연은 생명 안에 발생한 생명력의 차이를 '차별'로 인식하지 않는다. 생명의 관점에서 건강과 병은 육체와 영혼의 문제가 아니라, 이를 모두 포괄하는 "몸(der Leib)"의 문제, 즉 인간이라는 생명체 안에 내재된 자연의 문제일 뿐이다. 아래의 글은 베르나르를 향해 병의 가치를 생명의 새로운 현상 혹은 규범으로 인정해야 한다는 캉길렘의 비판적인 견해를 담고 있다.

> 생리학은 하나밖에 없다. 그러나 병리적 현상의 전형을 생리적 현상 속에서 볼 수는 없다. 설사 결과가 동일하다 해도 그 표현은 특수하며 메커니즘은 독특하다고 간주해야 할 것이다. 또한 건강한 유기체 속에서 생기는 것과 똑같은 방식으로 질병의 유기체 속에서 생기는 현상은 하나도 없다. 그는 죽음과 삶의 관계 위에다 질병과 건강의 관계를 복사하려고 한다. 그러나 죽음과 삶의 동일성을 제한 없이 인정하지 않으면서 질병과 건강의 동일성을 어째서 제한 없이 주장하는 것일까?[41]

그의 견해는 명확하다. 만약 생리학이 오직 하나라고 가정한다면, 병리학은 건강의 이상(異常)으로 간주될 수밖에 없다. 캉길렘에 대한 견해에서 확인할 수 있는 것처럼, 만약 생명의 활동에 대한 해석이 하나뿐이라면, 병은

---

41) 조르주 캉길렘, 『정상과 병리』, 91쪽.

생명의 고유한 활동으로 해석될 수 없을 것이다. 그렇다면 병은 다른 의미와 가치를 가질 수 없게 된다. 다시 말해 생리학이 건강과 병이라는 생명의 현상을 함께 분석하고 설명하게 된다면 병리학은 생리학의 일부에 지나지 않게 된다. 결과적으로 생명의 본질과 활동은 축소될 수밖에 없다. 생명은 건강과 병을 구분하지 않는다. 생명 속에서 발생하는 본질적인 현상은 변화의 허용과 이에 대한 인정 혹은 극복이다. 그래서 캉길렘은 건강과 병을 각각의 고유한 생명의 규범으로 이해하는 것이다.

그리고 비록 니체가 건강과 병의 차이에 대해 베르나르의 주장을 언급하고 있기는 하지만, 그는 모든 생명체의 생명성과 그 원리를 "힘에의 의지(der Wille zur Macht)"로 규정하며, 건강과 병의 문제를 힘의 증대와 감소를 체감하는 감정(정동/Affekt)과 의지의 문제로 전환한다. 즉 니체는 병을 건강으로부터의 이탈로 그리고 건강을 병이 부재하는 상태로 규정하지 않고, 오히려 실존적 변화가 긍정과 극복으로 허용되는 상태로서 이해한다.

"생장하지 않을 수 없다는 것, — 자신의 힘을 확대하고 그 결과 낯선 힘들을 자기 안에 받아들이지 않을 수 없다는 것, 이것들은 생명 있는 것이라는 개념에 속한다."[42] 생장하고자 하는 것이 생명체의 특징이라면 낯선 힘들, 심지어 병 역시도 생물학적 기능의 오류에 의해 발생한 제거의 대상이 아니라, 생물학적 활동과정에 나타나는 또 다른 힘의 활동일 수밖에 없을 것이다. 그래야만 '건강으로부터 병으로의 하강' 혹은 '병으로부터 건강으로의 상승'의 과정이 인정될 수 있기 때문이다. 이러한 의미에서 니체가 생명력(힘)의 활동을 쾌와 불쾌 — 힘의 증대와 감소, 정신의 자유와 속박, 의지의 강함과 약함 — 의 관계로도 표현하는 이유는 이 두 힘이 서로 관계하지 않을 수 없기 때문이며, 건강과 병 역시도 마찬가지이다. 베르나르가 병을 건

42) 니체, 『유고(1888년 초~1889년 1월 초)』, 14[192], 214쪽.

강에 대한 "양적 변이와 정도의 차이"[43]로부터 도출하듯이 건강과 병의 진단에서 니체에게도 문제가 되는 것은 일차적으로 '힘의 양'이었다.

생명의 원리는 생명력의 활동 — 니체에 의하면 힘에의 의지 — 에 의해 보증된다. 니체의 철학에 등장하는 건강과 병의 증상이 보다 많은 힘을 추구하고자 하는 '강한 의지'와 현재의 힘을 보존하고자 하는 '나약한 의지'에 의해 좌우된다는 사실은 생명력의 활동을 잘 설명해준다. 하지만 여기서 간과해서는 안 되는 사실이 있다. 그것은 바로 ① 니체가 의철학자가 아니라 철학자라는 사실이며, ② 그가 건강과 병이 힘의 양에 의한 문제임과 동시에 보다 본질적으로 보다 많은 힘을 추구하는 감정의 문제 — 그의 표현에 의하면 "힘의 느낌(Machtgefühl)"[44] — 와 그 힘을 추구하는 의지의 문제로 환원함으로써 건강과 병을 실존의 문제로 확장시키고 있다는 것이다.

니체의 철학에서 건강의 조건으로 대변되는 '힘의 양'은 실존적인 쾌감을 동반하는 '힘의 증대'를 추구하는 의지의 문제로 나아간다. 이러한 의미에서 병을 다시 건강해질 수 있는 기회로 규정하고, 이 변화에 기여하는 의지의 역할을 배제하지 않는 니체는 — "강인한 건강에의 의지"[45]라는 그의 개념처럼 — 건강과 병을 육체적인 증상에 국한시키지 않고, 인간의 실존과 관계하는 가치로 규정한다. 다만 베르나르의 생리학은 힘의 과도한 양이 병의 원인이 되기도 하지만, 니체의 생리학은 힘의 양이 증대되면 증대될수록 건강을 강화하는 조건이 된다는 것이다. 그 이유는 힘의 증대는 곧 병과 고통에 대한 관점을 전환하는 실존적 긍정과 극복의 요소로 작용하기 때문이다. 이 지점에서 베르나르의 생리학을 인용한 니체의 관점은 조금씩 철학적

43) 조르주 캉길렘, 『정상과 병리』, 92쪽.

44) 니체, 『유고(1888년 초~1889년 1월 초)』, 14[174], 193쪽; 니체, 『안티크리스트』, 2, 백승영 옮김, 책세상, 2002, 216쪽.

45) 니체, 『인간적인 너무나 인간적인 I』, 김미기 옮김, 책세상, 2003, 서문, 4, 15쪽.

인 방법론으로 발전하기 시작한다.

베르나르를 언급했던 유고의 단편은 건강과 병에 대한 니체의 견해를 대변해준다. 니체는 베르나르의 생리학을 바탕으로 힘에의 의지를 통해 건강(생리학)으로부터 병(병리학)을 도출하기도 하지만, 본질적으로는 생명체의 존재론적 본성으로서의 힘에의 의지를 망각하고 부정하는 병적 증상(병리학)으로부터 건강(생리학)을 도출하는 작업을 수행한다. 즉 니체는 이미 베르나르의 생리학을 건강과 병의 관계에 대한 철학적 방법론의 토대로 차용하고 있지만, 자신의 철학에서 시도하는 치유의 방법론은 오히려 그 반대의 성격이 강하다. 니체는 실존철학적인 관점에서 건강(생리학)보다는 오히려 병(병리학)에 중점을 둔다.

만약 병을 건강의 결여, 다시 말해 병이 정상상태에 생긴 생물학적 장애와 오류로 인정된다면, 병은 과학적이고 합리적인 의학적 치료를 통해 제거해야만 하는 요소로 규정될 수밖에 없을 것이다. 그렇게 되면 철학적 관점에서 병의 가치는 축소되고 그 안에 담긴 실존적 의미는 상실될 수밖에 없을 것이다. 물론 생리학에 대한 베르나르의 견해 역시 마땅하다. 그 이유는 건강이 규명되지 않는다면 병 역시 규명될 수 없기 때문이다. 그렇기 때문에 병은 본질적으로 건강에 상응하는 상태, 다시 말해 마주 보는 상태로 규정된다. 하지만 니체의 견해처럼, 병이 돌아갈 곳은 건강임에도 불구하고, 몸 안에서 발생한 자연의 문제로서 건강은 그 병이 치유된 상태로 머물러 있지 않다. 건강은 병으로 인해 새로워진다. 병은 건강의 과정 중에 발생하는 사건이다.

만약 베르나르의 주장을 따르게 되면, 건강과 병은 — 캉길렘이 문제시하는 것처럼 — 정상적인 것과 병리적인 것이라는 서로 다른 생명력의 문제로, 다시 말해 하나의 생명활동에 의해 발생하는 서로 다른 규범의 문제로 인정될 수 없을 것이다. 나아가 만약 병의 가치가 축소된다면 삶에 대한 가치 역시 그렇게 될 것이다. 이러한 의미에서 캉길렘은 병리학을 생리학의 연장으로 보는 베르나르의 사상을 비판함과 더불어 이를 인용하는 니체를 자신의 저서에 언급한다.[46]

비록 니체가 베르나르의 사상을 바탕으로 건강과 병의 관계를 연속적인 과정으로 이해하고 있기는 하지만, 니체는 자신의 철학에서 오히려 병리학으로부터 생리학을, 즉 진단으로부터 치유로의 과정을 부각시킨다. 건강과 병의 유기적 관계에 대한 그의 관점은 베르나르의 견해에 앞서 영혼과 육체의 형이상학적 이원론에 대한 해체로부터 시작되었다고 볼 수 있다. 니체에게 있어 병은 건강 상태로부터 이탈한 소극적 상태, 다시 말해 여전히 건강에 종속된 상태로서 제거되어야만 하는 대상이 아니라, "새로운 건강"[47]을 구성하는 생명력으로서의 역할을 한다. 그의 개념 "커다란 건강"[48]은 이를 잘 보증해준다. 또한 현대의 실존적 병의 증상을 진단하고 그 원인을 찾아 인류의 정신사를 소급해가는 "계보학(Genealogie)"을 통해서도 니체의 철학적 치유의 방법론은 병리학으로부터 출발하고 있다는 사실을 알 수 있게 해준다.

---

46) 조르주 캉길렘, 『정상과 병리』, 91쪽 참조. 베르나르의 생리학에 대한 자세한 내용으로는 다음의 글을 참조. 한기원, 「클로드 베르나르의 일반생리학: 형성과정과 배경」, 『의사학』 제19집, 대한의사학회, 2010, 507-552쪽.

47) 니체, 『즐거운 학문』, 382, 392쪽.

48) 니체, 『즐거운 학문』, 382, 392쪽. "커다란 건강"은 베르나르의 "내부환경(Milieu interieur/internal enviroment of the organism)"과 캐논(Walter Bradford Cannon)에 의해 명명된 "항상성(homeostasis)"의 개념으로 이해될 수도 있지만, 니체는 생명현상을 구성하는 다양한 체액과 활동을 규명하는 의학적 탐구가 아니라, 건강과 병의 유기적인 관계에 대한 철학적 관점을 견지할 뿐이다. 베르나르의 "내부환경"은 외부환경의 영향에도 불구하고, 상대적으로 자유로운 유기체의 독립성을 보증해주는 개념이며, 그는 이 개념을 "생리적 환경", "내계의 유기적 조건", "유기체 내계의 물리화학적 조건"으로 표현하기도 한다(Claude Bernard, 實驗醫學方法論, 100, 103, 111쪽). 이러한 표현에서 확인할 수 있는 것처럼, 니체가 커다란 건강을 물리화학적 현상으로 이해하고 있지 않다는 사실로부터 건강과 병에 대한 그의 철학적 관점을 확인할 수 있다.

물론 니체철학의 초기 사상은 고대 그리스의 비극과 그리스인들의 삶의 관점을 건강의 상태로 규정하고, 비극과 비극적 실존의 사멸로부터 병을 도출한다. 하지만 그는 건강과 병을, 마치 베르나르가 생리학으로부터 병리학을 도출하며 건강에 의해 병이 규명될 수밖에 없다는 견해에 동의하지 않을 것이다. 니체에게 있어 병이 건강의 이상현상으로부터 발생한다는 사실보다 중요한 것은 병이 건강을 자극하며 "새로운 건강"을 향해 나아가는 '생명의 커다란 원리'를 따른다는 것이다. 니체의 관점에서 병은 건강으로 향하는 과정, 즉 "커다란 건강" 안에서 발생하는 생명력의 활동인 것이다. 생명은 건강을 지향하기 때문에 병도 건강을 향할 수밖에 없다.

이렇듯 건강과 병에 대한 니체의 관점은 후기철학에 이르러 생리학과 병리학보다 본질적인 생명과 생명력의 문제, 다시 말해 힘의 증대와 감소의 문제에 집중하며, 한 걸음 더 나아가 이 문제를 실존의 문제와 연결한다. 다시 한 번 반복하면, 니체의 철학에 담긴 의철학적 특징은 그가 병리학을 생리학의 일부로 규정하지 않고, 병의 의미와 가치에 대한 관점의 전환[49]으로부터 긍정과 극복의 단계로 나아가고 있다는 측면에서 이해해야만 한다. 만약 병이 건강의 이상으로 규정된다면, 병은 제거해야만 하는 부정적인 가치로 전락하게 될 수밖에 없을 것이다. 니체의 문제의식은 병에 대한 부정적인 인식과 관점이 인간의 실존을 병들게 한다는 사실을 토대로 한다.

니체가 스스로 자신의 삶을 변화시킬 수 있는 그 이상의 힘을 요구하지 않고, 오늘을 보존할 수 있는 정도의 힘만을 유지하는 "마지막 인간"의 증상을 실존의 병으로 진단했을 때, 그는 이 증상을 건강으로부터 이탈한 병으로 인식함과 동시에 실존의 병을 건강으로 오해하며 살아가는 또 다른 적극적인 삶의 양태로 규정했다. 이 지점에서 니체는 오히려 병리학을 생리학의

---

49) 니체, 『이 사람을 보라』, 「나는 왜 이렇게 현명한지」, 1, 333쪽.

연장으로 이해함으로써 병이 가지는 가치를 축소했던 베르나르를 비판하는 캉길렘의 견해와 가까워진다. 나아가 캉길렘이 자신의 저서에서 자주 언급하고 인용하는 르리슈(Rene Leriche)의 글도 "커다란 건강"과 같은 니체의 건강 이론에 충분히 부합되는 내용을 담고 있다.

> 매 순간에 생리학이 말하는 것보다 훨씬 많은 생리학적 가능성이 우리들 속에 존재한다. 그러나 그것들이 우리에게 명백해지기 위해서는 질병이 필요하다.[50]

이러한 의미에서 "질병은 막강한 자극제(ein mächtiges Stimulans)이다. 단, 그 자극을 견딜 정도로 건강해야만 한다"[51]는 니체의 말은 비록 그가 건강과 병, 생리학과 병리학의 관계에 대해서는 베르나르의 견해를 따르고 있지만, 그의 철학적 문제의식은 비단 베르나르의 이름이 제시된 한 단편에만 국한될 수 없다는 사실을 잘 보여준다. 니체의 문제의식은 병든 실존의 인간을 다시 건강하게 만들고자 하는 철학적 치유의 방법론을 확립하고자 하는 것이었다. 그렇기 때문에 그에게 건강과 병, 정상과 병리에 대한 캉길렘의 비판적인 의학사의 문제는 크게 중요하지 않았을 것이다. 건강과 병에 대한 니체의 철학적 관점을 논의함에 있어 그가 의사가 아니라, 철학자로서 수행한 작업이라는 사실을 염두에 두어야 하는 이유는 이 때문이다.

니체에게 중요한 것은 '병으로부터 건강으로의 상승'과 '건강으로부터 병으로의 하강'의 원리로 대변되는 인간의 실존적 변화가능성이었다. 그리고 그 원리를 인간 안에 내재한 생명과 생명력으로, 즉 힘에의 의지로 해명

50) 조르주 캉길렘, 『정상과 병리』, 92쪽.

51) 니체, 『유고(1888년 초~1889년 1월 초)』, 15[118], 337쪽.

하는 것이었다. 니체가 건강을 규명하기 위해 병을 제시하는 여러 글들을 통해서, 그가 병리학으로부터 생리학을 규명하고 있다는 사실을 확인할 수 있다. 병을 "커다란 건강의 자극제(der Stimulanz-Mitteln der großen Gesundheit)"라고 표현하는 다음의 글에서도 이 점을 확인할 수 있다.

> 건강함과 병약함: 주의하라! 척도는 언제까지나 몸의 개화, 정신의 도약하는 힘, 용기, 그리고 즐거움이다 — 그러나, 물론 이것도 역시 척도가 된다. 그가 병적인 것을 얼마나 많이 감수하고 극복할 수 있는가 — 건강하게 만들 수 있는가. 좀 더 연약한 인간들을 몰락하게 만드는 것은 커다란 건강의 자극제에 속한다.[52]

또한 베르나르의 이름이 언급된 단편에 있는 다음과 같은 문장 역시 니체가 베르나르의 사상으로부터 건강과 병의 유기적 · 연속적 관계에 대한 내용을 인용하고는 있지만, 그의 생리학과 차이가 있음을 확인할 수 있다. "모든 병든 상태의 가치는, 정상적이기는 하지만 정상적이라고 판별되기는 어려운 상태들을 확대경으로 보여준다는 데에 있다."[53] 니체는 건강과 병의 관계를 연속적인 과정으로 이해함으로써 마치 베르나르의 생리학을 따르고 있는 것으로 보인다. 하지만 중요한 것은 니체는 의사로서가 아니라, 철학자로서 자신만의 철학적 병리학을 바탕으로 보다 세밀하게 건강의 생리학적 상태와 가치를 규명하고자 했다는 것이다.

예를 들어 예술철학과 문화철학의 관점에서 건강과 병의 상태를 규명해오며, 후기 『차라투스트라는 이렇게 말했다』에서 병든 대지의 회복을 위

---

52) 니체, 『유고(1885년 가을~1887년 가을)』, 2[97], 이진우 옮김, 책세상, 2005, 134쪽.

53) 니체, 『유고(1888년 초~1889년 1월 초)』, 14[65], 56-57쪽.

해 선언된 "신의 죽음"과 그 세계를 살아가는 건강한 실존의 이상으로서 "위버멘쉬"를 제시하는 이유도, 그의 철학이 병으로부터 건강으로, 즉 병리학으로부터 생리학으로 나아가고 있다는 사실을 알 수 있게 해준다. 또한 이를 바탕으로 자유정신, 허무주의, 영원회귀와 운명애, 예술생리학, 모든 가치의 전도 등 실존적 건강의 이론으로 제시한 철학적 치유의 방법론을 통해서도 니체가 건강과 병을 가치의 문제로 규정하고 있다는 사실 역시 알 수 있다. 물론 니체의 철학적 생리학의 토대는 비극적 실존이다. 그리고 이 사상은 그의 후기철학까지 지속된다.

3) 베르나르가 언급된 1888년 후기 유고 12[65] 단편의 이해

니체는 자신의 철학적 치유의 방법론을 확립함에 있어 건강과 병의 관계에 대해 고심했을 것이다. 그리고 그 고민은 베르나르의 생리학을 통해 일정 부분 해소되었다. 하지만 니체는 병의 의미와 가치를 축소하고 싶지는 않았다. 오히려 그는 병을 건강의 조건으로 해명하며 그 의미를 부각시키고 싶어 했다. 그 이유는 건강한 실존으로 살아가는 방법에 대한 그의 철학적 문제의식이 자신을 괴롭히던 병과 고통에 대한 실존적 진단으로부터 시작되었기 때문이다. 아주 긴 글이지만, 베르나르를 언급하고 있는 이 글은 지금까지의 논의를 전체적으로 조망해주는 역할을 해주며 동시에 건강과 병에 대한 니체의 주장이 가치의 문제로 확장되어 논의되고 있음을 보여준다.

> 유전되는 것은 질병이 아니다. 병적인 것(Krankhaftigkeit)이 유전된다: 즉 유해한 외래물 등에 저항하지 못하는 무기력; 꺾인 저항력 — 도덕적

으로 표현하면: 적 앞에서의 체념과 순종이. 나는 지금까지의 철학과 도덕과 종교의 이런 최고의 가치들 전부가 허약자, 정신병자, 그리고 신경쇠약자들의 가치와 비교될 수 있지 않을까 자문한다: 그들이 좀 더 부드러운 형식으로 동일한 악들을 표현하고 있으니……모든 병든 상태의 가치는, 정상적이기는 하지만 정상적이라고 판별되기는 어려운 상태들을 확대경으로 보여준다는 데에 있다……건강과 질병은, 옛 의사나 지금의 일부 임상의도 믿고 있듯이 본질적으로 상이한 것은 아니다. 이것들로부터, 살아 있는 유기체에 관해 서로 싸우고 그것을 자신들의 싸움터로 만들어버리는 판명한 원리들이나 엔티티(Entität)들을 만들 필요는 없다. 그런 것들은 더 이상은 아무 소용없는 진부한 수단이나 진부한 수다인 것이다. 사실 건강과 질병이라는 삶의 두 양식 사이에는 단지 정도의 차이만이 있을 뿐이다: 정상적 현상들의 과정, 불균형, 부조화가 병적 상태를 구성하는 것이다. 클로드 베르나르(Claude Bernard) […] 지배적 감정으로서, 유전적 허약함: 최고 가치의 원인. 주의! 사람들이 허약을 원한다: 왜?……그들 대부분이 필연적으로 약하기 때문이다. […] 행위에서의 실책: 허약함에 맞서 강장 체계에 의해 싸우려 하지 않고, 정당화나 도덕화의 방식으로 싸우려 한다: 즉 해석에 의해……두 가지 완전히 다른 상태들에 대한 혼동: 예컨대 본질적으로 반작용을 억제하는 것인 강함의 평온, 동요하지 않는 신적 유형……그리고 마비에 이르는 소진과 경직의 평온.: 모든 철학적-금욕적 절차들은 두 번째 것을 추구하지만, 내 절차는 첫 번째 것을 추구한다……왜냐하면 내 절차는 도달된 상태에 마치 신적 상태의 달성과도 같은 술어를 덧붙이기 때문이다.[54)]

54) 니체, 『유고(1888년 초~1889년 1월 초)』, 14[65], 56-57쪽.

니체가 베르나르의 생리학으로부터 도움을 받고 있는 주요 부분은 다음과 같다. “사실 건강과 질병이라는 삶의 두 양식 사이에는 단지 정도의 차이만이 있을 뿐이다: 정상적 현상들의 과정, 불균형, 부조화가 병적 상태를 구성하는 것이다.” 중요한 사실은 건강과 병의 관계, 즉 유기적인 관계를 대립적으로 이원화화는 사고에 대한 니체의 이러한 사유는 이미 베르나르가 언급된 1888년의 유고 이전, 1880년에 출간된 『인간적인 너무나 인간적인 II』에서도 발견된다는 것이다. 즉 강의조차 할 수 없을 정도로 건강이 악화되어 결국 교수직을 내려놓을 수밖에 없었던 1979년 이후부터 형이상학과 종교의 대립적 이원론에 대한 니체의 비판은 자연스럽게 건강과 병의 관계에 대한 관심과 탐구로 나아간다. 아래의 글은 이 사실을 잘 보여준다.

> 대립 습관 — 일반적으로 부정확한 관찰은, 대립이 아니라 정도의 차이만 있는 자연 속에서 대립(예를 들어 ‘따듯함과 차가움’)을 발견한다. 이러한 나쁜 습관은 이번에는 내적 자연, 즉, 정신적-도덕적 세계조차도 그러한 대립 관계에 따라서 이해하고 분석하고 싶도록 우리를 더 강하게 유혹한다.[55]

니체는 이 글에서 세상을 이원화하는 이러한 “나쁜 습관(die schlechte Gewohnheit)”, 다시 말해 형이상학적 · 종교적 사고의 습관이 결국은 인간의 자연마저 이원화할 것이라는 우려를 표명하고 있다. 그에 의하면 지금까지 건강과 병 역시도 이러한 나쁜 습관에 의해 이원화되었을 뿐이다. 이러한 의미에서 “건강 대신 ‘영혼의 구원’”[56]이라는 니체의 말에는, 육체의 건강보

55) 니체, 『인간적인 너무나 인간적인 II』, 「방랑자와 그의 그림자」, 67, 273쪽.

56) 니체, 『이 사람을 보라』, 「왜 나는 하나의 운명인지」, 8, 467쪽.

다는 영혼의 건강을, 즉 이편의 건강보다는 저편의 건강을 추구하는 이원론적 사고와 습관에 대한 니체의 비판이 함의되어 있다.

다음의 글은 건강과 병뿐만 아니라, 이원화된 모든 가치들이 인간을 중심으로 정도의 차이를 가진 유기적 관계를 맺고 있을 뿐, 결코 대립된 것일 수 없다는 사실에 대한 니체의 생각을 잘 보여준다. "형용할 수 없는 많은 고통, 교만, 가혹함, 소외, 냉정함은, 인간이 경과(Übergänge)를 보는 대신 대립(Gegensätze)만을 보는 것이라고 생각함으로써 인간의 감정에 유입되었다."[57] 이러한 이원론적 사고의 습관으로 인해 결국 인간의 자연과 그 활동으로부터 창조되는 가치로서 선과 악, 건강과 병, 현세와 내세, 이타주의와 이기주의 등은 모두 오해되기에 이른다.

> 사람들은 맹수나 맹수 같은 인간[예를 들어 체사레 보르지아(Cesare Borgia)]을 근본적으로 오해하고 있다. 열대의 온갖 기이한 동물이나 생물 중에서도 가장 건강한 이들의 근저에서 '병적인 것'을 찾거나 심지어는 그들에게서 생득적인 '지옥'을 찾고자 하는 한, 사람들은 '자연'을 오해하는 것이다.[58]

건강과 병은 인간의 몸에 발생한 실재의 문제, 즉 오해될 수 없는 지금 이곳의 문제이다. 그렇기 때문에 건강과 병 그리고 고통의 문제는 더 이상 인간의 실존 및 그의 삶으로부터 멀어질 수 없다. 자신의 병과 고통에 대한 니체의 철학적 사유는 결과적으로 자기 자신의 실존을 더욱 강화하는 자기 인식의 기회로, 다시 말해 고통 속의 자신을 더욱 긍정하고 극복하는 자기

---

57) 니체, 『인간적인 너무나 인간적인 II』, 「방랑자와 그의 그림자」, 67, 273쪽.

58) 니체, 『선악의 저편』, 197, 김정현 옮김, 책세상, 2005, 152쪽.

치유의 기회로 작용했다. 건강과 병의 관계를 생명력의 투쟁, 즉 힘의 강함과 약함, 증대와 감소의 투쟁으로 전환하는 니체의 시도를 통해서도 이 사실을 확인할 수 있다. 그리고 이러한 사유의 이면에는 건강과 병의 유기적 관계에 대한 철학적 해석이 존재한다. 그리고 이 해석은 의철학의 철학적 사고의 토대로서의 역할을 할 수 있게 된다. 이렇듯 베르나르가 인용된 유고의 긴 글에서 확인할 수 있는 것처럼, 니체는 베르나르의 생리학을 바탕으로 자신의 건강이론을 발전시켜나간다. 그리고 이러한 부분은 니체와 캉길렘과의 사상적 관계를 조금 더 밀접하게 만들어준다.

4. 니체와 캉길렘

1) 건강과 병의 유기적 관계에 대한 철학적·의철학적 견해

건강과 병에 대한 관점, 즉 생리학과 병리학에 대한 니체와 베르나르의 사상적 관계는 일부분 니체철학의 의학의 토대로서의 역할을 한다. 하지만 이를 바탕으로 니체와 베르나르의 비판적 지점을 제기하기는 어렵다. 그 이유는 분명히 니체는 베르나르의 생리학을 자신의 건강이론에 적용하고 있기 때문이다. 그럼에도 의학자와 철학자가 가지는 문제의식과 문제를 풀어가는 과정은 분명히 차이가 있다. "커다란 건강"과 "새로운 건강"으로 대변되는 니체의 철학적 의학은 명확하게 병을 다시 건강해질 수 있는 기회로 제시한다.[59] 그리고 병에 의해 매 순간 새로워지는 "보다 높은 건강(eine höhere Gesundheit)"[60]이라는 표현에는 이미 건강이라는 상태 및 개념 안에 실존적인

59) 니체, 『즐거운 학문』, 382, 392쪽.

60) 니체, 『니체 대 바그너』, 「후기」, 백승영 옮김, 책세상, 2002, 544쪽.

가치가 담겨 있다는 사실을 확인할 수 있다.

위에서 잠시 언급되었지만, 니체의 철학적 의학은 병을 건강의 조건으로 규정한다. 그의 철학의 이러한 특징은 본질적으로 생리학으로부터 시작되어 병리학으로 나아간다. 하지만 고대 그리스의 (건강한) 비극에 대한 긍정으로부터 소크라테스적 합리주의에 의해 (병이 들어) 죽음에 이른 비극에 대한 니체의 철학적 관점은 본질적으로 그의 철학적 문제의식이 비극의 죽음으로부터, 즉 병리학으로부터 시작하고 있음을 알 수 있게 해준다. 그리고 여기서 소크라테스적 합리주의는 의철학의 관점에서 과학적 의학으로 대체되어도 무방하다. 소크라테스와 과학적 의학이 놓친 것은 인간의 실존이기 때문이다. 이제 니체는 비극의 죽음으로부터, 즉 비극성의 상실로부터 발생하는 실존적 병의 심리 · 생리학적 증상들을 철학적으로 규명하기 시작한다. 초기 『비극의 탄생』에서 제기된 이 문제의식으로부터 니체의 철학은 후기에 이르기까지 병리학의 특징들이 부각되기 시작한다.

"힘에의 의지"에 담긴 사상적 내용처럼 힘의 양에 의해 건강과 병을 규명하는 니체의 철학적 관점은 병리학을 생리학의 연속으로 보는 관점, 즉 병을 건강에 발생한 이상현상으로서 증대와 감소의 관계로 이해하는 베르나르의 견해를 따르고 있다. 하지만 "커다란 건강"이 보여주는 건강과 병의 변증법적 관계는 오히려 니체가 병을 건강으로부터 발생한 소극적인 상태가 아니라, 건강으로부터 발생한 적극적인 상태로, 다시 말해 "새로운 건강(die neue Gesundheit)"을 자극하는 생명력으로 긍정하고 있다는 것이다. 이 부분에서 니체의 철학적 의학은 — 그가 이 사실을 염두에 두었다는 생각이 들지는 않지만 — 생리학으로부터 병리학을 도출하는 것이 아니라, 오히려 병리학으로부터 생리학으로 나아가는 특징을 보인다.

건강과 병의 관계에 대해 니체가 철학적으로 중요하게 여긴 부분은 병이 건강에 선행하는 전제일 수 없다는 베르나르의 견해보다 건강한 상태로 대변되는 생명력의 활동에서 병이 갖는 의미였다. 병이 죽음과 동일한 의미가 아니라면, 여전히 병의 활동은 건강의 커다란 체계, 다시 말해 본질적인 생명의 세계를 벗어날 수 없다. 니체에게 무엇보다 중요한 사실은 인간의 실존적 삶에서 병을 배제하지 않는 관점의 전환이었다. 또한 생명의 활동이 정신과 의지로 표출될 수 있다는 사실과 이 활동이 삶의 문제와 직결되어 있는 실존의 문제라는 사실 역시 그에게 중요한 문제였다. 병의 적극성이 인정될 때 건강 역시 온전히 이해될 수 있으며, 생명의 생명력으로 대변되는 인간의 본질적인 자연성은 총체적으로 해명될 수 있다. 다시 말해 마치 인간의 영혼과 육체가 형이상학적 · 종교적으로 이원화되어왔던 것처럼, 건강이 선의 가치로 인정될 때 병은 악의 가치일 수밖에 없다. 이 두 가치가 커다란 생명의 관계를 맺고 있다는 사실은 니체철학에 담긴 의철학적 사유를 보다 구체적으로 설명해준다.

이렇듯 니체는 한 인간의 몸에 내재한 생명이 표출하는 힘으로서 생명력의 원리가 건강과 병을 유기적인 관계로 만든다는 것을 강조하기 위해서 베르나르의 생리학을 인용하고 있을 뿐이다. 이후 니체가 이 원리를 실존철학적 관점에서 실존적 병에 걸린 인간에게 적용시킬 때, 건강(자기극복)과 달리 병(자기보존) 역시도 각각 생명의 생명력이 추구하는 삶의 또 다른 양태 — 캉길렘의 표현에 의하면 서로 다른 "규범(die Norm)"— 로 드러난다. 이와 관련하여 아래의 글은 철학자와 의철학자로서의 니체와 캉길렘이 사상적으로 소통될 수 있음을 잘 보여준다. 보다 구체적으로 말하면 캉길렘은 건강으로부터 병을 이상현상으로 도출함으로써 병의 가치를 오해하는 베르나르의 생리학에 의문을 제기할 수 있는 이론적 토대를 니체와 독일의 생철학(die deutsche Lebensphilosophie)으로부터 발견했다.[61)]

---

61) Marco Brusotti, *Diskontinuitäten. Nietzsche und der ‚französische Stil' in der Wissenschaftsphilosoph.*

인간에게 산다는 것은 단지 식물적으로 생존하고 자기보존하는 것이 아니라 위험에 직면하고 이를 극복하는 것이다. [···] 건강을 특징짓는 것은 규범들의 변동을 허용할 수 있는 역량(capacity)이다.[62]

니체가 『차라투스트라는 이렇게 말했다』에서 수행했던 사고실험, 즉 마지막 인간과 위버멘쉬 사이는 곧 건강과 병, 정상과 병리의 경계와 다르지 않다. 그리고 그 경계에 놓인 인간 역시 특정한 기준 아래 평가될 수 없는 상태이다. 만약 경계에 선 인간이 마지막 인간의 삶을 선택한다고 해서 그를 병자로 평가할 수는 없다. 물론 실존적 건강의 관점에서 보면 그는 병자로 진단될 수 있을 것이다. 하지만 그는 자기 내면의 힘을 바탕으로 그러한 선택을 결정했고, 또한 그 선택은 부정될 수 없다. 두 인간유형이 서로 다른 가치를 추구한다고 하여 다른 존재일 수는 없다. 그 이유는 건강과 병이 그 안에 내재한 생명의 활동을 공유하기 때문이다. 그럼에도 불구하고 이들의 생명력은 '되어가는 변화'의 과정에서 보면 동일하지만, 변화를 멈춘 결과론적 관점에서는 동일하지 않다.

캉길렘의 말처럼, "총체적으로 고려된 유기체는 질병에 걸림으로써 '별개의 존재'가 되며, 일부 측면만 제외하면 양자는 동일하지 않다".[63] 의학적 병도, 실존적 병도 모두 생명의 활동으로부터, 즉 생명력으로부터 발생한 결

Bachelard und Canguilhem mit einem Ausblick auf Foucault, in: Renate Reschke, Marco Brusotti (Hrsg.), ≫Einige werden posthum geboren≪. Friedrich Nietzsches Wirkungen, Berlin/Boston, 2012, pp. 64-65 참조.

62) 조르주 캉길렘, 「정상적인 것과 병리적인 것」, 『명에 대한 인식』, 259쪽; Georges Canguilhem, *The Normal and the Pathological,* in: Knowledge of Life, Edited by Paola Marrati and Todd Meyers Translated by Stefanos Geroulanos and Daniela Ginsburg, Fordham University Press, New York, 2008, p. 132.

63) 조르주 캉길렘, 「정상적인 것과 병리적인 것」, 『생명에 대한 인식』, 257쪽.

과이며, 이는 결국 다른 존재방식으로 드러난다. 이렇듯 병이 생명력의 변화를 표현하는 생명의 수단인 한, 그것은 철학적 · 의학적 탐구의 대상, 다시 말해 건강과 병을 실존철학적이고 가치론적으로 고찰하는 의철학의 탐구 대상일 수밖에 없다.[64] 생명은 삶의 근원이기 때문에 삶의 한계는 곧 생명의 한계이다. 그리고 생명력은 매 순간 한계를 넘어서는 힘으로 작용하며 삶을 변화시키는 존재 방식의 변화, 즉 삶의 가치의 문제로 나아간다. 이 점은 건강과 병의 의미를 가치론적으로 평가하는 니체철학의 의철학적 특징을 부각시켜준다.

이러한 의미에서 "가치 평가란 하나같이 특정한 양의-힘(bestimmte Kraftmenge)의 귀결이요, 그것을 어느 정도 의식하고 있는가 하는 정도의 귀결이다"[65]라는 니체의 말처럼, 경계에 선 인간이 위버멘쉬적인 삶의 방식을 선택하기 위해서는 마땅히 그 안에 자기 자신을 극복할 수 있을 만큼의 "특정한 양의-힘"이 있어야 한다. 의철학적인 관점에서 그가 건강한지 병에 들었는지를 평가할 수 있는 기준 역시 그가 추구하는 "특정한 양의-힘"이다. 이러한 사실은 니체와 캉길렘, 즉 철학과 의학이 한 인간의 건강과 병을 해명함에 있어 공유할 수 있는 실존적 · 의학적 특징이기도 하다.

또한 이와 반대로 그 인간이 위버멘쉬로의 삶을 선택했다고 해서 그가 영원토록 정상적이고 건강하다고 섣불리 평가할 수 없다. 그 이유는 그 역시도 언젠가 다른 선택을 할 수도 있기 때문이다. 위에 인용된 캉길렘의 글에서 "건강을 특징짓는 것은 규범들의 변동을 허용할 수 있는 역량이다"라는 말은 니체에게도 잘 부합된다. 위버멘쉬로서의 삶을 선택한 인간이 언젠

64) Welsh Talia, *Many Healths: Nietzsche and Phenomenologies of Illness*, in: Frontiers of Philosophy in China 3 (11), Brill verlag, Leiden, Netherlands, 2016, p. 349 참조.

65) 니체, 『유고(1884년 초~가을)』, 25[460], 정동호 옮김, 책세상, 2004, 176쪽.

가 마지막 인간으로서의 삶을 선택하고 싶은 혼란에 빠지게 되었을 때, 그의 건강성은 스스로의 방황을 인정하고 기존의 선택을 유지시킬 수 있는 역량을 통해 다시 보증된다. 니체와 캉길렘, 철학과 의철학적 관점에서 볼 때, 수많은 욕구와 욕망, 충동과 본능, 감정과 의지를 내포한 인간의 삶에서 건강은 매 순간 병을 넘어서고자 하는 생명력, 즉 "역량(capacity)"에 의한 결과이다. 아래의 글에서 확인할 수 있는 것처럼, 캉길렘이 제시하는 "역량"과 더불어 "과감함"은 니체의 철학에서는 자기 자신을 극복할 수 있는 "용기"[66]와 의미상 다르지 않다.

> 건강은 생성체(le corps produit)라는 표현처럼 이중적 의미에서 겪는 보증, 즉 무릅써야 할 위험과 과감함에 대한 보증이다. 그것은 최초의 역량을 넘어설 수 있는 역량, 처음에는 가능해 보이지 않던 것을 할 수 있게 해주는 역량에 대한 느낌이다.[67]

그렇기 때문에 철학자 니체에게 있어 무엇보다 중요한 것은 자기 자신을 극복하는 위버멘쉬로의 선택이 아니라, 그 선택을 결정하게 하는 내면의 원리, 즉 의지로 표출되는 그의 생명력이 건강의 가치를 향하도록 정신을 일깨우는 작업이었다. 그래야만 실존적 병의 삶으로부터 다시 건강해질 수 있는 변화의 가능성을 철학적으로 확보할 수 있기 때문이다. 니체는 이 작

---

66) 니체, 『차라투스트라는 이렇게 말했다』, 「환영과 수수께끼에 대하여」, 1, 262쪽. 니체에 의하면 "건강함과 병약함(Gesundheit und Krankhaftigkeit)"을 구분하는 척도는 병을 건강의 자극제로 긍정할 수 있는지의 여부에 달려 있다. 그리고 그 조건에는 "용기"도 포함되어 있다. "건강함과 병약함: 주의하라! 척도는 언제까지나 몸의 개화(die Efflorecenz des Leibes), 정신의 도약하는 힘, 용기, 그리고 즐거움이다"(니체, 『유고(1885년 가을~1887년 가을』, 2[97], 134쪽).

67) 조르주 캉길렘, 「건강: 통속적 개념과 철학적 질문」, 『캉길렘의 의학론: 자연, 질병, 건강, 치유, 유기체와 사회에 대하여』, 55쪽.

업을 실현하기 위해서 건강과 병을 유기적이고 연속적인 과정으로 규정했으며, 그의 철학의 후기에 이르러 베르나르의 생리학을 인용했던 것이다.

2) 건강한 실존에 대한 니체와 캉길렘의 철학적 · 의철학적 관점

하지만 철학자로서의 니체는 마땅히 생리학자인 베르나르와 의철학자인 캉길렘과는 달리 생명의 생명력과 그 활동을 "힘에의 의지", 다시 말해 건강을 향한 의지이자 병을 극복하고자 하는 의지로 제시하며 건강과 병의 문제를 철학적 · 실존적 영역으로 구체화하고 확장한다. "'의지'는 우리의 모든 열정을 결합하기 위한 개념이다. 열정은 우리가 육체(der Körper)에 귀속시키지 않는 어떤 육체적인 상태들을 지탱하기 위한 느낌들이다."[68] 이 글을 통해 확인할 수 있는 것처럼, 니체는 의지를 육체의 직접적인 활동에 귀속시킬 수는 없지만, 건강 혹은 병과 같은 특정한 육체의 상태를 지탱하기 위한 생명의 활동, 즉 생명력으로 규정하고 있다. 그래서 니체는 자신의 삶에 사랑과 열정을 다하는 의지의 활동을, 즉 "삶에의 의지와 건강에의 의지"[69]를 포괄하는 힘에의 의지를 생명체의 생명력이자 인간의 존재론적 원리로 규정하는 것이다.

생명의 생명력으로 대변되는 의지의 활동과 변화로 인해서 인간은 건강 혹은 병과 같은 특정한 삶의 양태에 고정될 수 없다. 사실 니체는 자신의

---

68) 니체, 『유고(1882년 7월~1883/84년 겨울)』, 박찬국 옮김, 책세상, 2005, 9[39], 461쪽.

69) 니체, 『이 사람을 보라』, 「나는 왜 이렇게 현명한지」, 2, 334쪽.

철학에서 "철학적 의사(ein philosophischer Arzt)"[70]로서 병든 실존의 삶을 치유하는 철학자의 역할을 할 뿐, 치유될 수 없는 실존을 제시하지 않는다. 니체의 이러한 생각은 본질적으로 건강과 병이 다른 힘을 욕망하는 의지에 의한 결과로서 각각 다른 양태의 삶이라는 사실을 토대로 한다. 그리고 캉길렘의 사상은 건강과 병, 정상과 병리에 대한 니체의 철학적 의학을 의학적 관점에서 지지해주는 역할을 해준다. 이러한 의미에서 캉길렘은 병이란 건강의 결여가 아니라 오히려 "생명의 새로운 표현(neue Lebensäußerungen)"[71] 혹은 "변화된 삶의 방식(eine veränderte Lebensweise)"[72]으로 인정되어야 한다고 말한다. 그리고 그는 이러한 내용을 다음과 같이 종합한다. "병적인 상태도 역시 또 하나의 삶의 방식이다."[73] 캉길렘의 이러한 문제의식은 병과 고통의 의미와 가치평가 및 가치전환에 대한 니체의 문제의식과도 연관을 가진다.

> 질병 연구의 관심이 무엇이건, 그것이 질병의 변이에 관한 것이건 질병의 경과에 관한 것이건 아니면 결과에 관한 것이건, 그러한 관심으로 인해 인간의 경험에서 질병의 역할과 의미를 이해하고자 하는 시도를 소홀히 해서는 안 된다.[74]

건강과 병은 생명체만이 경험할 수 있는 존재론적 특징이자 특권이다. 또한 건강과 병은 인간만이 긍정과 부정으로 인식할 수 있는 실존적 사태

---

70) 니체, 『즐거운 학문』, 「서문」, 2, 27쪽.

71) 조르주 캉길렘, 『정상과 병리』, 116쪽.

72) Georges, Canguilhem, *Das Normale und das Pathologische*, herausgegeben von Wolf Lepenies und Henning Ritter, übersetzt von Monika Noll und Rolf Schubert, München 1974, p. 57.

73) 조르주 캉길렘, 『정상과 병리』, 238쪽.

74) 조르주 캉길렘, 「건강: 통속적 개념과 철학적 질문」, 『캉길렘의 의학론: 자연, 질병, 건강, 치유, 유기체와 사회에 대하여』, 40쪽.

이다. 인간은 마땅히 건강을 소중한 가치로 인식한다. 하지만 병의 가치에 대해서는 다르게 생각한다. 중요한 것은 인간은 오히려 병을 통해서 자신의 삶과 보다 깊이 있게 관계하게 된다는 사실이다. 그렇기 때문에 병은 생명의 현상에서 결코 제거될 수도, 제거되어서도 안 되는 존재론적인 조건인 것이다. 병에 대한 의학적 · 실존적 가치는 지금은 건강하지만 그 언젠가 병에 걸려 고생해본 적이 있는 사람이 그 경험으로 인해서 자신의 삶에 무감각해질 수 없다는 사실에서 보다 분명해진다.

이렇듯 건강과 병은 의학적 문제이자 철학적 · 실존적 문제이기도 하다. "질병을 단순히 통증이나 행동의 축소만이 아니라 상실이나 평가절하로 경험한다는 사실은 질병 자체를 구성하는 요소의 하나로 간주되어야 한다."[75] 건강과 병은 한 사람의 몸에서 발생하는 생명의 다른 현상이자 생명력의 다른 활동, 나아가 삶의 또 다른 양태를 대변해준다. 즉 건강과 병은 생명을 가진 인간이라는 존재자가 경험하는 각각의 존재양태인 것이다.

니체는 자신의 철학에서 모든 존재의 생명과 생명력의 원리를 힘에의 의지로 규정한다. 그리고 이 개념은 건강과 병의 원리에 적용되어 '건강에서 병으로의 하강' 혹은 '병에서 건강으로의 상승'의 변화가능성, 다시 말해 병을 다시 건강해질 수 있는 실존적 기회의 조건으로 규정하는 존재론적 원리로서의 역할을 하게 된다. 이와 관련하여 건강과 병을 생명 안에 내재한 규범으로 규정하며, 병을 건강의 과정으로 이해하는 캉길렘의 사상은 니체의 철학에 담긴 의철학적 특징을 드러내게 해주는 역할을 한다.

니체와 캉길렘, 두 사상가 사이에 공유되는 생명과 생명력은 인간의 자연성으로 대변되며, 이러한 존재론적 토대 위에서 건강과 병은 결코 생명의 규범을 벗어난 것일 수 없다. 아래와 같은 캉길렘의 글은 매 순간 새로워지

---

75) 같은 글, 39쪽.

는 건강을 위해 마땅히 이 건강은 지속적으로 포기되고 다시 확보되어야 한다는 "커다란 건강"의 내용을 연상시킨다. 건강과 병은 자연의 균형과 조화의 원리를 벗어날 수 없다. 오히려 균형은 이 두 요소의 투쟁에 의해 유지되고 보존된다. 힘에의 의지의 특성을 염두에 두고 있는 니체의 짧은 이 문장은 이러한 사실을 보증해준다. "균형의 수단으로서의 투쟁."[76] 아래의 글에서 확인할 수 있는 캉길렘의 말처럼, 병이 인간 전체일 수밖에 없는 이유는, 병이 인간 실존의 문제이기 때문이다. 건강한 실존은 바로 건강과 병으로 대변되는 생명력의 균형에 의해 유지된다.

> 자연은 인간의 내부에서나 외부에서나 조화롭고 균형이 잡혀 있다. 이 균형과 조화의 장해가 질병이다. 이 경우 질병은 인간의 어느 한 부분이 아니다. 질병은 인간 전체 속에 있으며, 또한 질병은 인간 전체이다. […] 질병은 단순히 불균형이나 부조화일 뿐만 아니라 또한 그 무엇보다도 새로운 균형을 얻기 위해 인간 내부에서 시도하는 노력이다. 질병은 치유를 목적으로 하는 일반화된 반응이다. 유기체는 회복하기 위해 질병이 된다.[77]

이렇듯 캉길렘에 의하면 생리학과 병리학, 정상과 병리, 건강과 병은 베르나르의 견해와 달리 생명이라는 존재론적인 규범, 즉 "생물학적 규범

---

76) 니체, 『유고(1885년 가을~1887년 가을)』, 1[31], 19쪽.

77) 조르주 캉길렘, 『정상과 병리』, 55쪽. 또한 이 글은 육체의 자연성에 대한 가다머의 견해를 연상시키기도 한다. "우리는 스스로 자연의 일부가 됨으로써만, 그리고 자연에 의해 유지됨으로써만 자연에 저항할 수 있다"(한스 게오르크 가다머, 『철학자 가다머, 현대의학을 말하다』, 이유선 옮김, 몸과 마음, 2002, 185쪽; Hans-Georg Gadamer, *Über die Verborgenheit der Gesundheit*, Frankfurt am Main, 2010, p. 148).

성"[78]에 의해 발생하는 사건이다. 그렇기 때문에 캉길렘은 병을 유해하고, 바람직하지 않으며, 사회적으로 가치가 낮다는 등 "부정적 가치를 품는 비가치"로 폄하함으로써 병 자체를 부정하는 공통적인 잠재적 가치평가를 부정한다.[79] 또한 "생물학적 평균치"[80]를 바탕으로 평균으로부터의 일탈을 병(병리)으로 규정하는 등 실증주의적으로 통계화될 수도 없다.

그래서 그는 병리학을 생리학의 연장으로 이해하는 베르나르의 견해를 따를 수 없었던 것이다. 생명이라는 본질적인 전체 규범 속에서 건강과 병으로 발생하는 유기적 규범은 생명력의 소극적 양태일 수 없다. 건강도 병도 생명의 생명력에 의해 유기체의 규범이 전환된 사태일 뿐이다. 그리고 니체가 중요하게 생각하는 생명, 생명력, 자연성 역시도 비록 철학적이기는 하지만, 이러한 의철학적 사실로부터 벗어나 있지 않다.

> 질병, 즉 병리적 상태는 규범의 상실이 아니라, 생명상 열등하거나 가치가 저하된 규범에 의해 규제되는 생명의 형세이다. 그 규범이 열등한 이유는 이전의 자신의 것이었고, 다른 생명체들에게는 여전히 허용된 생활양식에 능동적이고 손쉽게 참여하는 것, 자신감과 확신을 낳는 방식으로 참여하는 것을 그 생명체에게 금지하기 때문이다.[81]

생명의 생명력과 그 활동이 유지하는 자연적인 규범을 기준으로 건강과 병은 비로소 그 자체로 긍정된다. 그리고 캉길렘 역시 마치 니체와 같이 "몸(der Leib)"의 중요성을 주장한다. 건강과 병의 의미와 가치를 규명함에 있

78) 조르주 캉길렘, 『정상과 병리』, 237-238쪽 참조.

79) 같은 책, 134쪽.

80) 같은 책, 161쪽.

81) 조르주 캉길렘, 「정상적인 것과 병리적인 것」, 『생명에 대한 인식』, 258쪽.

어 몸의 중요성을 인식하는 것은 철학적이지도, 의학적이지도, 의철학적이지도 않다. 오히려 그 모든 관점에서도 부정할 수 없는 사실이며 인정될 수 밖에 없는 조건이다. "건강이 주어진 몸의 상태일 때, 건강은 몸의 상태가 선천적으로 변질되지 않았다는 증거다. 몸은 그 존재를 통해 자신의 가능성을 입증한다. 몸의 진리는 안전하다."[82)]

캉길렘의 이 말처럼, 건강은 한 인간의 내적인 생물학적 기관과 외적인 실존의 삶이 생명의 규범, 즉 질서를 유지하며 살아갈 수 있는 상태를 의미한다.[83)] 그리고 이때 "몸의 진리"는 건강이 병에 대항하여 다시 새로운 생명의 규범을 회복하려는 지속적이고 역동적인 욕구이다.[84)] "건강은 활동하고 있는 몸의 지위를 생명의 단위로서 드러내는 최초의 표현이며, 몸이 가진 여러 장기의 토대다."[85)] 그리고 병은 이 질서가 유지되고 있지 않다고 생명의 규범이 보내는 신호이자 몸의 상태가 드러내는 증거이다. 몸의 이러한 특성은 건강 및 병과 더불어 생명을 가진 유기체로서의 인간을 존재론적으로 규정해주는 철학적 · 의학적 토대로서의 역할을 해준다. 이러한 몸이 생물학적 물질에 병이 발생한 "계산적 대상"[86)]일 수 없음은 당연하다.

---

82) 조르주 캉길렘, 「건강: 통속적 개념과 철학적 질문」, 『캉길렘의 의학론: 자연, 질병, 건강, 치유, 유기체와 사회에 대하여』, 54-55쪽.

83) 다음의 글도 함께 참조하자. "인간은 다수의 규범을 수용할 수 있을 때, 정상 이상일 때에만 진정으로 건강하다. 건강의 척도는 이전과는 다른 새로운 생리학적 질서를 수립하여 유기체의 위기를 극복할 수 있는 어떤 능력이다. 농담이 아니라 건강은 질병에 걸릴 수 있고, 이로부터 회복될 수 있다는 의미에서 사치이다. 반대로 모든 질병은 다른 질병들을 극복할 수 있는 능력의 축소를 의미한다"(조르주 캉길렘, 「정상적인 것과 병리적인 것」, 『생명에 대한 인식』, 259쪽).

84) 조르주 캉길렘, 『정상과 병리』, 58, 249쪽 참조.

85) 조르주 캉길렘, 「건강: 통속적 개념과 철학적 질문」, 『캉길렘의 의학론: 자연, 질병, 건강, 치유, 유기체와 사회에 대하여』, 56쪽.

86) Georges Canguilhem, *Gesundheit - eine Frage der Philosophie*, Herausgegeben und übersetzt von Hennig Schmidgen. Dressler, Berlin, 2005, p. 61.

> 몸은 독특한 존재다. 왜냐하면 몸은 건강을 몸을 이루는 능력들의 성질을 표현하며, 살아 있는 몸은 부과된 과업 아래에서, 따라서 선택의 여지가 없는 환경에 노출되어 살아야 하기 때문이다. 살아 있는 인간의 몸은 이러한 능력들과 그 실행, 그리고 그 한계를 평가하고 그것을 자신에게 제시할 수 있는 역량을 갖춘 존재가 가진 능력들의 총체다. 몸은 주어진 것인 동시에 생산물이다. 몸의 건강은 상태인 동시에 질서다.[87]

생명과 생명력의 활동을 반영하는 자연적인 몸의 존재론적인 조건 속에서 건강과 병이 그 자체로 고정된 것일 수 없다는 사실은 명확하다. 그리고 니체와 캉길렘은 생명을 가진 유기체에 내재된 규범 혹은 존재론적인 원리에 대한 비슷한 철학적 · 의철학적인 관점을 바탕으로 병의 의미와 가치를 소홀히 대하지 않는다. 병은 건강을 매 순간 새롭게 만들어주는 존재론적인 조건이자 다시 건강해질 수 있도록 생명을 자극하는 힘, 즉 생명력이다. 이에 대해 캉길렘은 다음과 같이 말한다. "병의 위협(die Drohung)은 건강의 구성요소 가운데 하나이다."[88]

또한 건강과 병이 그 자체로 존재할 수 없다는 니체와 캉길렘의 견해는 새로운 건강의 조건을 병으로 이해하고 있다는 사실을 보증해준다. "커다란 건강"[89]의 원리가 병을 다시 건강해질 수 있는 기회로 보증해주는 방법론적 개념이라면, "새로운 건강"[90] — 캉길렘에 의하면 "새로운 정상성" — 은 이 원리가 추구하는 목적인 것이다. 아래의 글에서 확인할 수 있는 것처럼, 캉

87) 조르주 캉길렘, 「건강: 통속적 개념과 철학적 질문」, 『캉길렘의 의학론: 자연, 질병, 건강, 치유, 유기체와 사회에 대하여』, 53쪽.

88) Georges Canguilhem, *Das Normale und das Pathologische*, p. 202.

89) 니체, 『즐거운 학문』, 382, 392쪽.

90) 같은 책.

길렘도 니체와 동일한 단어와 의미에서 "새로운 건강"을 사용하고 있다는 것은 이 두 사상가가 학문적으로 공유할 수 있는 부분이 있음을 보다 명확하게 드러내준다.

> 건강하다는 것은 질서 있는 방식으로 행동할 수 있다는 것이다. 건강은 이전에 실현 가능했던 몇 가지가 불가능해져도 존재할 수 있다. 그러나 새로운 건강은 이전의 건강과 똑같지 않다. 이전의 정상성에서 그 내용의 정확한 결정이 독특한 것이었던 것과 마찬가지로, 새로운 정상성에서 그 내용의 변화가 눈에 띈다. 이것은 결정된 내용을 갖는 유기체라는 우리의 개념에서 보면 자명한 것이다.[91]

지금까지의 논의를 바탕으로 캉길렘은 건강과 병이 그 자체로 존재할 수 없다는 사실을 드러내며 다음과 같이 말한다. "그 자체가 정상적인 사실, 또는 병리적인 사실이란 존재하지 않는다. 이상이나 돌연변이가 그 자체로서 병리적인 것은 아니다. 그것들은 생명에 대한 다른 가능한 규범이다."[92] 그리고 그의 말은 이미 니체의 입을 통해서 다음과 같이 제시되었다. "건강 그 자체란 존재하지 않는다(eine Gesundheit an sich giebt es nicht)."[93]

---

91) 조르주 캉길렘, 『정상과 병리』, 202쪽.

92) 같은 책, 155쪽.

93) 니체, 『즐거운 학문』, 120, 195쪽. "건강 그 자체, 특히 모든 사람에게 구속력을 가지고 일반적으로 통용되는 영혼의 건강과 같은 덕은 존재하지 않는다"(Wilhelm Perpeet, *Gesundheit,* in: Joachim Ritter (Hrsg.), Historisches Wörterbuch der Philosophie Bd. 3, Basel 1974, p. 560).

5.
관계를 사유하는 학문으로서의 철학과 의학

의학은 병의 치료를 목적으로 한다. 그리고 그 과정에서 병에 대한 인식은 필수적이다. 하지만 병은 건강과 관계를 맺을 수밖에 없기 때문에 필연적으로 변화로 설명될 수밖에 없다. 생명체의 이러한 유기적인 변화는 건강과 병의 관계를 생명력의 활동으로 맺어준다. 니체가 인간 안에 내재한 생명력의 활동을 설명하며 사용하는 개념 "생기(Geschehen)"[94]는 이 변화가 생명 안에 내재한 자연의 활동임을 보증해준다. 인간은 생명이며 그 안에 내재한 생명력의 활동은 그가 이성적 존재임에도 불구하고 그 이면은 자연일 수밖에 없다는 사실을 증명해준다. 생명과 죽음도, 건강함과 병듦도, 생기와 시듦도 이러한 자연의 원리 그 자체이기 때문에, 자연은 과학을 필요

94) "우리의 유기체를 생기의 완전한 비도덕성 내에서 연구하는 것이 바람직한 활동이다. […] 동물적 기능들이야말로 아름다운 모든 상태나 의식의 높이보다 원칙상 백만 배나 중요하다. […] 동물적 근본기능들의 수단[영양섭취와 상승의 수단(Ernährungs-Steigerungsmittel)]을 가능한 한 완전하게 하는 데 봉사한다: 그중에서도 특히 삶을 상승시키는 수단을"(니체, 『유고(1887년 가을~1888년 3월)』, 11[83], 백승영 옮김, 책세상, 2005, 334쪽).

로 하지 않는다. 자연의 원리를 설명하는 인간적인 방식이 과학적일 뿐이다.

자연은 본질적으로 "생성(Werden)"[95]하는 자연이며, 인간 역시 생성하는 대지의 자연적인 원리를 공유하는 자연의 일부이자 자연 그 자체이다. "생명체를 발견할 때마다 나는 힘에의 의지도 함께 발견했다"[96]는 니체의 말에서 생명체가 살아가고자 하는 이 힘을 대하는 과학적인 관점과 태도가 바로 의학이다. 모든 생명체 안에 내재한 이 생명력을 자연으로 인식한다면 병, 고통 심지어 죽음까지도 자연스러워진다. 하지만 인간은 수많은 동식물과 같은 생을 살아갈 수 없다. 그렇기 때문에 인간은 이 생명력의 자연에 발생한 문제들을 탐구하고 치료하며 보완함으로써 극복하고자 하며, 그 결과 의학은 인간의 생명 현상에 과학적으로 개입하게 된다.

하지만 인간은 그 방식을 필요로 할 수밖에 없다. 그 이유는 생명에 발생한 문제를 극복한 과학적 의학이 건강과 병을, 다시 말해 생의 근본적인 조건이자, 니체의 개념에 적용한다면 "삶에의 의지(der Wille zum Leben)"[97]의 가능성으로서의 병을 극복하고 건강을 유지해주기 때문이다. 나아가 삶에의 의지는 "힘에의 의지(der Wille zur Macht)"일 뿐이며,[98] 또한 힘에의 의지로부터 삶에의 의지가 의식적으로 표출되어야만 한다는[99] 니체의 주장처럼, 삶은 인간 안에 내재한 힘에 의해 전개되며, 의학은 이 힘의 변화를, 다시 말해 건강과 병을 과학적으로 탐구하며 인간의 생명과 생명력을 이해한다. 생명의 생명력에 대한 의학적 탐구와 분석에 철학이 결여된다는 것은 곧 이 힘(생명

95) 니체, 『유고(1885년 가을~1887년 가을)』, 7[54], 380쪽; 니체, 『우상의 황혼』, 「내가 옛 사람들의 덕을 보고 있는 것」, 4, 202쪽; 니체, 『유고(1887년 가을~1888년 3월)』, 11[99], 343쪽 참조.

96) 니체, 『차라투스트라는 이렇게 말했다』, 「자기극복에 대하여」, 194쪽.

97) 니체, 『이 사람을 보라』, 「나는 왜 이렇게 현명한지」, 2, 334쪽.

98) 니체, 『유고(1882년 7월~1883/84년 겨울)』, 5[1], 1, 245쪽.

99) 니체, 『유고(1888년 초~1889년 1월 초)』, 15[20], 262쪽.

력)과 이로부터 발생하는 건강과 병에 대한 실존적 관점의 결여를 의미할 뿐이다.

삶의 가장 근본적인 조건으로서의 건강과 병은 철학과 의학의 문제의식이며 동시에 각각의 학문이 추구하는 하나의 가치이다. 건강과 병은 병원의 안과 밖을 따지지 않는 그 자체로 가장 본질적인 가치인 것이다. 중요한 것은 건강과 병이 삶의 가치라는 사실이다. 건강과 병은 삶과 관계하지 않을 수 없기 때문에 실존의 가치일 수밖에 없다. 병의 치료는 다시 건강하고 행복해지기 위함이기 때문이다. 그렇기 때문에 병원은 병을 치료하는 곳임과 동시에 고통으로부터 해방되어 다시 행복해지고 싶어 하는 병자가 자신의 삶을 기대하는 곳이기도 하다. 그리고 의사는 치유하는 자로서 항상 병과 관계한다. 하지만 엄밀하게 말해 그는 항상 병으로 고통받는 사람과 관계한다. 다시 말해 의사는 병의 고통으로 인해 자기 자신뿐만 아니라, 자신과 관련한 모든 것들을 불안과 두려움 속에 인식하는 병자의 실존과 관계한다. 이렇듯 의사는 항상 인간의 실존과 만난다.

모든 학문은 관계를 사유한다. 하지만 철학과 의학이 사유하는 관계는 사뭇 다르다. 이 두 학문은 삶의 다양한 문화적 토대가 아니라 '인간 그 자체'를, 다시 말해 그 안에 내재한 생명력의 활동과 이로부터 발생하는 건강과 병 등, '생명의 자연'을 사유하며 보다 본질적으로 인간과 관계한다. 만약 신이 존재한다면, 그가 유일하게 자신을 대변하도록 허락한 학문이 의학일 것이다. 그럼에도 그는 결코 철학이 없는 의학은 허락하지 않을 것이다. 이렇게 보면 의학은 신을 넘어서는 시도가 아니라, 오히려 '신의 뜻을 전하는 학문'으로 인식되기도 한다. 만약 의학이 철학으로부터 멀어진다면, 결과적으로 신으로부터도 멀어질 수밖에 없을 것이다. 의학이 신의 창조물인 인간과 관계하는 학문이 되기 위해서는 인간의 존재론적 조건과 더불어 그의 생명 속에서 발생하는 다양한 생명력의 현상에 대한 실존적 관점과 철학적 성찰이 필요하다.

그리고 인간을 사유한다는 것은 곧 그가 그 자신으로서 존재하고 고유한 자기 자신으로서 살아가는 전체 실존을 사유한다는 것을 의미한다. 건강과 병은 인간 실존의 가장 본질적인 조건인 것이다. 그리고 삶의 질이 중요해지는 오늘날 건강과 병이라는 가치는 더욱더 인간의 실존과 깊이 관계하게 된다. 철학과 의학이 인간을 바라보는 본질적인 관점과 사유할 수 있는 방식은 곧 그의 실존을 숙고하는 것이다. 건강과 병은 인간의 육체에 발생하는 문제임과 동시에 자기 자신과 자신의 삶에 대한 정신적 불안과 두려움을 동반하는 고(苦)와 통(痛)의 문제이기 때문에 실재하는 아픔과 존재하는 괴로움을 모두 포괄하는 실존의 문제이다.

건강과 병은 존재하는 나 자신을 '실재'하는 것으로 인식할 수 있도록 해준다. 건강과 병은 철학의 문제임과 동시에 의학의 문제일 수밖에 없다. 그렇기 때문에 건강과 병을 사유하는 학문으로서의 철학은 인간의 실존을 초월하는 관념적 사유여서는 안 되고, 의학은 인간의 실존을 배제하는 기계적 사유여서는 안 된다. 만약 병이 실존의 위기로 인식될 때, 이 위기는 비단 철학의 문제일까? 철학은 병과 괴로움 속에 놓은 존재를 위로하고 의학은 그 아픔을 치료함으로써, 이 두 학문은 그 사이에 인간을 두고 '커다란 관계'를 맺게 된다. 건강과 병을 유기적 · 실존적 관계 속에서 사유하는 니체의 사상은 의철학이라기보다는 '의철학적'이며, 이러한 그의 사상적 관점은 건강과 병이 인간의 실존에 미치는 영향을 철학적으로 숙고해볼 수 있는 기회를 제공해준다.

힘에의 의지에 대한 건강철학적 해명(1):

존재와 생명 그리고 건강의 관점을 중심으로

1.
존재, 생명, 건강의 철학자 프리드리히 니체

니체가 자신의 철학 속에 제기했던 문제의식과 이를 수행하기 위해 창조했던 많은 철학적 개념들, 즉 "예술가-형이상학", "자유정신", "철학적 의사", "신의 죽음", "허무주의", "위버멘쉬", "힘에의 의지", "영원회귀와 운명애", "예술생리학", "모든 가치의 전도" 등은 그를 여러 명칭으로 명명할 수 있도록 만들어준다. 그는 신의 죽음을 선언했던 철학자이자 영원회귀를 설파했던 차라투스트라 그 자체이며 허무주의 시대에 건강한 실존의 삶을 살아가는 방법을 제시한 '삶의 철학자'이기도 하다. 또한 그는 세계를 이편과 저편으로, 인간을 육체와 영혼으로 분리해온 형이상학적 · 종교적 이원론을 부정한 '해체의 철학자'이기도 하고, 현실적 삶의 토대를 이편의 "대지(die Erde)"로 그리고 존재의 존재론적 토대를 "몸(der Leib)"으로 새롭게 규정한 '존재해명의 철학자'이기도 하다.

나아가 그는 신이 부재하는 "허무주의(Nihilismus)"의 세계에서 겪게 되는 의미상실과 실존적 공허함을 자기 존재의 변화를 자유롭게 선택할 수 있는 실존의 기회로 규정하는 "자유정신(der Freie Geist)"의 철학자이기도 하다. 그리고 다시 스스로 자기 삶의 고유한 의미를 창조해야만 하는 구체적인 현실의 삶 속에서 인간이 추구해야 할 건강한 실존유형으로서의 "위버멘쉬(Übermensch)"를 요청하며, 그의 실존적 건강의 원리를 긍정과 극복으로 제시하는 '자기극복의 철학자'이기도 하다. 마지막으로 그는 자신의 모든 철학적 문제의식을 비극적 고통 속에서도 단념하지 않는 존재의 명랑성을 제시하는 '디오니소스의 철학자'이기도 하다.

이 모든 명칭들은 그의 철학적 시도 이면에 자리한 본질적인 의도로부터 도출되었다. 그의 철학의 본질적인 문제의식은 인간의 '실존적 건강'이었으며, 그의 철학적 시도는 실존적 병의 진단과 치유였다. 니체가 자신의 철학에 제시한 모든 개념들은 인간의 실존적 병을 치유하기 위한 진단기호이며, 그는 이 모든 기호들을 특정한 치유의 방법론으로 활용한다. 다시 말해 만약 니체의 치유의 방법론이 자유정신, 신의 죽음, 허무주의, 위버멘쉬, 영원회귀, 운명애, 예술생리학 등이라면, 이 모든 사상적 개념들을 보증해주는 건강의 원리는 "힘에의 의지"이다. 그는 '건강의 철학자'이다. '건강의 원리로서의 힘에의 의지'는 니체의 철학적 시도를 해명함에 있어 또 하나의 방법론을, 즉 병의 발생원인과 치유의 방법을 제시해주며, 그 사실이 증명된다면 그의 이러한 시도는 '건강철학(Gesundheitsphilosophie)'으로 명명될 수 있을 것이다.

니체는 "힘에의 의지(der Wille zur Macht)"를 "모든 변화의 마지막 근거이자 특성"[1]으로 규정한다. 변화와 그 원리를 보증하는 개념으로서의 힘에의 의지는 본질적으로 신의 상실감을 존재론적 결여가 아니라, 실존적 자기인식의 기회로 긍정하게 함으로써, "위버멘쉬"로서의 삶을 가능하게 하는 실

---

1) 니체, 『유고(1888년 초~1889년 1월 초)』, 14[123], 백승영 옮김, 책세상, 2004, 123쪽.

존적 예술의 원리, 즉 "자기 존재의 예술화"[2] 의 원리이다. 즉 힘에의 의지는 인간 안에 내재한 그 자신의 심리 · 생리적 힘과 의지를 통해 삶을 마치 예술작품처럼 조형시켜나가는 실존의 원리이기 때문에 예술의 형식을 가질 수밖에 없다. 니체가 예술을 "힘에의 의지의 형태론"[3] 으로 규정하는 이유는 이 때문이다.

니체가 힘에의 의지를 존재의 원리로 제시하고 있는 이상, 이 개념은 존재, 생명, 건강의 원리에서 구체화될 때에 비로소 온전한 인간적인 의미를 가지게 된다. 즉 힘에의 의지는 인간을 변화의 주체이자 과정의 존재로 해명하는 '존재의 원리'이자 스스로를 예술적 창조의 대상이자 자신 안에 내재한 심리학적 · 생리학적 힘과 의지의 근거로서 인식하게 해주는 '생명의 원리'이며, 자기 실존의 건강을 자신으로부터 벗어난 가치로부터 도출하지 않고, 오직 그 자신으로부터 도출하는 '건강의 원리'이다.

이와 더불어 힘에의 의지는 고통스러운 지금을 치유함으로써 이 순간을 영원히 반복될 미래 속에 각인시키는 방법으로서 "영원회귀"를 긍정하게 만들어주는 '실존적 건강의 원리'이기도 하다. "병 속의 건강 그리고 건강 속의 병은 매 순간 힘에의 의지의 형식의 표어로서 기능한다"[4]는 라이헬(Norbert Reichel)의 말처럼, 니체는 힘에의 의지를 바탕으로 정신의 자유와 속박, 의지의 강함과 약함, 실존의 건강과 병을 진단한다. 이렇듯 니체의 철학에서 힘에의 의지는 인간을 존재, 생명, 건강의 관점에서 해명하기 위한 방법론적 토대이자 인간이 자기 자신과 관계하며, 자기 자신으로서 살아갈

2) Volker Gerhardt, *Philosophieren im Widerspruch zur Philosophie*, in: Nietzscheforschung, Bd. 15, Berlin, 2008, p. 269.

3) 니체, 『유고(1888년 초~1889년 1월 초)』, 14[72], 62쪽.

4) Norbert Reichel, *Der Traum vom höheren Leben. Nietzsches Übermensch und die Conditio humana europäischer Intellektueller von 1890 bis 1945*, Darmstadt 1994, p. 10.

수 있게 해주는 실존적 자기인식의 조건이다.

> 나는 출발점이 필요하다. 운동의 원인으로서의 '힘에의 의지'. 따라서 운동은 외부에 의해 조건 지어져서는 안 된다 — 촉발되어서는 안 된다. […] 나는 의지가 거기서 퍼져 나오는 운동의 단초와 운동의 중심들이 필요하다.[5)]

인간이 힘에의 의지의 존재인 한, "인식"은 이편의 대지세계와 그 세계를 살아가는 자기 자신과 삶의 실존적 조건일 수밖에 없다. 그렇기 때문에 인식은 힘에의 의지의 원리를 바탕으로 자신만의 고유한 삶의 의미와 행복의 조건이 오직 자기 자신일 수밖에 없음을 보증해주는 "관점주의"의 전제일 수밖에 없다. 인간이 힘에의 의지를 통해 인식활동을 하는 한, "물자체", "의미 자체", "뜻 자체", "사실 자체"는 존재할 수 없다. 그 이유는 그는 힘에의 의지를 통해 자기 자신을 포함하여 특정한 대상, 상황, 사건에 자신만의 고유한 의미를 먼저 부여하기 때문이다.

니체의 표현처럼, "그것은 무엇인가?(Was ist das?)"라는 물음은 존재할 수 없다. 오직 "그것은 나에게 무엇인가?(Was ist das für mich?)"라는 물음만이, 즉 힘에의 의지의 해석적 인식에 의한 물음만이 존재할 수 있을 뿐이다. 이렇듯 힘에의 의지는 인간을 자신 안에 내재한 힘을 온전히 반영하는 인식 · 관점 · 해석의 원리를 바탕으로 세계, 사회, 문명, 문화 등 모든 것들과 관계할 수밖에 없도록 만들어주는 '관계의 원리'이다.

> "물 자체"는 "의미 자체", "뜻 자체"와 마찬가지로 잘못된 것이다. "사

5) 니체, 『유고(1888년 초~1889년 1월 초)』, 14[98], 87쪽.

> 실 자체"는 존재하지 않는다. 어떤 사실이 있기 위해서는 항상 의미가 먼저 투입되어야 한다. "그것은 무엇인가?"는 다른 무엇에 의해 파악된 의미-정립이다. "본질", "실재"는 관점주의적인 것이며, 이미 다수를 전제한다. 그 밑바탕에는 항상 "그것은 나에게 (우리에게, 살아 있는 만물 등등에게) 무엇인가?"가 놓여 있다. […] 모든 사물들에 대한 자신의 고유한 관계와 관점을 가진 어떤 존재가 결여되어 있다고 전제한다면, 사물은 여전히 "정의되지" 않은 것이다.[6]

니체가 전통 형이상학과 종교 그리고 그 실천원리로서의 도덕을 해체하고자 했던 이유는, 바로 자기 존재의 원리이자 생명의 원리이며 건강의 원리인 '힘에의 의지의 망각' 때문이었다. '힘에의 의지의 상실'은 본질적으로 '자기 존재의 망각'에 의한 증상이기 때문에, 결국 이 증상은 생명으로서 자신의 인간적인 육체성, 즉 욕구, 욕망, 충동, 본능, 감정, 의지 등 자신의 자연성에 대한 망각일 수밖에 없다. 망각은 자기 자신과 관계하고 있지 않다는 사실에 대한 증명이기 때문에, 니체는 자기인식의 원리로서 힘에의 의지를 통해 형이상학적 · 종교적 이원론에 의한 자기 관계의 상실 증상을 치유하고자 했다.

이렇듯 니체의 철학에서 힘에의 의지는 '존재의 원리'에 국한되지 않는다. 이 개념은 존재의 원리를 심리 · 생리학적으로 구체화해주는 '생명의 원리'이자, 존재의 자연원리로서의 생명을 건강과 병의 관점에서 해명하는 '건강의 원리'이다. 이러한 의미에서 니체의 건강철학은 힘에의 의지를 바탕으로 인간이라는 존재의 토대와 인간으로서의 생명의 특징 그리고 인간이기 때문에 가질 수 있는 실존적 사유를 건강과 병의 관점에서 탐구하고 해명하

---

6) 니체, 『유고(1885년 가을~1887년 가을)』, 2[149], 이진우 옮김, 책세상, 2005, 171쪽.

는 철학적 방법론에 대한 명칭이다. 그의 철학의 건강철학적 특징은 힘에의 의지에 대한 세부적인 해명에 의해서 더욱 분명해질 것이다.

2.
존재, 생명, 건강의 원리로서의 힘에의 의지

1) 존재의 원리

힘에의 의지는 존재의 원리이다. "힘에의 의지"는 1880년 초, 인간 안에 내재한 변화의 원리를 대변해주는 개념 "힘의 느낌(Machtgefühl)"으로 제시된 이래, 1885년 힘에의 의지가 한 권의 저서를 위한 계획으로 구상된 후, 1888년 8월경에 포기되는 순간까지 변함없이 인간이라는 존재의 존재성을 해명하는 개념으로 제시된다. 그리고 『차라투스트라는 이렇게 말했다』에 이르러 힘에의 의지가 명확하게 하나의 개념으로 제시된 이후 등장하는 개념들, 즉 신의 죽음, 허무주의, 위버멘쉬, 예술생리학, 영원회귀, 운명애, 생성의 무죄, 모든 가치의 전도 등의 철학적 방법론들은 모두 힘에의 의지를 본질적인 원리로서 따르게 된다.

만약 니체가 힘에의 의지를 제시하지 않았다면, 그의 철학 속에서 "신의 죽음"은 과학적 · 합리적 사고가 지배적인 당시의 시대적 상황을 표현하는 표어에 지나지 않았을 것이다. 또한 "허무주의"는 그 시대를 살아가는 인간들의 삶을 진단하는 문화적 진단으로, "위버멘쉬"는 삶의 변화를 요청하는 철학적 인간학의 개념으로서의 역할만을 했을 것이다. 다시 말해 니체의 이 개념들이 서구정신사의 빈구석을 채우는 것이 아니라, 오히려 그 정신사를 진단하고 치유하는 시도를 할 수 있었던 이유는 바로 힘에의 의지가 전통 형이상학과 종교의 이원론적 세계질서와 인간해명에 직접적인 반기를 들고 재해석하는 철학적 방법론과 원리로서의 역할을 했기 때문이다.

형이상학과 종교가 그 실천원리로서의 도덕을 통해 세계를 변화시키고 그 변화에 인간을 동참시키고자 했다면, 니체는 반대로 인간을 통해 절대적이고 보편적인 가치들을 파괴하여 세계에 대한 관점과 자기 자신에 대한 인간의 인식을 변화시키고자 했다. 세계가 힘에의 의지에 의해 변화를 반복하는 '생성'세계라면, 인간 역시 힘에의 의지의 원리를 공유하며 변화를 거듭하는 '생기' 존재일 수밖에 없다. 대지에 발생한 병적인 관점과 인간의 삶에 발생한 실존적 병의 증상들은 모두 세계와 인간의 관계를 모순적으로, 다시 말해 형이상학적 · 종교적으로 규정해왔기 때문이었다. 세계와 인간을 존재론적 성찰을 통해 재해석한 결과 얻어진 힘에의 의지는 니체의 철학에서 세계와 인간, 사회와 인간, 문화와 인간, 학문과 인간, 예술과 인간, 삶과 인간, 건강과 인간, 병과 인간, 인간과 인간, 인간과 자기 자신(자기/das Selbst) 등 모든 관계를 재해석하는 존재의 원리로 작용한다.

세계를 바라보는 관점은 인간적이어야만 한다. 만약 그렇다면 인간의 인식 역시 인간적일 수밖에 없을 것이다. 힘에의 의지는 한 인간이 자기 자신일 수밖에 없도록, 나아가 모든 생명체가 생명일 수밖에 없도록 만들어주는 존재의 원리이다. "많은 것, 모든 것이 힘의 느낌을 주는 것처럼 행동하고 사유하기. '누구와도 같지 않은' — 이것은 힘의 느낌에 관한 징표이다."[7] 생

7) 니체, 『유고(1880년 초~1881년 봄)』, 10[E89], 최성환 옮김, 책세상, 2004, 572쪽.

명을 가진 모든 존재는 자신 안에 내재한 힘을 의지하고 실존의 변화를 위해 그 힘을 표출하며 살아간다. 그리고 그 어떤 생명도 자신의 힘에 만족하지 않고, 항상 더 큰 힘을 추구하며 살아간다. 나아가 생명체는 증대된 자신의 힘에 의해 세계와 삶을 바라보는 관점과 인식이 달라지는 것을 느끼게 된다. 즉 힘에의 의지의 변화, 즉 힘의 증대와 감소에 대한 느낌은 세계와 삶에 대한 인간의 관점과 인식을 긍정 혹은 부정으로 변화시키는 존재론적 조건이다.

> 인식은 힘의 도구로 일한다. 그래서 인식이 힘의 증대와 더불어 성장한다는 것은 자명하다. […] 다른 말로 하자면: 인식의지의 정도는 그 종의 힘에의 의지의 성장 정도에 달려 있다.[8)]

힘이 증대되면 생명체는 세계와 삶을 변화시킬 수 있다고 믿으며, 그 반대의 경우에는 자신보다 더 큰 힘을 가진 진리 및 존재를 형이상학적 · 종교적으로 의지하게 된다. 니체가 형이상학과 종교의 오랜 가치체계를 해체하는 이유도, 인간의 나약한 정신과 의지를 실존의 병으로 규정하는 이유도 이 때문이다. "생성의 무죄(die Unschuld des Werdens)"와 "모든 가치의 전도(die Umwertung aller Werte)"에 담긴 사상적 의미처럼, 힘에의 의지는 자신 안에 내재한 힘이 온전히 자신만의 것이며, 이 힘에 만족하지 않고 더 큰 힘을 추구하는 행위가 죄가 될 수 없고, 그 힘을 통해 자신의 삶과 관련한 관점과 인식이 변화될 수밖에 없다는 사실을 보증해준다.

이렇듯 힘에의 의지는 세계와 인간, 삶과 인간, 인간과 자기 자신 등 나를 둘러싼 모든 관계를 실존의 자유 속에서 규정해주는 '관계의 원리'이자

---

8) 니체, 『유고(1888년 초~1889년 1월 초)』, 14[122], 121쪽.

그 관계 속에서 스스로를 인식과 관점의 주체, 다시 말해 해석과 평가의 주체로서 모든 변화에 직접 참여하고 체험할 수 있게 해주는 '존재의 원리'인 것이다. 그리고 힘에의 의지가 발생시키는 존재의 변화 속에서는 그 무엇도 "그 자체(An sich)"로 주어질 수 없다. 아래의 글은 인간은 본질적으로 관계하는 존재이며, 관계를 인식하는 내적 원리가 힘에의 의지임을 잘 보여준다.

> 적합한 표현 수단을 요구하는 것은 무의미하다: '단지 관계만을 표현한다'는 것이 언어의 본질에 놓여 있으며, 표현 수단의 본질에 놓여 있다. […] '진리' 개념은 불합리하다. […] '참', '거짓'이라는 전 영역은 단지 존재들 사이의 관계에만 연관되는 것이지, '그 자체'와 연관되는 것이 아니다. […] 그 자체는 무의미하다: '인식 그 자체'가 있을 수 없는 것과 마찬가지로 '본질 그 자체'도 없다. 관계들이 비로소 본질을 구성하는 것이다.[9]

니체에 의하면 스스로를 힘에의 의지의 존재로 인식하지 못하는 인간은 자신이 관계하는 모든 가치들이 자신의 힘과 의지로 변화될 수 있다는 사실을 알 수 없다. 그의 말처럼, 인식은 "힘의 도구(Werkzeug der Macht)"[10]이기 때문에 "인식 그 자체"는 있을 수 없다. 인식은 오직 힘의 증대에 따라 긍정의 정신과 의지로 발산되며, 감소에 따라 부정으로 드러나게 된다. 만약 그 자체가 존재하게 된다면, 세계에 대한 관점과 자기 자신에 대한 인식은 고착화되고, 삶은 변화의 기회를 상실할 수밖에 없을 것이다.

인간은 본질적으로 "활동하는 존재(das wirkende Wesen)"이며, 이 활동의

---

9) 같은 책, 14[122], 122쪽.

10) 같은 책, 14[122], 121쪽.

원리는 나를 강제하는 힘과의 "관계"에서 나의 힘을 부각시키고 증대시키고자 하는 "의지의 자유(Freiheit des Willens)"이다.[11] 이렇듯 힘에의 의지는 자신의 의지로 자유롭게 삶을 변화시킬 수 있음을 철학적 · 존재론적으로 보증해주는 개념이다. 그래서 니체는 이 원리에 의해 "변화는 정지하지 않는다"[12]라고 단언하는 것이다. 니체는 인간 존재의 변화를 가능하게 하는 힘에의 의지의 활동을 "해석(Interpretation)"이라는 구체적인 활동으로 제시하기도 한다.

> 힘에의 의지는 해석한다: 어느 기관의 형성에서 중요한 것은 해석이다. 그것은 등급과 힘의 차이를 구분하고 규정한다. 단순한 힘의 차이들(Machtverschiedenheiten)은 아직 그 자체로서 느껴질 수 없다: 거기에는 모든 다른 성장하고자 하는 그 무엇을 자신의 가치로 해석하는, 성장하고자 하는 그 무엇이 있어야 한다. 그 안에는 똑같이― ―실제로 해석은 그 무엇인가를 지배하기 위한 수단 자체다. (유기체적 과정은 지속적인 해석을 전제한다.)[13]

인간 인식의 조건이 "삶"일 수밖에 없는 한,[14] 그 원리는 자신 안에 내재한 힘과 의지일 수밖에 없으며, 실존적 변화의 과정은 내가 나만의 고유한 관점으로 세상을 이해하고자 하는 "해석"일 수밖에 없다. 위의 글에서 주목할 만한 사실은 니체가 힘에의 의지에 의한 해석의 과정을 "유기체적 과정(der organische Prozeß)"으로 제시하고 있다는 것이다. 이 사실은 힘에의 의지

---

11) 니체, 『유고(1884년 가을~1885년 가을)』, 14[122], 김정현 옮김, 책세상, 2004, 298-299쪽 참조.

12) 니체, 『유고(1888년 초~1889년 1월 초)』, 14[121], 119쪽.

13) 니체, 『유고(1885년 가을~1887년 가을)』, 2[148], 171쪽.

14) 니체, 『유고(1881년 봄~1882년 여름)』, 11[162], 안성찬 · 홍사현 옮김, 책세상, 2005, 487쪽.

가 존재의 원리임과 동시에 생명을 가진 생명체의 원리로 나아갈 수 있음을 보여준다. 또한 1885년 유고의 한 단편은 힘에의 의지의 해석 활동이 "정동(ein Affekt)"의 활동이라는 사실을 밝히며, 이 모든 과정이 내면의 감정을 통해 직접 변화를 느끼고 체험하는 "과정(ein Prozeß)"이자 "생성(ein Werden)"임을 밝히고 있다.[15] 즉 존재의 원리로서의 힘에의 의지는 인간 안에서 발생하는 욕구, 욕망, 충동, 본능, 감정, 의지 등 그 무엇도 배제하지 않고, 오히려 이 조건들을 생명의 육체적 자연성으로 긍정하며 인간 이해의 영역을 확장시켜 나간다.

이를 바탕으로 힘에의 의지가 '존재의 원리'이자 '변화의 원리'이며, 이 원리의 활동 속에서 인간은 '변화의 존재'일 수밖에 없다는 사실을, 나아가 실존적 변화를 가능하게 하는 추동력이 바로 쾌감을 주는 힘의 증대라는 사실을 확인할 수 있다. "모든 의미는 힘에의 의지다"[16]라는 니체의 말처럼, 인간의 실존적 변화는 '자신만의 고유한 삶의 의미가 있는지' 아니면 '나로부터 벗어난 절대적 · 보편적 의미를 추구하는지'의 여부에 따라 달라진다. 그리고 자신의 힘과 의지를 통해 획득하게 되는 전자의 경우만이 삶의 쾌감, 즉 삶의 의미와 행복을 동반하게 된다.

이렇듯 힘의 증대는 스스로 삶의 의미를 창조할 수 있는 근원이자 그 의미를 실재로 실현할 수 있다는 쾌의 감정이다. 그래서 니체는 다음과 같이 말하는 것이다. "쾌감은 특정한 힘의 느낌(ein Gefühl von Macht)이다: 아펙트들이 배제되면, 최고의 힘 느낌을 주는, 따라서 쾌감을 주는 상태가 배제되어버리는 것이다."[17] 이러한 특성을 바탕으로 힘에의 의지는 '쾌감을 향한

15) 같은 책, 2[151], 172쪽.

16) 같은 책, 2[77], 121쪽 참조.

17) 니체, 『유고(1888년 초~1889년 1월 초)』, 14[129], 132쪽.

의지(der Wille zur Lust)'로 명명될 수도 있다. 자신의 삶에서 도출한 이 쾌감으로 인해 형이상적 · 종교적 의미는 가치를 상실하게 되고 지금 이 순간의 삶은 비로소 영원을 향해 긍정된다. 이러한 의미에서 니체는 다음과 같이 명확하게 말한다. "쾌감이 없는 곳에는 삶도 없다; 쾌감을 위한 투쟁은 삶을 위한 투쟁이다."[18)]

힘의 증대를 쾌감으로 느끼는 의지 속에서 절대적 · 보편적 가치는 존재의 불쾌감을 유발하는 것일 수밖에 없다. 그럼에도 힘에의 의지의 존재는 자신만의 고유한 쾌감을 위해서 기꺼이 불쾌감을 극복해야만 한다는 사실을 이미 알고 있다. "힘에의 의지는 단지 저항에 당면해서만 자신을 표현할 수 있다; 이 의지는 자신에게 저항하는 어떤 것을 찾는다, — 이것이 원형질이 위족을 뻗쳐서 자신의 주위를 더듬거릴 때의 근본적인 경향이다."[19)] 니체의 이 말처럼, 저항으로서의 불쾌감은 쾌감을 위해 마땅히 긍정해야만 하는 실존의 조건일 뿐이다. 그리고 이 활동을 "원형질(das Protoplasma)"로 표현하는 니체의 의도로부터 확인할 수 있는 것처럼, 그는 힘에의 의지의 활동을 존재론적임과 동시에 생명의 근원적인 세포활동으로서의 생물학적인 특성으로 표현하기도 한다.

> 좋은 것은 무엇인가? — 힘의 느낌, 힘에의 의지, 인간 안에서 힘 그 자체를 증대시키는 모든 것. 나쁜 것은 무엇인가? — 약함(die Schwäche)에서 유래하는 모든 것. 행복이란 무엇인가? — 힘이 증가된다는 느낌, 저항이 극복되었다는 느낌.[20)]

---

18) 니체, 『인간적인 너무나 인간적인 I』, 104, 김미기 옮김, 책세상, 2001, 116쪽.

19) 니체, 『유고(1887년 가을~1888년 3월)』, 9[151], 박찬국 옮김, 책세상, 2002, 108쪽.

20) 니체, 『안티크리스트』, 2, 백승영 옮김, 책세상, 2002, 216쪽.

힘에의 의지는 인간의 내·외적인 모든 활동을 대변하고 보증해주는 생명의 개념이다. 니체는 힘에의 의지의 활동을 온전히 반영하는 생명의 생명력을 "극복(Überwindung)"으로 현실화시키기도 한다. 니체에게 있어 인간의 존재론적 원리가 힘에의 의지인 이상, 자신에게 쾌감을 주는 삶의 의미와 가치를 창조하기 위해서는 힘의 증대를 의지할 수밖에 없다. 그리고 그는 '힘의 증대'를 통해, 보다 구체적으로 말해 자기 내면의 '증대된 힘'을 직접적으로 체험하는 "힘의 느낌"으로 인해 비로소 상승하고 성장한 실존적 변화와 더불어 스스로 자신의 삶을 변화시킬 수 있다는 '자기 존재의 긍정'을 경험하게 된다.

삶에 대한 관점을 변화시키는 조건은 힘이지만, 그 이면에는 삶의 변화를 원하는 의지의 활동이 선행되어야만 한다. 인간과 삶의 변화를 위해 힘과 의지, 그리고 이를 자극하는 감정은 결코 분리될 수 없으며, 힘에의 의지는 이 요소들의 유기적인 결합을 보증해준다. 이러한 의미에서 니체가 형이상학과 종교의 이원론적 가치를 해체한 이유는, 절대적·보편적 가치들은 힘의 증대를 추구하는 인간의 감정과 의지를 억압하는 맹목적인 믿음을 요구하기 때문이었다.

> 내가 보기에는 삶 자체가 성장을 위한 본능, 지속을 위한 본능, 힘의 축적을 위한 본능, 힘을 위한 본능인 것 같다. [···] 내가 주장하는 바는 인류의 모든 최고 가치에 이런 의지가 결여되어 있다는 것 — 쇠퇴의 가치들이, 허무적 가치들이 그것을 가장 성스러운 이름으로 지배하고 있었다는 것이다.[21]

21) 같은 책, 6, 219쪽.

내가 그 누군가에게 의존하지 않은 채, 오직 자기 자신에 대해 만족함으로써 얻을 수 있는 존재의 쾌감, 즉 도취의 쾌감은 자신 안에서 증대된 힘의 느낌에 의해서이다. "도취라고 명명되는 쾌의 상태는 정확히 고도의 힘의 느낌(ein hohes Machtgefühl)인 것이다."[22] 하지만 이와 같은 힘의 증대는 '내가 나로서 존재하기를 원하는 의지', 니체에 의하면 자기극복이 전제되어야만 한다. 그래서 힘에의 의지는 본질적으로 "자기극복에의 의지"[23]인 것이다.

니체가 힘에의 의지를 통해 전하는 존재의 진리는, 삶은 쇼펜하우어적인 관조가 아니라, 직접 참여해야 하는 것이라는 사실이다. 이렇듯 힘에의 의지는 영원히 채워지지 않는 욕망에 대한 쇼펜하우어적인 좌절과 인정이 아니라, 채워질 수 없기 때문에 더 채우기 위해 욕구해야만 하고, 현재를 긍정하기 위해 지금 이 순간의 자신을 극복해야만 하는 존재의 본질이자 생명의 특성인 것이다. "인간은 극복되어야 할 그 무엇이다. 이것은 삶을 위대한 자기-극복으로 보는 가르침이다."[24] 니체의 이 말처럼, 인간은 자신의 삶을 평가하고 해석하며 변화시키는 유일한 존재이다.

> 자신을 극복하는 것으로서의 생성: 주체가 아니라 행위이며, 설정하는 것, 창조적인 것이지만 "원인과 결과"는 아니다. [···] 삶이 보여주는 모든 것, 전체 경향의 축약 공식으로 간주한다: 그러므로 "삶" 개념의 새로운 고착, 힘에의 의지로.[25]

---

22) 니체, 『유고(1888년 초~1889년 1월 초)』, 14[117], 111쪽.

23) Walter Kaufmann, *Nietzsche: Philosoph-Psychologe-Antichrist*, übersetzt von Jörg Salaquarda, Darmstadt 1982, p. 233.

24) 니체, 『유고(1882년 7월~1883/84년 겨울)』, 18[49], 박찬국 옮김, 책세상, 2005, 772쪽.

25) 니체, 『유고(1885년 가을~1887년 가을)』, 7[54], 380-381쪽.

힘에의 의지의 사상적 가치는 인간이 자기 자신을 긍정하고 극복하고자 할 때에, 즉 자신의 실존을 억압하는 고통 속에서도 기꺼이 삶을 변화시키고자 하는 "의지", 즉 "열정(Leidenschaft)"[26]을 발산할 때에 철학적 실천의 의미를 가지게 된다. 다음과 같은 짧은 문장은 이러한 의미에서 사상적 의미를 가지게 된다. "기계에 증기를 사용하듯 열정을 사용할 것. 자기-극복."[27] 니체에게 있어 열정은 고통 속에서도 자신의 삶에 대한 긍정을 잃지 않는 것이며, 그 본질은 자신의 삶에 대한 사랑이다. 그리고 자기 내면의 힘이 증대될수록 마땅히 그 사랑은 더욱 커진다. 니체의 철학에서 이 사랑은 쾌감과 행복 그리고 실존의 건강과도 동일한 의미를 가진다.

하지만 자신을 평준화하고 소인화(Verkleinerung)하는 형이상학과 종교의 가치를 추구하는 사람들은 힘의 증대를 자기 자신이 아니라, 절대적이고 보편적인 도덕의 실천원리 속에서 발견한다. 다시 말해 이들은 스스로 자신의 삶을 사랑할 이유를 자신으로부터가 아니라, 절대적 가치로부터 찾는다. 니체가 이들을 "비소한 사람들"이라고 표현하는 이유는 이 때문이다. "데카당스로서의 도덕. 비소한 사람들(die kleinen Leute)의 반응: 최고의 힘 느낌(das höchste Gefühl der Mach)은 사랑이 제공한다."[28]

나아가 비록 니체가 힘에의 의지의 활동과 그 특성을 관점, 인식, 쾌, 불쾌, 긍정, 극복, 열정 등 다양하게 제시하고는 있지만, 이 개념에 대한 그의 평가는 인간이 가진 이러한 특정 활동에만 국한되지 않는다. 이러한 의미에서 "모든 추동적 힘은 힘에의 의지라는 것, 그 외에는 생리적 힘도, 역동적

26) "'의지'는 우리의 모든 열정을 결합하기 위한 개념이다. 열정은 우리가 육체에 귀속시키지 않는 어떤 육체적인 상태들을 지탱하기 위한 느낌들이다"(니체, 『유고(1882년 7월~1883/84년 겨울)』, 9[39], 461쪽).

27) 니체, 『유고(1884년 초~가을)』, 25[10], 정동호 옮김, 책세상, 2004, 14쪽.

28) 니체, 『유고(1888년 초~1889년 1월 초)』, 14[130], 133쪽.

힘도, 심리적 힘도 존재하지 않는다는 것…"[29]이라는 니체의 말처럼, 힘에의 의지는 인간이라는 존재의 존재성을 규정하는 본질적인 '존재의 원리'이다. 하지만 니체에게 있어 인간이라는 존재는 형이상학적 · 종교적으로 완전하게 해명될 수 없는 생명이다. 이제 니체는 존재의 원리로서의 힘에의 의지를 보다 본질적으로 해명하기 위해서 이 개념을 유기체 안에 내재한 생명의 원리, 즉 생명의 생명성(자연성)을 온전히 반영하는 생명력의 원리로 설명한다.

2) 생명의 원리

'존재의 원리'로서의 힘에의 의지는 삶의 실존적 변화를 인간 안에 내재한 힘과 의지의 활동을 통해 도출하는 '유기체의 원리', 즉 '생명의 원리'이기도 하다. 생명은 '살아 있음'을 증명하고 '살아감'을 보증해주는 존재의 원리이다. 그리고 인간 안에서 발생하는 힘에의 의지의 해석 행위를 "유기체적 과정"으로 규정하는 니체에게 있어 인간은 살아 있는 존재임(자기보존)을 넘어 살아가는 과정(자기극복)의 존재, 즉 끊임없이 변화를 실현하는 '되어가는 존재(das werdende Wesen)'이다. "모든 생명 있는 것에서 가장 명백히 알려지는 것은, 생명 있는 것은 자기 보존(sich zu erhalten)이 아니라 증대를 위해서(mehr zu werden) 모든 것을 한다는 것이다……"[30] 그리고 힘에의 의지의 존재인 위버멘쉬는 그 명칭 안에 이미 이러한 의미를 담고 있다.

29) 같은 책, 14[121], 119쪽.

30) 같은 책, 14[121], 120쪽.

힘에의 의지의 특성으로 인해 변화가 정지된 삶은 존재의 원리에 어긋난다. 변화가 정지된 삶은 스스로를 변화의 조건으로 '인식할 수 없다는 사실'에 그치지 않고, 자기 자신으로서 '존재할 수 없다는 사실'로 나아간다. 이러한 의미에서 힘에의 의지의 정지는 곧 나 자신으로서 살아가야만 하는 존재의 원리에 위배될 뿐만 아니라, 스스로 자기 자신으로 살 수 있는 '존재의 기회'를 박탈하는 행위와 다르지 않다. 그 이유는 니체에게 있어 힘에의 의지는 자기보존으로 대변되는 생존의 원리가 아니라, 자기극복으로 대변되는 유기체적 생명의 원리이기 때문이다.

> 무엇보다도 생명이 있는 것은 자신의 힘을 발산하고자 한다 — 생명 그 자체는 힘에의 의지이다 — : 자기 보존이란 단지 간접적이고 아주 자주 나타나는 그 결과 중 하나일 뿐이다.[31)]

물론 모든 생명은 죽음을 향해 간다. 하지만 모든 생명은 삶 속에서 죽음을 망각한다. 니체에게 있어 죽음보다 더 중요한 것은 지금 이 순간의 삶의 과정을 보증해주는 생명이다. 그래서 니체는 영원히 돌아올 지금 이 순간에 대한 긍정과 극복 속에서 죽음의 가치를 무화시키는 것이다. 만약 죽음이 끝이라고 할지라도 생명은 삶의 시작을 넘어 '과정'으로 나아간다. 니체에게 중요한 것은 바로 삶이라는 '생명의 과정'이며, 그 원리는 힘에의 의지이다.

니체의 관점에서 쇼펜하우어적인 의지의 삶은 관조할 때 '망각되는 것'이 아니라, '멈춘 채 지속되는 것'이다. 스스로가 변화의 조건임에도 불구하고, 절대적 진리와 존재를 욕망함으로써 자신 안에 내재한 변화의 가능성을

---

31) 니체, 『선악의 저편』, 13, 김정현 옮김, 책세상, 2002, 31쪽.

발견하지 못하는 증상과 더불어 이러한 이유로 자신의 삶에서 그 어떤 변화도 시도하지 않는 인간은 병자일 뿐이다. 니체가 힘에의 의지의 불능 증상을 실존의 위험한 병으로 진단하는 이유는, 이 증상이 인간 안에 내재한 생명의 '생명력의 약화'를 의미하기 때문이다.

이미 논의된 것처럼, 힘에의 의지는 나를 강제하는 여러 힘들 속에서 자신의 힘을 강화하고 증대시키고자 하는 활동을 의미한다. 니체는 힘과 힘들의 이러한 복수의 관계를 "투쟁"으로 표현하며, 그 활동이 발생하는 장소를 인간의 내면(im Menschen), 보다 구체적으로 말하면 인간의 "세포 속(in der Zelle)"으로 규정한다.[32] 니체는 힘에의 의지가 '존재의 원리'에 국한되기를 원하지 않았다. 그는 이 개념이 형이상학적 · 종교적 체계에 의존하지 않고 온전히 인간을 유기체적 특성으로부터 증명할 수 있기를 바랐다. 다시 말해 그는 "유기체적 생명(das organische Leben)"이 가진 모든 활동을 오직 힘에의 의지로부터 도출하고자 했다.

> 우리의 물리학자가 신이나 세계를 창조했던 "힘"이라는 승리에 찬 개념은 여전히 보완될 필요가 있다: 그로서는 이것을, 내가"힘에의 의지"로, 즉 힘을 나타내는 지치지 않는 요청으로, 혹은 힘의 사용이나 실행으로, 창조적 충동으로 표현하는 어떤 내적 세계로 되돌리지 않으면 안 된다. […] 모든 운동, 모든 "현상", 모든 "법칙"은 단지 어떤 내적 사건의

---

32) "유기체의 생명에서 미래의 선취나, 요컨대 정신이 수반하는 조심성이나 술책이나 영리함, 힘의 관계의 절대적인 확정이, 무자비함 전체가 경화되지 않고 문제시된다. 힘에의 의지의 절대 순간이 지배한다. 인간 속에는 (이미 세포 속에서) 이러한 확정이, 모든 관련자의 성장에서 지속적으로 모습이 바뀌는 어떤 과정이 — 지배자와 피지배자의 관계 역시 여전히 하나의 싸움으로, 복종하는 자와 지배자의 관계가 여전히 저항으로 이해될 수 있도록, 이 용어를 더 넓고 깊게 이해한다고 전제한다면, 어떤 투쟁이 있다"(니체, 『유고(1884년 가을~1885년 가을)』, 40[55], 496쪽).

증후로서 파악될 수밖에 없으며, 종국적으로는 인간의 유사성에 기여하게 된다. 동물에 있어서 힘에의 의지로부터 모든 충동을 이끌어내는 일은 가능하다: 유기체적 생명의 모든 기능을 이러한 하나의 원천에서 이끌어내는 일도 마찬가지다.[33)]

니체는 이러한 힘과 힘들의 투쟁에 있어 그 어떤 강한 힘에도 절대적 힘을 부여하지 않는다. 아무리 강한 힘도 '극복될 수 있는 힘'일 뿐이며, 이 힘을 극복할 때 힘-증대의 쾌감은 더욱 커진다. 이 투쟁은 "원인과 결과"가 아니라, '힘들의 협조'에 의한 것이다.[34)] 니체는 이와 같은 힘들의 협조를 "몸 안의 귀족정치(die Aristokratie im Leibe)"[35)]라고 표현하기도 한다. 힘들이 서로 협조함으로써 생명력의 활동을 활발하게 지속시켜 나가는 현상은 힘에의 의지가 유기체의 원리, 즉 생명을 가진 유기체 안에 내재한 '생명력의 원리'라는 사실을 잘 보여준다.

이렇듯 힘에의 의지는 "존재의 가장 내적인 본성"[36)]임과 동시에 인간이라는 유기체적 존재를 살아가도록 해주는 본질적인 원리가 무엇인지를 구체적으로 드러내주는 생명의 원리이다. "유기체의 기능 내부에 있는 힘에의 의지"[37)]라는 니체의 짧은 계획은 이러한 내용을 함의하고 있다. 힘에의 의지에 대한 이러한 견해는 "유기적 기능은 힘에의 의지라는 근본 의지로 바꿔 번역된다 — 그리고 이 의지로부터 분열된다"[38)]로 보다 구체화되며, 다음과

33) 니체, 『유고(1884년 가을~1885년 가을)』, 36[31], 375쪽.

34) 니체, 『유고(1884년 초~가을)』, 40[55], 210쪽 참조.

35) 니체, 『유고(1885년 가을~1887년 가을)』, 2[76], 119쪽.

36) 니체, 『유고(1888년 초~1889년 1월 초)』, 14[80], 69쪽.

37) 니체, 『유고(1884년 초~가을)』, 26[273], 291쪽.

38) 니체, 『유고(1884년 가을~1885년 가을)』, 35[15], 310쪽.

같은 말로 확정된다. "모든 유기체적 기본 기능들을 힘에의 의지로 환원."[39)]

나아가 니체는 "생명의 표상(Vorstellung des Lebens)"으로 대변될 수 있는 근본충동을 "자기보존 의욕이 아니라 성장 의욕"[40)]으로 정식화한다. 생명의 원리가 힘에의 의지라면, 그 특성은 "성장"이다. 그리고 "성장 자체는 더 많이 존재하려는 욕망이다."[41)] 존재의 생명원리는 성장이고, 생명 있는 존재는 모두 성장을 지향한다. 니체에게 있어 생명을 가진 유기체 안에서 활동하는 힘, 다시 말해 생명력은 '성장을 의욕하는 의지'인 것이다.

이러한 의미에서 니체는 다음과 같이 말한다. "우리는 생(das Leben)의 어떤 단계에서 이러한 힘을 가지지 않은 유기체나 세포를 알지 못한다. 그것 없이는 생이 확대될 수 없을 것이다."[42)] 이렇듯 니체는 힘에의 의지의 특성을 내면의 자기극복을 통해 점점 더 진정한 나 자신이 되어가는 '존재의 원리'를 보다 인간학적인 관점에서 해명하는 '생명의 원리'로 구체화한다. 존재는 생명이며, 생명 있는 존재로서의 생명체는 '살아 있음'을 증거하지 않고 '살아가고 있음'을 증명하는 성장을 지향한다.

> 성장하지 않을 수 없다는 것, — 자신의 힘을 확대하고 그 결과 낯선 힘들을 자기 안에 받아들이지 않을 수 없다는 것, 이것들은 생명 있는 것이라는 개념에 속한다.[43)]

'존재의 원리'로서의 힘에의 의지는 진정한 자기 자신으로 존재하고

---

39) 니체, 『유고(1885년 가을~1887년 가을)』, 1[30], 19쪽.

40) 같은 책, 2[179], 189쪽.

41) 같은 책, 2[157], 174쪽.

42) 니체, 『유고(1882년 7월~1883/84년 겨울)』, 7[95], 357쪽.

43) 니체, 『유고(1888년 초~1889년 1월 초)』, 14[192], 214쪽.

자 하는 "자기에의 의지(der Wille zum Selbst)"[44]이며, '생명의 원리'로서 이 의지는 자신 안에 증대된 힘을 통해 삶을 변화시키는 '성장에의 의지(der Wille zum Wachstum)'인 것이다. 나아가 이 모든 원리를 통해 생을 전개해가는 인간에게 이 의지는 총체적인 관점에서 "삶에의 의지(der Wille zum Leben)"이다. 그리고 만약 힘을 증대하고자 하는 의지로서의 근본충동이 위축되었을 때 나타나는 의지의 증상이 바로 "자기보존에의 의지(der Wille zur Selbsterhaltung)"[45]이다. 니체는 이러한 나약한 의지의 원인을 삶에의 의지의 일시적 제한으로 규정한다.[46] 이렇듯 존재와 생명의 원리로서의 본질은 힘에의 의지이며, 니체는 이 원리의 특성을 바탕으로 건강과 병의 관점에서 인간의 실존을 진단한다.

3) 건강의 원리

힘에의 의지는 존재의 원리이자 생명의 원리이다. 존재의 근원은 생명이며, 그 원리는 힘에의 의지이다. 존재의 변화는 생명의 활동에 의해 발생하며, 생명은 존재의 변화를 통해 생명력을, 즉 힘에의 의지를 표출한다. 그렇기 때문에 생명에 나타난 정신적 · 육체적 상태로서의 건강과 병 역시 힘에의 의지의 원리에 의해 발생하고 치유되는 '생명력의 원리'를 따른다. 이러한 의미에서 다음과 같은 니체의 유명한 명제는 힘에의 의지의 정지로부터 발생할 수 있는 실존의 병이 무엇인지를 잘 보여준다. "힘에의 의지가 어

44) 니체, 『차라투스트라는 이렇게 말했다』, 「창백한 범죄자에 대하여」, 정동호 옮김, 책세상, 2000, 62쪽.

45) 니체, 『즐거운 학문』, 349, 안성찬 · 홍사현 옮김, 책세상, 2005, 333쪽.

46) 같은 책, 349, 333쪽.

떤 형태로든 쇠퇴하는 곳에서는 언제나 생리적 퇴행이, 즉 데카당스가 있다."[47] 결론적으로 데카당스가 바로 존재의 원리이자 생명의 원리인 힘에의 의지의 쇠퇴로부터 발생하는 인간의 실존적 병이다.

이 명제에서 니체는 힘에의 의지의 쇠퇴로부터 발생하는 증상을 "생리적 퇴행(ein physiologischer Rückgang)"으로 제시하며, 이 증상에 대한 구체적인 병명을 "데카당스(eine décadence)"로 진단한다. 데카당스는 19세기 유럽에 만연한 세기말적인 문화 현상이지만, 니체는 이러한 병든 문화 속에서 점점 더 병들어가는 인간과 삶의 다양한 조건들을 철학적으로 고찰했다. 니체에게 있어 데카당스의 문화는 곧 인간의 문화이며, 문화의 병은 곧 인간의 병을 의미한다. 그렇다면 데카당스 문화와 그 문화 속에서 대중적 · 평균적인 평준화의 삶을 살아가는 인간 실존의 병을 치유하기 위해서는 마땅히 삶에 대한 병든 인식의 원인을 찾아야만 한다. 이를 위해 니체가 수행한 계보학은 그 끝에 이르러 소크라테스의 합리주의를 발견하게 된다.

그리고 니체는 소크라테스의 이성중심주의적인 사상과 종교적 유산이 유전되어 현대의 문명에 보편적인 도덕의 형태로 남아 있으며, 이러한 이성의 힘과 문명의 풍요로움 속에서 인간이 점점 더 도구화되어가고 소진되어가는 실존적 병을 데카당스로 명명한다.[48] 니체는 낡은 문화의 사상적 · 정신적 토대를, 다시 말해 형이상학적 · 종교적 · 도덕적 토대를 "데카당스의 공식(die Formel [⋯] für décadence)"[49]으로 규정한다. 엄밀한 의미에서 문명의 진보는 삶의 방식을 발전적으로 변화시키기는 하지만, 인간의 존재론적인 성장을 동반하지 않는다.

---

47) 니체, 『안티크리스트』, 17, 232쪽; 니체, 『유고(1888년 초~1889년 1월 초)』, 17[4], 2, 396쪽.

48) 니체, 『유고(1888년 초~1889년 1월 초)』, 14[68], 58-59쪽 참조.

49) 니체, 『우상의 황혼』, 「어느 반시대적 인간의 편력」, 35, 백승영 옮김, 책세상, 2002, 170-171쪽.

니체가 데카당스 문화를 강하게 비판하는 이유는, 그러한 문화는 결국 인간이 다시 자기 삶의 건강한 주인이 될 수 없도록 만드는 실존적 병의 토대일 뿐이기 때문이다. 데카당스적 삶 속에서 자기 자신과 자신의 삶을 긍정적으로 평가하기는 어려울 것이다. "삶에 빈곤한 자, 약자는 삶을 더 빈곤하게 한다: 삶에 있어서 풍요로운 자, 강자는 삶을 풍요롭게 한다…"[50] 니체에게 있어 데카당스 병의 치유가 중요한 이유는, ① 인간이 다시 자기 삶에 열정을 가질 수 있도록 하기 위해서이며, ② 자신의 삶에 대한 긍정을 통해서 스스로 문화적 데카당스를 진단하고 극복할 수 있기 때문이다. 니체는 문명과 문화의 발전 속에서 오히려 삶의 빈약해져가는 소인화(Verkleinerung) 현상을 "생리적 노화(die physiologische Alterung)"[51]라는 증상으로 표현하기도 한다. 그리고 이 증상은 힘이 소진된 결과 빈약해져버린 삶의 모습으로 드러난다.

> 어떤 젊은이가 일찌감치 얼굴이 창백해지고 생기를 잃어가면, 그의 친구들은 말한다: 이러저러한 질병 때문이다. 나는 말한다: 그가 병들었다는 것, 그가 질병을 견뎌내지 못했다는 것이 이미 빈약해져버린 삶의 결과이며 힘의 소진이 유전되었던 결과이다.[52]

"소진의 생리학(die Physiologie der Erschöpfung)"[53]의 관점에서 이 증상은 소진된 자신마저 극복의 대상으로 긍정하는 강한 의지의 발현이 아니라, 시대의 문화적 데카당스에 의해 이미 소진되어버린 "의지의 박

50) 니체, 『유고(1888년 초~1889년 1월 초)』, 16[68], 59쪽.

51) 니체, 『우상의 황혼』, 「어느 반시대적 인간의 편력」, 37, 174쪽.

52) 니체, 『우상의 황혼』, 「네 가지 중대한 오류들」, 2, 115쪽.

53) 니체, 『유고(1888년 초~1889년 1월 초)』, 15[13], 255쪽.

약(Willenssschwäche)"[54] 증상일 뿐이다. 그리고 니체에 의하면 이 증상은 데카당스의 공식을 따르는 실존적 병을 대변한다. 이렇듯 니체는 자신의 삶을 살아가고 있음에도 불구하고 자신 안에 내재한 존재와 생명의 힘으로서 힘에의 의지를 인식하지 못하는 증상을 데카당스의 병을 유발하는 근본원인으로 진단한다. 니체에게 있어 이 증상은 곧 인간 안에 내재한 본연의 '인간다움'의 상실과 다르지 않다.

니체에 의하면 인간의 진정한 인간다움은 형이상학적 · 종교적 이원론에 의한 "탈아(脫我, Entselbstung)"가 아니라, 스스로를 힘에의 의지의 존재로, 다시 말해 자기 자신을 변화의 조건으로 인식하고 이를 위해 매 순간 극복하는 삶으로부터 도출되는 실존적 건강의 가치이다. "내 인간애(Humanität)는 사람들과 함께 공감하는 데 있지 않다. […] 끊임없는 자기 극복이다."[55] 그에게 있어 실존적 건강의 가치는 '인간적인 것'이며 인간적인 가치만이 건강의 조건이 될 수 있다. 삶이 인간 안에 내재한 힘과 의지를 온전히 반영한다는 사실을 인정한다면, 데카당스 병의 증상은 보다 명확해진다. 이렇듯 현대 문화와 인간에게 발생한 데카당스로 인한 소진의 증상은 니체의 중요한 문화철학적 · 인간학적인 문제의식이다.

> 나는 약하게 하고, — 소진하게 하는 것 전부에 〈대한〉 부정을 가르친다. 나는 강하게 하고, 힘을 축적하고, 긍지를 — — — 하는 것 전부에 대한 긍정을 가르친다. 이제까지는 두 가지 모두 가르쳐지지 않았다: 오히려 덕, 탈아(脫我, Entselbstung), 동정이 가르쳐지고, 심지어 삶에 대한 부정이 가르쳐졌다. […] 이것들은 전부 소진한 자들의 가치들이다. 소

---

54) 니체, 『선악의 저편』, 212, 190쪽.

55) 니체, 『이 사람을 보라』, 「나는 왜 이렇게 현명한지」, 8, 백승영 옮김, 책세상, 2002, 346쪽.

진의 생리학에 대한 긴 숙고는, 나로 하여금 소진한 자의 판단들이 가치 세계의 어디까지 침입해 있는지에 대한 질문을 하게 했다.[56)]

내가 나로부터 멀어지게 될 때, 그렇게 스스로 자기 자신과 관계하지 못할 때, 나아가 자신 안에 내재한 힘과 의지로 자신의 삶을 변화시키지 못할 때에 발생하는 병이 데카당스이다. 다시 말해 스스로를 힘에의 의지의 존재로 인식하지 못할 때에 발생하는 병이 데카당스이다. 위에서 언급되었지만, 니체는 자신이 추구하는 "인간애(Humanität)"를 "끊임없는 자기 극복"으로 규정하고 있다. 그리고 다음의 글을 바탕으로 "인간애"의 존재론적 토대가 "생명"이라는 사실을 알 수 있다. "생명은 다음과 같은 비밀도 내게 직접 말해주었다. 보라, 나는 항상 자기 자신을 극복해야 하는 존재이다."[57)]

나아가 다음의 글은 '생명을 가진 존재의 본질적인 인간다움'은 힘에의 의지의 원리에 의해 매 순간 자신을 강제하는 다수의 힘들 속에서 자신의 힘을 드러내고자 하는 의지, 즉 삶의 주인으로서 자신의 힘을 강화하며 자신만의 고유한 의미를 창조하고자 하는 의지에 의한 결과라는 사실을 구체적으로 보여준다. "생명체를 발견할 때마다 나는 힘에의 의지도 함께 발견했다. 심지어 누군가를 모시고 있는 자의 의지에서조차 나는 주인이 되고자 하는 의지(der Wille, Herr zu sein)를 발견할 수 있었다."[58)] 이렇듯 존재와 생명의 원리로서의 힘에의 의지가 쇠퇴할 때 데카당스의 병이 발생한다.

인간의 실존적 병으로서 데카당스 증상의 본질적인 원인은 '힘에의 의지의 정지'에 있다. 니체가 행군이 너무 힘들어서 눈 위에 쓰러져 일어나고

---

56) 니체, 『유고(1888년 초~1889년 1월 초)』, 15[13], 255쪽.

57) 니체, 『차라투스트라는 이렇게 말했다』, 「자기극복에 대하여」, 195쪽.

58) 같은 책, 194쪽.

자 하지 않는 러시아 군인의 소진된 의지를 “겨울잠을 자게 만드는 의지”[59], “무저항의 숙명론”, “러시아적 숙명론”으로 설명하듯이,[60] 데카당스의 원인은 힘에의 의지의 정지이다. 그리고 니체는 이 병의 증상을 “스스로를 숙명처럼 받아들이는 것, ‘다른’ 자기 자신을 원하지 않는 것”이라고 구체적으로 진단한다.[61] 생명은 살아 있음을 증명해주는 존재의 근원이지만, 생명력은 그 이상을 원하며, 실재로 그 이상을 극복해나간다. 이러한 생명의 특성은 인간 존재를 끊임없이 변화해나가는 존재로 규정해준다.

자기극복의 과정 속에서 매 순간 극복이 성공적으로 이루어지는 것은 아니다. 그 이유는 건강과 병의 관계처럼, 극복 역시 무력해질 수밖에 없기 때문이다. 하지만 힘에의 의지로 대변되는 생명력은 결코 극복을 멈추지 않는다. 니체가 힘에의 의지의 특성을 “저항과 공격 본능”[62]으로 규정하는 이유는 이 때문이다. 생명 안에서 활동하는 생명력을 대변해주는 힘에의 의지와 그 특성으로 대변되는 자기극복은 언제든지 다시 데카당스 병으로부터 해방되어 다시 자기 삶의 주인으로 살아가게 만들어주는 ‘자기치유의 원리’이다. 그래서 니체는 힘에의 의지의 정지를 “치유력-본능의 감소”[63]와 “진정한 치유 본능”[64]의 쇠퇴로 진단하는 것이다.

니체가 데카당스를 실존의 병으로 진단하는 이유는, 이 병이 더 이상 변화를 필요로 하지 않는 자기보존의 증상, 즉 “자기보존에의 의지”[65]를 유

59) 니체, 『이 사람을 보라』, 「나는 왜 이렇게 현명한지」, 6, 342쪽.

60) 같은 책, 6, 341쪽.

61) 같은 책, 6, 343쪽.

62) 같은 책, 6, 341쪽.

63) 니체, 『유고(1888년 초~1889년 1월 초)』, 14[66], 58쪽.

64) 니체, 『이 사람을 보라』, 「나는 왜 이렇게 현명한지」, 6, 341쪽.

65) 니체, 『즐거운 학문』, 349, 333쪽.

발하기 때문이다. 니체는 이 의지를 인간의 심리와 생리를 모두 포괄하는 "허약함(die Schwächung)"[66]의 증상으로 규정한다. 니체가 스스로 겪었던 데카당스의 병과 극복의 경험을 통해 말하듯이,[67] 데카당스가 실존적 변화의 장애라면 마땅히 이 증상을 극복하고자 해야 한다. 하지만 자기보존적인 사람들은 형이상학, 종교, 도덕을 통해서 자신의 허약함을 정당화한다. 하지만 이 방법은 결국 인간의 정신과 의지를 가장 나약하게 만드는 방법에 불과할 뿐이다.

> 어째서 허약은 맞서 싸워지지 않고 '정당화'되는가? 약해진 자들에게서의 치유력-본능의 감소: 그래서 자기들의 몰락을 촉진시키는 것을 치료약으로 열망한다. 이를테면 대부분의 채식주의자들을 쇠약해진 힘줄에 다시 에너지를 주기 위해 강정식을 필요로 할 것이다; 하지만 그들은 부드럽고 연한 것에 대한 자신들의 애호를 자연의 눈짓이라고 생각한다: — 그리고 정해져 있는 것(ὑπὲρμόρον)보다 더 약하게 된다……[68]

그렇다면 데카당스의 병은 어떻게 치유될 수 있는 것일까? 데카당스는 인간이라는 존재의 생명력에 발생한 병이기 때문에, 그 치유의 방법론은 힘에의 의지일 수밖에 없다. 그 이유는 힘에의 의지는 인간이 다시 자신 안에 내재한 힘을 의지하며 스스로 변화를 실현하도록 해주는 실존적 건강의 원리이기 때문이다. 존재와 생명의 원리를 따르는 인간은 더 이상 삶의 병든

---

66) 니체, 『유고(1888년 초~1889년 1월 초)』, 14[65], 57쪽.

67) "데카당스 시기를 겪고 있을 때 나는 그것들이 내게 해롭기에 금했다; 삶이 다시 풍부해지고 충분히 긍지를 갖게 됨과 동시에 나는 그것이 내 밑에 있는 것이기에 금했다"(니체, 『이 사람을 보라』, 「나는 왜 이렇게 현명한지」, 6, 343쪽).

68) 니체,『유고(1888년 초~1889년 1월 초)』, 14[66], 58쪽.

조건을 허용하지 않는다. 생명은 건강 혹은 병과 상관없이 — 물론 그 활동에 차이가 있을 수는 있어도 — 결코 생명력을 멈추지 않는다. 생명이 멈추지 않는다면 건강과 병도 활동을 멈추지 않으며 반복될 수밖에 없다. 이렇듯 건강과 병은 커다란 생명의 힘 안에서 유기적인 관계를 맺고 있을 뿐이다.

그렇기 때문에 데카당스 병에 걸렸다는 사실은 니체에게 그다지 심각한 문제가 아니다. "'데카당스 개념' 쓰레기, 퇴락, 불량품은 그 자체로 단죄할 만한 것은 아니다: 그것들은 삶의, 삶의 성장의 필연적인 결과이다. 데카당스 현상은 삶의 상승과 전진만큼이나 필연적이다. [...] 질병도 마찬가지다. 악덕도 마찬가지다."[69] 니체의 이 말처럼, 데카당스는 삶의 상승과 성장에 필수적인 조건이며 필연적인 결과이다. 그 이유는 건강에 의해서 건강은 자극되지 않기 때문이다. 오히려 건강을 자극하는 건강은 영양과다의 문제로 병을 유발하기도 한다. 건강을 자극하는 것은 오히려 병일 뿐이다.

그래서 니체는 이러한 특징을 바탕으로 힘에의 의지를 "괴로움을 향한 의지(der Wille zum Leiden)"[70]와 "고통을 향한 의지(der Wille zum Schmerz)"[71]로 표현하는 것이다. 또한 자신의 철학을 "삶에의 의지와 건강에의 의지"[72]를 통해 만들었다는 니체의 말처럼, 삶을 원하는 의지는 병조차 건강의 조건으로 긍정하고 극복하는 의지인 것이다. 쾌와 불쾌 역시 마찬가지이다. 인간의 내면에서 벌어지는 힘들과 힘의 투쟁을 통해 획득된 힘의 증대는 쾌를 발생시키지만, 보다 큰 힘을 원하는 의지는 일시적인 쾌에 만족하지 못하고 오히려 불만족하게 되고 불쾌감을 느끼게 된다.

이렇듯 건강과 병은 쾌와 불쾌처럼 힘에의 의지의 원리를 따른다. 힘

---

69) 같은 책, 14[75], 63-64쪽.

70) 니체, 『유고(1884년 초~가을)』, 26[275], 292쪽.

71) 니체, 『아침놀』, 354, 박찬국 옮김, 책세상, 2004, 305쪽.

72) 니체, 『이 사람을 보라』, 「나는 왜 이렇게 현명한지」, 2, 334쪽.

에의 의지는 만족할 줄 모르는 의지라기보다는 삶의 미래를 향해 오늘을 극복함으로써 매 순간 '새로워지고자 하는 의지'이다. 니체가 "커다란 건강"의 관점에서 병을 극복한 후 얻게 되는 건강을 "새로운 건강(eine neue Gesundheit)"[73]으로 명명하는 이유는 건강이 의지활동의 일환이며, 또한 이 활동으로부터 건강이 새로워지기 때문이다. 건강이 본질적으로 "극복된 병"[74] 일 수밖에 없는 이유는 이 때문이다.

병으로부터 다시 건강해지기 위해서는 병을 건강의 조건으로 긍정해야만 한다. 하지만 이보다 더 본질적으로는 병을 '나'라는 존재에게 힘을 부여하는 생명의 관점에서 허용해야만 한다. 니체는 "커다란 건강(die grosse Gesundheit)"이라는 개념을 통해 힘에의 의지에 담긴 건강의 원리를 구체적으로 설명해준다. "커다란 건강 [···] 이것은 사람들이 보유하는 것만이 아니다. 지속적으로 획득하고 계속 획득해야만 하는 것이다. 왜냐하면 그 건강은 계속해서 포기되고 포기되어야만 하기 때문이다!"[75] 이 개념은 병이 건강과 대조되는 상태로서 배제되어야만 하는 가치가 아니라, 오히려 건강이 새로워질 수밖에 없도록 만들어줌으로써 인간의 정신과 의지에 새로운 면역체계를 만들어주는 실존의 조건이라는 사실을 잘 보여준다. 니체의 철학에서 "커다란 건강"은 건강과 병이 생명 안에서 유기적으로 관계하고 있음을 보증해주는 개념이다.

힘에의 의지는 존재와 생명의 원리이다. 그리고 이 의지가 존재와 생명에 발생한 생명력의 문제로, 즉 건강과 병의 문제로 구체화될 때에는 건강의 원리로서의 역할을 하게 된다. 힘에의 의지는 존재와 생명의 원리이

---

73) 니체, 『즐거운 학문』, 382, 392쪽.

74) Gerhard Danzer, *Wer sind wir? Anthropologie im 20. Jahrhundert Ideen und Theorien für die Formel des Menschen*, Berlin/Heidelberg: Springer 2011, p. 454.

75) 니체, 『즐거운 학문』, 382, 392쪽.

기 때문에, 이원론적으로 어느 특정한 가치에 의미를 부여하지 않는다. 영혼과 육체를 포괄하는 니체의 개념 "몸(der Leib)"을 통해 알 수 있는 것처럼, 존재는 생명으로 인해 이원화될 수 없다. 그리고 생명은 존재의 원리이기 때문에, 자신을 벗어난 절대적 존재에게 위임될 수 없다. 이러한 의미에서 힘에의 의지는 존재와 생명을 건강하게 유지하는 '자연의 원리', 즉 '균형의 원리(das Prinzip des Gleichgewichts)'[76] 로서의 역할을 하게 된다.

76) 힘에의 의지의 또 다른 특성으로서 "균형의 원리"는 또 다른 글에서 논의할 예정이다.

3.
존재, 생명, 건강의 균형원리로서의 힘에의 의지

인간은 정신의 자유와 부자유, 의지의 강함과 약함, 실존의 건강과 병 사이에 서 있다. 그리고 그의 이러한 존재론적 특징은 형이상학적으로도 종교적으로도 도덕적으로도 해명될 수 없다. 니체가 『차라투스트라는 이렇게 말했다』의 「차라투스트라의 머리말」에서 실존의 지혜를 전하기 위해 인간을 마지막 인간과 위버멘쉬 사이에 놓인 존재로 규정하는 이유는, 오직 경계에 서 있는 인간에 대한 존재론적 · 생명철학적 · 건강철학적 해명만이 그와 그의 삶을 올바로 이해할 수 있기 때문이었다.

경계에 선 인간은 마지막 인간과 위버멘쉬 사이에서 멈춰 있을 수 없다. 사이존재로서의 그는 실존의 경계에서 매 순간 삶의 방향을 선택하고 결정해야만 한다. 그렇다면 위버멘쉬는 단 한 번 설정한 삶의 방향을 무조건 따라야만 하고, 그 결정에 맞는 삶의 태도를 고수해야만 하는 것일까? 경계에서 선택이 자유로울 때, 결정은 더욱 절실해지며 분명해지지만 선택의 순간은 매 순간 다시 찾아온다. 경계에서 삶의 방향을 선택하고 결정하는 '존재'의 원리는 인간 안에 내재되어 있으며, 그 원리는 '생명'의 원리를, 즉 내적 자연의 원리를 따르기 때문에 결코 자신의 육체성을 배제하지 않는 방향으로 나아간다. 다시 말해 존재와 생명의 원리는 영혼과 육체가 일원론적으로 포괄된 몸의 존재로서의 인간이 '건강한 실존'으로서 살아갈 수 있는 본질적인 토대로서의 역할을 한다.

비록 니체가 힘에의 의지를 인간의 존재원리로 규정하고 이로부터 실존적 건강의 원리를 도출한다고 하더라도 그 본질적인 조건이 생명이고 삶인 이상 그 원리는 형이상학적일 수 없다. 이 원리를 형이상학으로 이해하는 하이데거(Martin Heidegger)와 같은 견해[77]에 동조할 수 없는 이유는 이 때문이다. 힘에의 의지는 자신 안에 내재한 힘과 의지를 인식하게 함으로써 자기 자신과 관계하게 해주는 '관계에의 의지(der Wille zur Beziehung)'이자 건강과 병, 강함과 약함, 충만과 결여의 관점에서 스스로를 인식하고 극복하고자 하는 "자기극복에의 의지(der Wille zur Selbstüberwindung)"[78]이며, 이 과정을 통해 결국 자기 자신에게로 이르는 "자기에의 의지(der Wille zum Selbst)"[79]이다. 이렇듯 힘에의 의지는 하나의 관점에서 해명될 수 없다. 이 개념은 존재, 생명, 건강의 관점에서 해명되어야만 온전한 사상적 의미를 가지게 된다.

니체의 철학적 시도와 그 숨은 의도를 탐구하는 방법론으로서의 건강철학은 인간의 선택과 결정이 그의 실존적 건강을 위한 것인지를 해명하는 관점으로 전개된다. 그리고 건강철학은 인간의 실존적 건강을 지향하는 철학적 관점을 제공함으로써 환자의 실존을 바라보는 의철학적 관점에 기여할 수 있을 것이다. 인간은 매 순간 선택해야만 하는 존재이며, 니체는 그 결정의 조건이 자기보존을 위한 것인지, 아니면 자기극복을 위한 것인지를 점

77) Martin Heidegger, *Nietzsche: Der europäische Nihilismus*, in: Gesamtausgabe, Bd. 48, Frankfurt am Main 1986, p. 117 참조.

78) Walter Kaufmann, *Nietzsche: Philosoph-Psychologe-Antichrist*, p. 233.

79) 니체, 『차라투스트라는 이렇게 말했다』, 「창백한 범죄자에 대하여」, 62쪽.

검한다. 그리고 이러한 실존의 상태를 병과 건강의 관점에서 진단하고 치유를 시도한다. 만약 니체의 힘에의 의지가 경계에서의 삶을 살아가는 '균형의 원리'라면, 이 원리는 중심에 머무르는 삶이 아니라, 끊임없이 스스로에게 명령을 내리고, 그 명령에 복종하며 중심을 잡고 현재를 넘어 미래를 살아가는 '되어가는 원리', 다시 말해 변화를 반복하는 존재, 생명, 건강의 원리인 것이다.

힘에의 의지는 매 순간 보다 많은 힘, 즉 증대된 힘을 추구하며 그 힘을 통해 존재의 '충만'을 경험하지만, 이내 '결여'를 느끼며 다시 새로운 힘을 추구해나가는 '실존적 성장의 원리'이다. 그렇게 때문에 힘에의 의지는 자기 실존의 중심을 잡아주는 개념에 머무르지 않고, 중심을 잡으며 '나아가는 원리'로서의 역할을 하게 된다. 이러한 의미에서 위버멘쉬는 "힘에의 의지의 주체의 이름임과 동시에 영원회귀의 의미이자 목적"[80]이다.

그리고 위버멘쉬를 설명하는 보다 본질적인 사실은 그가 '힘에의 의지의 존재'라는 것이다. 나아가 그가 건강한 인간유형일 수 있는 이유 역시 자신 안에 내재한 힘과 의지를 통해서 스스로를 인식하고, 단 한 순간도 '자기 자신과 관계하지 않는 삶'을 살아가지 않기 때문이다. 다시 말해 그는 매 순간 자기 자신과 관계하는 삶을 살기 때문에, 자신과 관계하지 않는 오늘을 살아갈 수 없다. 이러한 순간의 관계 속에서 위버멘쉬는 결국 영원회귀마저도 긍정하게 되는 것이다.

건강과 병은 힘에의 의지의 원리에 의해 해명될 때 정신의 자유와 속박, 의지의 강함과 약함, 실존의 건강과 병으로, 다시 말해 인간이 겪기도 하지만, 또한 그가 해결할 수 있는 삶의 문제로 구체화된다. 만약 건강과 병이

---

80) Pierre Klossowski, *Nietzsche und der Circulus vitiosus deus*, übersetzt von Ronald Vouillé, München 1986, p. 113.

형이상학적 · 종교적으로 해석된다면, 그 치유방법은 더 이상 인간 안에서 찾아질 수 없게 된다. 힘에의 의지는 인간에게 발생하는 그 어떤 문제도 건강과 병으로 확정 짓지 않는다. 힘에의 의지의 관점에서는 병도 가능성이고 건강도 가능성이다.

병도 건강으로의 변화를 향해 열려 있고, 건강 역시 마찬가지이다. 힘에의 의지가 이 두 영역을 관계하는 것으로 규정해주는 것이다. 그렇기 때문에 존재의 원리, 생명의 원리, 건강의 원리로서의 힘에의 의지는 인간이 살아가는 이편과 저편 세계 그리고 인간을 구성하는 영혼과 육체 중 그 어느 것도 가치론적으로 폄하하지 않고 존재, 생명, 건강의 이름으로, 즉 '인간의 이름'으로 포괄한다. 이렇듯 힘에의 의지는 니체의 철학을 이해하는 또 하나의 방법론으로서 건강철학의 사상적 토대임과 더불어 그의 철학적 의도와 시도를 존재, 생명, 건강의 관점으로 해명할 수 있게 해줌으로써 니체철학의 사상적인 이해와 학문적인 해석의 지평을 확장시켜주는 역할을 한다. 그리고 니체철학의 건강철학적인 특징은 건강과 병의 경계에 놓인 환자의 실존을, 즉 고통 속에서 놓인 그의 실존을 의철학적으로 이해할 수 있는 관점을 제공해줄 수 있을 것이다.

힘에의 의지에 대한 건강철학적 해명(2):

힘에의 의지의 속성으로서의 "균형"에 대한 해명을 중심으로

1. 건강한 실존의 조건으로서의 "균형"
2. 실존적 건강의 조건: 관계, 관점, 경계 그리고 균형
3. 균형의 철학적 조건: "몸"
4. 자기 변형의 기술: "철학"
5. 균형의 원리로서의 힘에의 의지
6. 건강: 조화와 균형에 대한 의철학적 해명
7. 역동적인 실존의 증거로서의 "균형"

1.
건강한 실존의 조건으로서의 "균형"

니체는 『차라투스트라는 이렇게 말했다』의 「차라투스트라의 가르침」에서 인간을 마지막 인간과 위버멘쉬 사이에 놓인 사이존재로 규정한다.[1] 물론 인간은 사이존재임에도 불구하고 언제나 그 사이의 중심에 머물러 있어서는 안 된다. 위버멘쉬적 삶을 살아가기로 선택한 인간은 자신이 서 있는 혼란스러운 줄 위에 선 스스로를 긍정하고 지속적으로 자기 자신을 극복하며 앞으로 나아가야만 한다. 그렇다면 위버멘쉬적 인간유형은 무조건적으로 앞으로만 나아가는 존재일까?

이보다 더 근본적이고 중요한 사실은 위버멘쉬를 향해 나아가는 매 순간 먼저 "균형(Gleichgewicht)"을 잡아야만 한다는 사실이다. 이러한 의미에서 니체는 "줄 타는 광대(der Seiltänzer)"에 대한 이야기를 통해서 균형을 잡는다는 사실이 얼마나 두려운 일이며 또한 어려운 일인지를 잘 묘사하고 있다.

---

1) 니체, 『차라투스트라는 이렇게 말했다』, 「차라투스트라의 가르침」, 4, 정동호 옮김, 책세상, 2005, 21쪽.

그리고 비록 광대는 줄에서 떨어져 안타까운 죽음을 당했지만, 차라투스트라는 끝까지 '균형'을 유지하려 했다는 그의 노력에 큰 의미를 부여한다.[2] 그 이유는 균형을 잡는다는 것은 곧 내가 내 삶의 중심이라는 사실을 의미하기 때문이다.

나아가 '삶의 균형, 즉 '실존의 균형'을 잡는다는 것은 자기 안에 다양한 욕망과 욕구로 인해 혼란스러워진 감정들 속에서 마치 춤을 추듯 자신만의 고유한 삶의 "형식과 리듬"을 만들어간다는 것을 의미한다. 니체의 철학에서 "춤"은 선택을 요구하는 실존적 변화가능성의 경계에서 위버멘쉬적인 삶을 향한 긍정과 극복의 행위, 즉 '균형의 몸짓'이다. 니체에게 그 모습은 스스로 자기 삶의 중심이 되어 '실존의 균형'을 찾아가는 모습으로 보였다. 이렇듯 균형은 이론적 형식이 아니라, 실천적 리듬으로부터 도출되는 실존적 건강의 상태를 의미한다.

이러한 의미에서 니체가 인간을 "형식과 리듬을 만드는 피조물(ein Formen-und Rhythmen-bildendes Geschöpf)"이라고 규정한 이유는, 자신 안에 내재한 힘에의 의지를 통한 그의 창조적 인식이 단순히 자신의 삶과 세계에 대한 "인상(Eindrücken)"이 아니라, 실재하는 "유일한 현실"을 창조해낸다고 보았기 때문이었다.[3] 그리고 이때 이 현실은 자신 안에 내재한 힘과 의지를 통

---

2) 같은 책, 6, 27-28쪽; 7, 29-30쪽 참조.

3) 니체, 『유고(1884년 가을~1885년 가을)』, 38[10], 김정현 옮김, 책세상, 2004, 433-434쪽. 이와 관련하여 니체는 1883년 겨울의 한 유고에서 다음과 같이 명확하게 설명하고 있다. "1. 인간은 형식들을 형성하는 생물이다. […] 우리가 보고 우리가 가진다고 믿는 형태와 형식은 모두 그 자체로 존재하는 것이 아니다. 우리는 단순화하고 우리가 창조하는 형상들을 통해 어떠한 인상들이든 결합한다. 자신의 눈을 감아보면 형식을 형성하는 하나의 충동이 지속적으로 작동하고, 거기에서는 어떠한 현실에도 상응하지 않는 무수한 것이 시도되고 있음을 발견한다. 2. 인간은 리듬을 형성하는 생물이다. 그는 모든 생기를 이 리듬 안에 투입한다. 그것은 인상들을 지배하는 하나의 방식이다. 3. 인간은 하나의 저항하는 힘이다. 즉 다른 모든 힘에 대해서. 자신을 육성하고 사물들을 동화하는 그의 수단은 그것들을 형식과 리듬으로 투입하는 것이다. 파악한다는 것은'사물들'을 창조하는 것에 지나지 않는다. 인식은 영양분 섭취를 위한

해 자기 자신과 '관계'하고 이를 통한 삶의 '관점'에 의해 창조된 고유한 가치세계이다. "가치는 객관적으로 무엇으로 측정되는가? 오로지 상승되고 조직된 힘의 양, 즉 모든 생기에서 일어나는 더 많은 것을 원하는 의지(Wille zum Mehr)에 의해서만 측정된다……"[4)]

자신만의 고유한 형식과 리듬으로 창조된 삶의 세계는 힘에의 의지의 원리에 의한 결과이다. 그렇기 때문에 마지막 인간과 위버멘쉬 사이의 경계에서의 삶, 즉 매 순간 선택하고 결정해야만 하는 실존적 경계의 삶에서 '균형'을 잡으며 살아가는 원리 역시 힘에의 의지일 수밖에 없다. "우리는 우리의 모든 힘에서 많은 형태 또는 형태의 부재를 만들 수 있다."[5)] 인간의 내면에서 매 순간 증대와 감소를 반복하는 힘과 힘들의 역동적인 투쟁은 힘의 느낌으로, 즉 심리적인 동시에 생리적인 자극으로 온전히 의지에 전달된다. 그리고 이러한 힘의 증대를 향한 의지는 역동적인 변화의 투쟁 속에서 자유를 실현한다. "균형. 의지의 자유의 느낌은 동기의 균형(Gleichgewicht der Motive)에서 저울의 흔들림과 정지로부터 탄생한다."[6)]

그렇기 때문에 일시적으로 실현된 힘의 변화는 세계와 삶을 논리적으로 질서 지우는 인식이 아니라, 다시 새로운 투쟁을 시작하며 또 다른 힘의 변화를 실현하는 균형의 과정으로 나아갈 수밖에 없다. 힘에의 의지가 단지 "인식 이론에의 의지"[7)]일 수 없는 이유이다. 힘에의 의지는 본질적으로 "조

수단이다"(니체, 『유고(1882년 7월~1883/84년 겨울)』, 24[14], 박찬국 옮김, 책세상, 2005, 876쪽).

4) 니체, 『유고(1887년 가을~1888년 3월)』, 11[83], 백승영 옮김, 책세상, 2005, 335쪽.

5) 니체, 『유고(1880년 초~1881년 봄)』, 6[147], 최성환 옮김, 책세상, 2004, 308쪽.

6) 니체, 『유고(1878년 봄~1879년 11월)』, 42[27], 강용수 옮김, 책세상, 2005, 475쪽.

7) 니체, 『유고(1885년 가을~1887년 가을)』, 11[60], 이진우 옮김, 책세상, 2005, 29쪽.

형하는 것으로서의 의지(Wille als das Gestaltende)"[8]인 것이다. 이렇듯 힘에의 의지는 인식이 아니라, "행위에의 의지(der Wille zur That)"[9], 다시 말해 '실천에의 의지'이다. 그리고 실천의 목적은 자신만의 고유한 삶의 의미와 가치를 창조하며 살아가기 위한 균형이다. 이렇듯 생동하는 생명체의 실천원리로서의 힘에의 의지의 관점에서 무엇보다 중요한 것은 균형이다. 니체가 형이상학과 종교를 경계했던 이유가 '균형의 상실'이었던 이유는 이 때문이다. 그렇기 때문에 힘에의 의지는 '균형에의 의지'이기도 하다.

> 우리 자신을 만드는 것, 모든 요소에서 하나의 형식을 형성하는 것—과제다! 항상 한 조각가의 과제! 생산적인 인간의 과제! 인식이 아니라 실행과 모범을 통해 우리는 자신이 된다![10]

그래서 니체는 힘에의 의지의 투쟁으로 대변되는 내면의 혼란이 오히려 "춤추는 별"[11]을 탄생시키는 본질적인 조건, 다시 말해 자기 자신과 관계하며 자신만의 고유한 관점을 통해 삶의 의미와 가치를 창조하는 변화가능성의 전제라고 말하는 것이다. 소크라테스로부터 유전된 2,500여 년의 서구 정신사는 욕구, 욕망, 충동, 본능, 감정(정동/Affekt), 의지 등 인간의 내면에서 발생하는 끊임없는 정념(Pathos)의 투쟁을 이성의 장애로 규정했지만, 오히려 니체는 이러한 내면의 혼란으로부터 생명과 생명력의 역동적인 규범과 질서를 발견했다.

---

8) 니체, 『유고(1882년 7월~1883/84년 겨울)』, 7[266], 415쪽.

9) 니체, 『이 사람을 보라』, 「비극의 탄생」, 4, 백승영 옮김, 책세상, 2002, 395쪽.

10) 니체, 『유고(1880년 초~1881년 봄)』, 7[213], 472쪽.

11) 니체, 『차라투스트라는 이렇게 말했다』, 「차라투스트라의 가르침」, 5, 24쪽.

니체가 소크라테스의 가르침을 "이성=덕=행복"[12]의 불완전한 도식으로 규정하며 비판했던 이유는, 이 행복이 결코 자신으로부터 도출된 가치도 아니고, 자기 실존의 쾌감을 대변해줄 수도 없기 때문이었다. 니체에 의하면 행복은 오히려 "쾌감=행복=반도덕적"의 도식으로부터 창조된다.[13] 인간은 자신의 정념으로 인해서 결코 "사심 없는(selbstlos)" 삶을 살아갈 수 없다. 그 이유는 "사심 없는" 절대적인 덕과 이를 추구하는 이성에 의해서 인간은 자신 안의 "다른 충동들과 균형을 이루기 어려운 상태"에 놓이게 되며, 결국 자신의 내면을 부정하게 되기 때문이다.[14] 그래서 니체는 힘에의 의지를 통해 인간의 내면에서 충동하는 여러 정념들을 이성에 반하는 것이 아니라, 오히려 존재론적 · 실존적 · 유기적 균형의 관점에서 설명했던 것이다.

니체에 의하면 인간 인식의 본질은 이성이 아니라, 오히려 그의 내면에서 활동하는 정념에 의한 것이다. 그 이유는 이성이 감정을 완벽하게 제어하지 못하는 한, 인식은 인간 안에서 활동하는 정념의 영향을 받을 수밖에 없기 때문이다. 1887년 유고에 남겨져 있는 계획 중 인간의 인식과 그 원리에 대한 문장, ""인식론" 대신에 아펙트들의 관점-론(eine Perspektiven-Lehre der Affekte)"[15]은 이에 대한 니체의 견해를 잘 보여준다. 이와 반대로 만약에 이성이 감정을 완벽하게 제어하게 된다면, 정념의 활동은 부정될 수밖에 없으며, 이 상태는 균형의 상실로 진단될 수밖에 없다. 형이상학과 종교 그리고 그 실천원리로서의 도덕에 대한 니체의 강한 비판에서 확인할 수 있는 것처럼, 힘에의 의지로 대변되는 인간 내면의 활동이 부정된다는 것은 곧 그가 자기 '삶의 중심'이 아니라는 것, 또한 그가 자기 '삶의 주인'이 아니라는 것, 다시

---

12) 니체, 『우상의 황혼』, 「소크라테스의 문제」, 10, 백승영 옮김, 책세상, 2002, 94쪽.

13) 니체, 『유고(1888년 초~1889년 1월 초)』, 14[115], 108쪽.

14) 니체, 『즐거운 학문』, 21, 91쪽.

15) 니체, 『유고(1887년 가을~1888년 3월)』, 9[8], 13쪽.

말해 자기 '실존의 균형'을 상실했다는 것을 의미한다. 이러한 인간유형은 자기 자신으로부터 실존적 상승과 성장의 쾌감을, 다시 말해 행복의 감정을 도출할 수 없다.[16)]

이러한 의미에서 "자유로운 인간은 모든 점에서 관습이 아니라 자신에 의존하고자 하기 때문에 비윤리적이다"[17)]라는 니체의 말은 평균적 도덕에 대한 그의 비판의 내밀한 의도를 유추할 수 있게 해준다. 보다 구체적으로 말하면, 형이상학과 종교 그리고 도덕에 대한 니체의 실천철학적 비판은 절대적 진리에 대한 믿음 아래 자기 자신과의 '관계'를 상실했기 때문에 스스로 자기 실존의 '조건'이 될 수 없고, 자신만의 고유한 '관점'을 가질 수 없으며 나아가 삶의 중심이 될 수 없는 인간의 '실존적 균형상실의 증상'을 향하고 있다.

선과 악이라는 이원화된 절대적 가치의 체계를 거부하고 자기 실존의 조건 위에서 먼저 "좋음(gut)"이라는 관념을 만들고 이로부터 "나쁨(schlecht)"을 규정하는 "고귀한 인간"[18)]은 한순간도 삶의 중심으로부터 멀어지지 않기 때문에, '삶의 균형'을 잃지 않는다. 이러한 의미에서 니체는 매 순간 자기 자신과 관계하며 고유한 삶의 관점으로부터 의미와 가치를 창조하는 "금발의 야수(blonde Bestie)"가 가진 "맹수적인 양심의 순진함(die Unschuld des Raubthier-Gewissens)"을 오히려 "영혼의 균형(ein seelisches Gleichgewicht)" 상태로 표현

---

16) "쾌감은 특정한 힘의 느낌이다: 아펙트들이 배제되면, 최고의 힘의 느낌을 주는, 따라서 쾌감을 주는 상태가 배제되어버리는 것이다"(니체, 『유고(1888년 초~1889년 1월 초)』, 14[129], 132쪽).

17) 니체, 『아침놀』, 9, 박찬국 옮김, 책세상, 2004, 24쪽. "인류의 모든 근원적인 상태에서 '악하다'는 것은 '개인주의적이다', '자유롭다', '자의적이다', '길들지 않았다', '예측되지 않았다', '예측이 불가능하다'는 것을 의미한다"(같은 책, 9, 24쪽).

18) 니체, 『도덕의 계보 I』, 11, 김정현 옮김, 책세상, 2005, 371쪽.

한다.[19]

니체는 정치철학적인 관점에서도 균형을 힘에의 의지의 속성으로 설명한다. 절대적인 가치의 토대로부터 해방되어 오직 자신 안에서 활동하는 욕망, 욕구, 충동, 본능, 감정과 같은 정념의 힘을 반영하는 의지가 '실존의 자유', 다시 말해 '균형의 자유'를 보장해준다는 측면에서 힘에의 의지는 결코 "선한 의지(der gute Wille)"일 수 없다. 힘에의 의지는 형이상학적 · 종교적 차별과 정치적인 평등과 동등이 아니라, 차이를 부각시키는 존재론적 원리이다. 그렇기 때문에 힘에의 의지의 정지 증상은 차별 속에서 삶의 중심을 잃은 균형의 상실, 즉 스스로 자기 삶의 중심과 주인이 될 수 없는 실존의 병일 수밖에 없다.

> 권리는 계약이 있는 곳에서만 발생한다. 그러나 계약이 있으려면 어느 정도 권력의 균형(Gleichgewicht von Macht)이 존재해야 한다. [...] 저울의 양 접시가 균형을 유지하도록 정의를 저울 위에 세운다면 올바른 비유가 될 것이다. [...] 두 권력이 상호 관계에서 가혹한 힘에의 의지를 억제하고 서로에게 동등한 것을 허용할 뿐만 아니라 서로 동등하기를 원하는 것, 그것이 지상의 모든 "선한 의지"의 시작이다.[20]

니체가 자신의 철학에서 진단하고 치유하고자 하는 실존의 병은 일차적으로는 형이상학과 종교의 절대적인 진리와 존재에 대한 믿음과 도덕에 의한 평준화 현상으로부터 발생한다. 하지만 보다 내밀하게 니체의 철학적 문제의식과 의도를 살펴보면, 그가 진단한 실존적 병의 토대는 '실존적 균형

---

19) 같은 책, 11, 372쪽 참조.

20) 니체, 『유고(1885년 가을~1887년 가을)』, 5[82], 274-275쪽.

의 상실'임을 확인할 수 있다. 이번 논의에서는 니체의 여러 철학적 개념들 중, 힘에의 의지가 인간이 자신의 삶에서 균형을 유지할 수 있는 실존적 건강의 원리라는 사실을 증명하고, 이 원리에 담긴 의철학적인 해석의 가능성을 살펴볼 것이다.

2.
실존적 건강의 조건: 관계, 관점, 경계 그리고 균형

니체는 '관계'를 사유하는 철학자이다. 그리고 그는 철학을 관계를 사유하는 도구이자 관점으로 활용한다. 그의 개념 "관점주의"를 통해 확인할 수 있는 것처럼, 관계를 사유하는 그의 철학적 관점, 다시 말해 그의 "관점주의적인 '인식'"[21]은 형이상학적 · 종교적 이원론과 도덕적 실천에 대한 비판의 본질적인 토대이다. 형이상학과 종교는 이원론적 '경계'를 만들어낸 사상적 · 신학적 체계이며, 니체가 파괴하고자 했던 것은 단순히 명칭이 아니라, 오늘날에 이르는 2500여 년의 시간동안 인간적인 조건에 남아 있는 흔적이었다.

형이상학과 종교에 의한 이원론적 세계질서와 해석은 세계를 이편과 저편으로, 인간을 육체와 영혼으로 분리했으며, 도덕은 사고와 사유, 믿음과 신앙의 실천원리로서의 역할을 해왔다. 다시 말해 형이상학과 종교는 '관계'가 아니라, '관계의 끝'을 지향해 온 사고의 체계이다. 하지만 니체는 이편과

---

21) 니체, 『도덕의 계보 III』, 12, 483쪽.

저편, 육체와 영혼이 맺는 '차별의 관계'를 '차이의 관계'로 전환하기 위해 '경계'를 사유하기 시작한다. 그리고 니체는 그 경계에 인간을 세우며, 그를 다시 '가치의 관계'를 사유하는 존재로 변모시킨다.

인간은 본질적으로 선과 악, 옳음과 그름, 건강과 병, 상승과 하강, 성장과 퇴락 그리고 행복과 불행, 사랑과 이별, 기쁨과 슬픔 등 '가치의 경계'에 서 있는 존재이다. 하지만 그는 가치의 이원화 속에서 스스로 가치를 설정할 수 있는 힘과 의지를 상실했다. 그렇기 때문에 니체에게 있어 인간의 실존적 건강에 중요한 조건은 바로 '실존의 경계'에서 이원화된 가치를 자기 삶의 조건 위에서 평가할 수 있는 고유한 '관점'과 스스로의 힘으로 삶의 관점을 설정할 수 있는 힘, 즉 "관점을 설정하는 힘(Perspektiven-setzende Kraft)"[22]이다.

내 안에 내재되어 나로부터 발산되는 힘은 곧 내 삶의 관점을 설정하는 힘이다. 관점은 그 조건이 나로부터 벗어난 가치가 아니라, 오직 나 자신일 때에만 필연적인 의미를 가지며, 니체는 이러한 관점을 "필연적 관점주의(nothwendiger Perspektivismus)"[23]라고 규정한다. 니체의 개념 "힘에의 의지(der Wille zur Macht)"에 담긴 개념적 의미를 통해 알 수 있는 것처럼, 관점의 조건은 자신의 삶이고, 그 추동력은 자신 안에 내재한 힘의 변화에 의해 매 순간 달라진다. 그렇기 때문에 관점은 자신 안에서 끊임없이 변화하는 힘의 증대와 감소에 따라 달라질 수밖에 없는 것이다. 그리고 이때 이 힘은 두 개의 가치를 동시에 추구하는 힘일 수 없기 때문에 필연적으로 실존적 유용성에 따라 평가되는 해석일 수밖에 없다. 나로부터 발현되는 의지가 하나라면, 의지를 통해 표출되는 힘도 하나이고 또한 이로부터 발생하는 쾌와 불쾌의 감정

22) 니체, 『유고(1888년 초~1889년 1월 초)』, 14[186], 207쪽.

23) 같은 책, 14[186], 207쪽.

역시 서로 관계하는 하나이며, 그 근원은 본질적으로 '나 자신'일 수밖에 없다. 그렇기 때문에 내 안에 내재한 하나의 힘이 추구하는 가치 역시 하나일 수밖에 없다.

> 아, 안락하고 선량한 그대들은 인간의 행복에 대해 너무 모르고 있다! 행복과 불행은 서로 함께 커가는 두 명의 오누이요 쌍둥이이며, 혹은 그대들과 같은 인간들에게서는 함께 어린이로 머물러 있는 오누이요 쌍둥이인 것이다![24]

니체가 형이상학과 종교에 의한 이원론적 가치평가 및 해석을 파괴하고자 하는 이유는 바로 위에 언급된 이원화된 가치가 본질적으로는 유기적인 생명의 관계를 맺고 있는 하나의 가치, 다시 말해 '균형의 관계'를 맺고 있는 하나이기 때문이다. 그래서 내가 발산하는 힘과 의지는 행복과 불행, 기쁨과 슬픔, 상승과 하강, 성장과 퇴화 그리고 건강과 병 등 서로 관계하는 두 가치의 경계에서 발산될 수밖에 없다. 예를 들어 행복과 불행이라는 두 개의 가치는 서로를 배제하지 않고 변화의 조건으로서 관계한다. 행복은 불행에 의해서, 건강은 병에 의해서, 상승은 하강에 의해서, 즉 모든 가치는 '서로 관계하는 균형'에 의해서 그 의미와 가치가 증명된다. 그래서 니체는 행복을 "모든 충동이 야기시킨 활동들 간의 균형"[25]이라고 말하는 것이다.

니체가 마지막 인간과 위버멘쉬 사이의 경계에서 건강한 실존을 향한 선택을 요청하듯이, 경계에 선 인간에게 가장 중요한 사안은 앞으로 나아가며 유지하는 '실존의 균형'이다. 그리고 니체는 자신의 철학에서 이와 같은

---

24) 니체, 『즐거운 학문』, 338, 안성찬 · 홍사현 옮김, 책세상, 2005, 311쪽.

25) 니체, 『유고(1882년 7월~1883/84년 겨울)』, 7[260], 413쪽.

실존의 균형을 유지하는 인간 내면의 원리를 "힘에의 의지"로 제시한다. 그래서 니체는 "완전한 균형(das völlige Gleichgewicht)"은 "힘의 변화(die Veränderungen der Kraft)", 즉 힘의 감소와 증대의 반복적인 발생과 순환에 의해서만 가능하다고 말하는 것이다.[26)]

이러한 의미에서 니체는 다음과 같이 말하기도 한다. "인간 안에는 피조물과 창조자가 일체가 되어 있다: 인간 안에는 소재, 파편, 과잉, 점토, 오물, 무의미, 혼돈이 있다. 그러나 또한 인간 안에는 창조자, 형성자, 해머의 냉혹함, 관망자적인 신성함과 제7일도 있다. — 그대들은 이러한 대립을 이해하는가?"[27)] 인간은 스스로 창조의 대상이자 창조하는 자이다. 그리고 명령과 복종, 극복과 보존, 건강과 병 등 그의 안에 내재한 두 가지 내적 요소가 유기적인 생명의 관계를 맺을 수 있을 때 비로소 '실존의 균형'은 유지된다. 인간의 본질에 대한 니체의 이러한 존재론적 해명은 곧 '실존적 균형의 원리'로서의 힘에의 의지의 활동을 잘 보증해준다.

관계에 대한 니체의 사유는 이미 그의 초기 저서 『비극의 탄생』에서 "예술가-형이상학(Aristen-Metaphysik)"이라는 개념으로 주제화되고 있으며, 중기 저서 『인간적인 너무나 인간적인』에서는 이 체계로부터의 해방을 시도하는 "자유정신(der freie Geist)"을 통해 나름의 방법론을 제시하고 있다. 나아가 『즐거운 학문』에서는 "커다란 건강(die grosse Gesundheit)"이라는 개념을 통해, 이 문제의식을 건강과 병에 적용시킴으로써 이원론적 세계 질서와 인간 해석의 해체를 시도한다. 그리고 후기의 시작을 여는 『차라투스트라는 이렇게 말했다』에 이르러 관계와 경계에 대한 그의 사유는 다양한 개념들을 통

---

26) 니체, 『유고(1881년 봄~1882년 봄)』, 11[265], 안성찬 · 홍사현 옮김, 책세상, 2005, 548쪽 참조.

27) 니체, 『선악의 저편』, 225, 김정현 옮김, 김정현 옮김, 책세상, 2005, 210쪽.

해서 보다 구체화된다.

형이상학과 종교에 의한 이원론적 관계를 해체하고자 하는 니체에게 있어 세계와 삶, 나와 나 자신의 '관계'를 온전히 해명하고자 하는 사상적 시도, 즉 그 관계를 있는 그대로 인식할 수 있는 '관점'을 제시하고자 하는 철학적 시도는 자연스럽게 '경계'에 대한 사유로 나아간다. 만약 인간이 관계를 맺지 않는 존재라면, 다시 말해 형이상학적이고 종교적인 절대적 가치와 존재를 맹목적으로 추구하게 된다면 관점은 불필요하고 경계는 부정될 것이다. 하지만 인간이 관계를 맺는 존재라면, 관점의 조건은 삶일 수밖에 없고, 경계는 실존의 변화를 발생시키는 존재론적 가능성의 토대일 수밖에 없을 것이다. 니체가 『차라투스트라는 이렇게 말했다』에 담긴 자신의 철학적인 문제의식과 이 책의 전체적인 주제를 공개하며 제시한 첫 번째 개념, 즉 「차라투스트라의 가르침」에 처음 등장한 개념이 "신의 죽음"인 이유는, 바로 그의 본질적인 문제의식이 '관계'이기 때문이다. 뒤이어 차라투스트라가 하산한 후 방문한 장소인 시장터에서 제시한 가르침이 "위버멘쉬"인 이유 역시 형이상학적 · 종교적 가치와 나 그리고 나와 나 자신과의 '관계'에 대한 그의 문제의식을 잘 보여준다.

신이 죽었다는 사실로부터 더 이상 형이상학적 · 종교적 세계관과 인간관 그리고 그 안에 내재된 도덕적 원리는 해체될 수밖에 없다. 니체에게 있어 신의 죽음으로 인해 주어진 가장 시급한 실존의 문제는 진리와 나, 창조주와 나, 세계와 나, 나와 나 자신과 같은 관계의 재정립이었다. 인간은 본질적으로 자기 실존의 경계에서 양극단의 가치들과 관계하는 삶을 살아간다. 그리고 신의 죽음 이후 발생한 허무주의적인 위기 속에서 모든 인간은 비로소 자신만의 고유한 '관점'을 통해 삶을 방향과 양식을 결정하고 창조할 수 있는 '경계'에, 즉 '변화가능성의 경계'에 서게 된다.

니체에 의하면 이 경계에서의 삶을 긍정하지도, 관점을 창조하지도 못할 때에 실존적 공허함과 무기력이 발생한다. 니체가 허무주의를 실존적 변화의 시작으로 여기는 이유는 이 때문이다. 하지만 결국 이러한 실존의 경계에서 자신만의 고유한 관점을 통해 매 순간 자기 자신과 관계하며 스스로를 극복하는 삶을 살아가겠다고 결정하는 자에게 니체는 "위버멘쉬(Übermensch/Overman)"라는 명칭을 부여한다. 이렇듯 위버멘쉬는 실존의 '경계'에서 자신의 실존적 특권을 절대적인 진리와 존재에 위임하지 않고 매 순간 자기 자신과 '관계'하며 자신만의 '관점'을 통해 창조적인 삶을 살아가고자 하는 인간유형에 대한 명칭이다.

> 사람은 짐승과 위버멘쉬 사이를 잇는 밧줄, 심연 위에 걸쳐 있는 하나의 밧줄이다. 저편으로 건너가는 것도 위험하고 건너가는 과정, 뒤돌아보는 것, 벌벌 떨고 있는 것도 위험하며 멈춰 서 있는 것도 위험하다. 사람에게 위대한 것이 있다면 그것은 그가 목적이 아니라 하나의 교량이라는 것이다. 사람에게 사랑받아 마땅한 것이 있다면, 그것은 그가 하나의 과정이요 몰락이라는 것이다. 나는 사랑하노라. 몰락하는 자로서가 아니라면 달리 살 줄을 모르는 사람들을. 그런 자들이야 말로 저기 저편으로 건너가고 있는 자들이기 때문이다.[28)]

경계는 인간을 '과정'을 살아가는 존재로 규정해주는 존재론적인 조건이다. 인간은 완성된 삶을 살 수 없고 '미완성'으로 살아가는 존재이기 때문에 그 어떤 형이상학적 · 종교적 체계에 의해서도 결코 온전히 해명될 수 없다. 그렇기 때문에 니체에게 있어 건강한 실존의 중요한 조건은 '경계'에서의 삶과 위버멘쉬적인 삶을 긍정하는 '관점' 그리고 이 선택을 스스로 결정

---

28) 니체, 『차라투스트라는 이렇게 말했다』, 「차라투스트라의 머리말」, 4, 21쪽.

하며 매 순간 자기 자신을 극복해나가는 의식적인 결정의 본질로서의 '관계', 즉 '자기 자신과의 관계'이다. 형이상학적 · 종교적 이원론에 의해 관계에 대한 사유가 마비됨에 따라 인간이 스스로 자기 자신과 관계하며 삶의 방향을 선택할 수 있는 경계가 절대적 진리와 존재 아래 매몰되었다는 니체의 철학적 문제의식은 실존적 건강을 위한 방법론으로서의 "균형"으로 나아간다.

이러한 의미에서 니체의 말, "나는 상승하는 삶의 유형과, 퇴락하고 붕괴하고 약한 다른 유형을 구별한다"[29] 혹은 "각각의 인간은 그가 삶의 상승선을 나타내는지 하강선을 나타내는지에 따라 평가되어도 무방하다"[30]에는, 인간이 상승과 하강의 경계에 서 있기 때문에 관점의 변화에 따라 언제든지 달라질 수 있다는 가능성이 내포되어 있다. 그래서 니체에게는 인간이 상승과 하강 유형으로 구별될 수 있다는 사실보다 인간은 스스로를 극복해야만 한다는 '자기 자신과의 관계'가 더욱 중요한 것이다. 그 이유는 자기 자신을 극복하겠다는 의지는 자신의 결여를 의식하고 있다는 사실을 알고 있다는 관점의 변화를 보증해주기 때문이다.

또한 "인간에게는 무엇인가 근본적인 결함이 있다 — 인간은 극복되어야 한다. 시도하라!"[31]와 "인간은 극복되어야 할 그 무엇이다. 이것은 생을 위대한 자기극복으로 보는 교설이다"[32]라는 니체의 말에는 본질적으로 관계, 관점, 경계 그리고 균형에 대한 니체의 철학적 문제의식이 모두 담겨 있다. 극복한다는 것은 변화한다는 것이며, 니체는 이 활동을 생성과 생기로 규정한다. 그리고 삶이 보여주는 모든 극복과 변화의 활동을 하나의 개념으

29) 니체, 『유고(1888년 초~1889년 1월 초)』, 15[120], 339쪽.

30) 니체, 『우상의 황혼』, 「어느 반시대적 인간의 편력」, 33, 168쪽.

31) 니체, 『유고(1882년 7월~1883/84년 겨울)』, 11[8], 497쪽.

32) 같은 책, 18[49], 772쪽.

로 포착할 수 있다고 말하며, 그 개념을 "힘에의 의지"로 제시한다.[33)]

이렇듯 극복한다는 것은 곧 균형을 유지한다는 것과 다르지 않다. 생성이 이편의 대지세계의 균형을 유지하는 원리이듯이, 매 순간 힘의 변화를 발생시키는 힘에의 의지에 의한 '생기' 역시 인간의 내 · 외적 균형을 유지하는 '존재의 원리'이자 '생명의 원리'이다. 나아가 존재의 원리이자 생명의 원리로서의 힘에의 의지는 자신의 존재성 및 생명성(자연성)과 관계를 맺는 건강의 원리이기도 하다. 힘에의 의지에 의해서 인간은 자신의 존재, 생명, 건강과 관계를 맺는 실존의 균형을 이루며 살아갈 수 있게 된다.

33) "자신을 극복하는 것으로서의 생성: 주체가 아니라 행위이며, 설정하는 것, 창조적인 것이지만 "원인과 결과"는 아니다. [⋯] 삶이 보여주는 모든 것, 전체 경향의 축약 공식으로 간주한다: 그러므로 "삶"개념의 새로운 고착, 힘에의 의지로"(니체, 『유고(1885년 가을~1887년 가을)』, 7[54], 380-381쪽 참조).

3.
균형의 철학적 조건: “몸”

니체는 형이상학과 종교의 이원론적 인간해석에 대한 본질적인 비판을 통해 존재론적인 균형과 그 원리의 해명을 시도한다. 그에 의하면 2,500여 년의 서구정신사에서 영혼과의 비교 아래 부정되고 폄하되어온 육체는 본질적으로 인간이라는 ‘존재의 균형’을 구성하는 조건이다. 이제 니체는 영혼과 육체 중 그 어느 하나도 부정하지 않고, 오히려 생명의 관점에서 일원론적 · 유기적으로 포괄하는 “몸(der Leib)”의 개념을 통해 존재의 균형을 재규정하기 시작한다. 니체는 『차라투스트라는 이렇게 말했다』의 「몸을 경멸하는 자들에 대하여」에서 자신의 이러한 문제의식에 대해, 다시 말해 인간은 영혼과 육체를 포괄하는 총체적인 존재일 수밖에 없으며, 이 중 하나만 배제되더라도 인간 그 자체를 온전히 이해할 수 없다는 사실에 대해 명확하게 설명하고 있다.

> 몸은 커다란 이성이며, 하나의 의미를 지닌 다양성이고, 전쟁이자 평화, 가축 떼이자 목자이다. 형제여, 네가 ‘정신’이라고 부르는 그 작은 이

성, 그것 또한 너의 몸의 도구, 이를테면 너의 커다란 이성의 작은 도구이자 놀잇감에 불과하다. 너희들은 "자아(Ich)" 운운하고는 그 말에 긍지를 느낀다. 믿기지 않겠지만 그 자아보다 더 큰 것들이 있으니 너의 몸과 그 몸의 커다란 이성이 바로 그것들이다. 커다란 이성, 그것은 자아 운운하는 대신에 그 자아를 실천한다. […] 형제여, 너의 사상과 생각과 느낌 배후에는 더욱 강력한 명령자, 알려지지 않은 현자가 있다. 이름하여, 그것이 바로 자기다. 이 자기는 너의 몸속에 살고 있다. 너의 몸이 바로 자기이기도 하다.[34)]

세계의 이원화 속에서 대지의 자연세계가 가치론적으로 폄하될 수밖에 없었듯이, 영혼과 육체 이원화 속에서 인간의 자연성은 부정될 수밖에 없었다. 인간의 육체가 부정된 후, 그의 자연성, 다시 말해 그 안에 내재한 수많은 욕구, 욕망, 충동, 본능, 감정, 의지 등의 정념, 나아가 그의 실존은 부정될 수밖에 없었다. 니체가 소크라테스와 플라톤 이래 이성중심주의적인 철학자들과 그들의 해석을 비판하는 이유는 이 때문이다. 자신의 정념을 부정한 인간은 자신으로서 살고 있음에도 불구하고 스스로를 자신으로서 인식하지 못하는 '인식불능의 삶'을 살 수밖에 없다. 그리고 이러한 삶은 결국 자기 자신과 맺는 '관계상실의 삶'일 수밖에 없다. 나아가 이 삶은 본질적으로 경계가 아니라, 경계의 형이상학적 · 종교적 끝에 머무는 삶일 수밖에 없다. 자신으로서 살아가며 자신의 반(半)만을 의식하며 사는 인간은 존재론적으로 '균형을 상실한 삶'일 수밖에 없다.

균형을 상실한 삶의 양식은 근대문명에 대한 니체의 비판에서도 여실히 드러난다. 니체에게 있어 근대의 평균적 · 대중적인 문화는 실존적 균형

34) 니체, 『차라투스트라는 이렇게 말했다』, 「몸을 경멸하는 자들에 대하여」, 52-54쪽.

에 대한 오해에 지나지 않는다. 그 이유는 "도덕성이란 개인들 속의 무리 본능이다"[35]라는 니체의 말처럼, 사회의 도덕적 규칙을 통한 조화와 균형은 오히려 인간 안에 내재한 다양성의 힘을 평균화시키는 평준화의 원리일 뿐이기 때문이다. 그래서 니체는 힘에의 의지의 속성으로서의 "균형"이 자유, 독립, 평화, 조정과 같은 "위장된 방식"으로 오해되어서는 안 된다고 경계하는 것이다.[36]

이러한 의미에서 니체는 『인간적인 너무나 인간적인 II』의 「방랑자와 그의 그림자」 중 "균형의 원리(Princip des Gleichgewichts)"라는 단편에서 이 원리의 조건을 사회철학적인 관점에서 다음과 같이 설명한다. "약자들은 균형을 유지하는 세력과 함께 일하거나 아니면 균형을 유지하는 자에게 종속되거나(보수를 받는 대신 그에게 봉사한다) 하지 않으면 안 되기 때문이다."[37] 니체에게 있어 평균적인 균형은 자신의 내적 충동마저도 평준화시키는 "평범함", 즉 '힘에의 의지의 불능 증상'에 불과할 뿐이다. 이에 대해 니체는 다음과 같이 자신의 문제의식을 명확하게 제기한다.

> 내가 무엇에 대해 이의를 제기하느냐고? 크게 축적된 힘이 가지고 있는 위대한 충동들을 알지 못하는 비소하며 평화로운 이러한 평범성(Mittelmäßigkeit)을, 영혼의 이러한 균형(Gleichgewicht einer Seele)을 무언가 높은 것으로, 인간의 척도로까지 간주하는 일이며, 이렇게 되지 않도록 한다.[38]

---

35) 니체, 『유고(1884년 가을~1885년 가을)』, 34[239], 292쪽.

36) 니체, 『유고(1885년 가을~1887년 가을)』, 7[6], 337쪽.

37) 니체, 『인간적인 너무나 인간적인 II』, 22, 김미기 옮김, 책세상, 239쪽.

38) 니체, 『유고(1887년 가을~1888년 3월)』, 10[98], 210쪽.

약자들이 자신들로부터 느끼는 "생명감의 총체"는 "무리의 행복", "공동체-느낌", "생동적인 일체감"들이다.[39] 이에 대해 니체는 다음과 같이 단언하기도 한다. "현존재를 둘러싼 싸움을 끝내기 위해 공동체가 탄생한다. 균형. 그들의 관점"[40] 니체는 이러한 사회적 · 도덕적 공유감정 속에서 균형의 실존적 의미에 대한 의구심을 가졌다. 하지만 보다 근본적으로 이데아적 진리를 추구하던 고대 그리스로부터 불변하고 불멸하는 신을 향하던 중세를 거쳐 자아(Cogito)를 추구하던 근대에 이르는 동일성에 대한 염원 역시도 인간이 자기 자신과 관계하며 고유한 관점을 통해 실존의 경계에서 위버멘쉬적 삶의 방향을 선택하는 능력의 상실, 즉 '균형의 상실'을 잘 드러내준다. 실존적 건강의 조건으로서의 균형은 나를 초월한 가치를 통해 스스로를 인식하는 동일성의 원리가 아니라, 내가 나를 나로서 이해하고 나로서 살아가고자 하는 자기인식의 원리를 토대로 한다.

그리고 위의 글의 일부인 다음의 글은 이와 같은 사실을 잘 보증해준다. "너희들은 "자아(Ich)" 운운하고는 그 말에 긍지를 느낀다. 믿기지 않겠지만 그 자아보다 더 커다란 것들(das Grössere)이 있으니 너의 몸과 그 몸의 커다란 이성이 바로 그것들이다."[41] 니체는 자아를 해방시키고 차별화시키는 조건이 인간 안에 있으며, 그것을 바로 내 안에 있는 '또 다른 나'인 "자기(das Selbst)"[42]로 규정한다. 니체에게 있어 육체와 영혼을 포괄하고 이로부터 진정한 자기 되기를 존재론적으로 보증해주는 몸이 중요한 이유는 이 때문이다.

몸의 균형은 곧 '몸의 정의'이다. 그리고 다음과 같은 니체의 말처럼, 균형은 인간 안에 내재한 생명력에 의해, 다시 말해 힘에의 의지에 의해 구성

---

39) 니체, 『유고(1888년 초~1889년 1월 초)』, 14[130], 133쪽.

40) 니체, 『유고(1878년 봄~1879년 11월)』, 41[42], 459쪽.

41) 니체, 『차라투스트라는 이렇게 말했다』, 「몸을 경멸하는 자들에 대하여」, 52쪽.

42) 같은 책, 53쪽.

되는 생명의 질서로서의 도덕과 비견되기도 한다. 서술되지 않은 채로 제시된 다음과 같은 유고의 짧은 문장은 몸의 도덕, 즉 생명과 생명력의 활동에 하나의 인간학적 원리를 부여하고자 하는 니체의 사상적 의도를 유추할 수 있게 해준다. "몸의 생명 속에 깃들어 있는 인간의 사실적 도덕성(die thatsächliche Moralität)."[43] 뒤링(Eugen Dühring)에 대한 니체의 비판처럼, 인간 안에 내재한 힘에 대한 도덕적 평가는 삶을 평가하는 올바른 방식일 수 없다. 그 이유는 인간 안에 균형 잡힌 힘들은 힘에의 의지에 의한 균형임과 동시에 "균형 속에 놓여 있는 힘들(die Kräfte […] im Gleichgewicht)"이기 때문이다.[44] 즉 힘에의 의지는 균형의 원리임과 동시에 그 원리 안에서 발생하는 활동 그 자체이다.

니체에 의하면 근대의 데카르트적인 '생각하는 자아'는 아직 온전한 의미에서 '나 자신'을 대변할 수 없다. 그 이유는 인간 내면의 자기 — 니체의 표현에 의하면 "더욱 강력한 명령자이자 알려지지 않은 현자(ein mächtiger Gebieter, ein unbekannter Weiser)" — 가 부정된 상태는 결국 실존적인 균형의 상실 증상에 지나지 않기 때문이다. 자신의 존재론적인 본질을 부정하게 되면, 자기 '실존의 균형'은 상실될 수밖에 없다. 그래서 니체는 인간의 사유능력으로 대변되는 전통적인 이성을 "커다란 이성(die grosse Vernunft)"으로 대변되는 '나'라는 '몸의 이성' 안에서 유기적으로 관계하며 활동하는 또 다른 이성, 즉 "작은 이성(die kleine Vernunft)"으로 규정하는 것이다.[45] 중요한 것은 작은 이

---

43) 니체, 『유고(1884년 초~가을)』, 25[437], 정동호 옮김, 책세상, 2004, 166쪽.

44) 니체, 『유고(1875년 초~1876년 봄)』, 9[1], 276쪽 참조.

45) 니체는 "커다란 이성"을 동일한 의미에서 다음과 같이 표현하기도 한다. "우리의 행위 전체에는 어떤 우리의 목적에 반해서 그리고 모든 의식적인 의지에 반해서 계산하는 더 커다란 이성(eine gewisse größere Vernunft)이 존재한다. 그것은 우리가 의식적으로 우리 자신에 대해 신뢰하는 것보다 훨씬 더 조화롭고 섬세하다"(니체, 『유고(1882년 7월~1883/84년 겨울)』, 7[228], 403-404쪽).

성이 인간을 그 의미와 역할에서 작게 만드는 것이 아니라, 본질적으로 인간을 잘못 이해할 수밖에 없었던 존재론적 오류라는 사실이다.

니체가 여러 개념에서 사용하는 "커다란(gross)"이라는 형용사는 ① 이원론적인 가치의 관계를 일원론적으로 포괄하는 의미와 더불어, ② '본질적인'이라는 의미로도 사용된다. 그래서 니체는 내가 나로서 드러내는 외적인 자아보다 그 이면에 존재하는'더 커다란 것', '더 본질적인 것'을 내가 나로서 관계하며 진정한 나를 드러내는 내 안의 또 다른 나로, 즉 "자기(das Selbst)"라고 표현하는 것이다. 이러한 의미에서 니체는 다음과 같이 보다 분명하게 말하기도 한다. "커다란 이성, 그것은 자아 운운하는 대신에 그 자아를 실천한다. […] 너의 자기는 너의 자아를, 그리고 자아의 그 잘난 도약을 비웃는다. "이들 사상의 도약과 비상이라는 것들이 다 무엇이란 말이냐?" 자기는 자기 자신에게 말한다. "고작 내 목적에 이르는 에움길 정도가 아닌가. 나야말로 자아를 끌고 가는 줄이요. 자아의 개념들을 일깨우는 자렷다."[46]

니체에게 있어 '자아'가 곧 '나'라는 근대의 철학적 사유는 내가 나일 수밖에 없는 관계와 관점 그리고 경계에 대한 존재론적인 해명으로부터 도출된 결과가 아니기 때문에 여전히 형이상학적일 수밖에 없다. 자아가 인간의 존재론적인 본질로 대두될 때, 또 다른 의미에서 인간의 내적 요소로서의 자기가 부정될 때, 인간의 '존재론적인 균형'은 부정되고 그의 '실존적인 균형'은 상실된다. 위에서 이미 언급된 것처럼, 실존의 균형은 인간 안에 내재한 지속적인 힘의 순환과 변화를 발생시키는 '힘에의 의지의 원리', 다시 말해 '몸의 원리'에 의해 유지된다. 1884년 초의 한 유고에서 니체는 이렇게 말한다. "우리의 모든 종교와 철학은 우리가 처해 있는 신체적 상태(das

46) 니체, 『차라투스트라는 이렇게 말했다』, 「몸을 경멸하는 자들에 대하여」, 52-53쪽.

leibliche Befinden)의 징후들이다."[47] 그의 이 말은 다음과 같은 물음에 대한 니체의 단호한 답변이다.

> 심각한 고통이 철학을 하게 만드는 보다 일반적인 경우에, 병의 압박에 의해 생겨난 사상은 어떤 모습으로 나타날 것인가? 바로 이것이 심리학자에게 중대한 관심사가 되는 물음으로서, 이 문제에 관해서는 실험이 가능하다. […] 전쟁보다 평화를 높이 평가하는 모든 철학, 행복의 개념을 부정적으로 파악하는 모든 윤리학, 어떤 종류이건 간에 궁극적이고 최종적인 상태를 인식하려는 모든 형이상학과 물리학, 현실에서 떨어져 있고, 현실을 넘어서 있으며, 그 바깥에 있고, 그 위에 있는 것을 추구하는 모든 미학적, 종교적 요구 등에 직면할 경우, 우리는 그 철학자에게 영감을 준 것이 혹시 질병이 아닐까 하는 물음을 던져보아도 좋다.[48]

니체가 위의 글에서 비판하는 철학과 철학자 유형은 형이상학적 · 종교적이기 때문이기도 하지만, 그의 비판은 본질적으로 실존적 건강의 조건으로서의 '균형'을 배제한 철학자와 이 조건을 상실한 그의 사상을 향하고 있다. 인간의 구체적 현실로부터 벗어난 절대적 진리는 세계와 삶의 관계를 이원화하고 결국은 두 관계의 균형을 무너뜨릴 수밖에 없다. 또한 "전쟁보

47) 니체, 『유고(1884년 초~가을)』, 25[407], 153쪽. 다음의 글도 함께 참조하자. 이 글에서도 형이상학과 종교에 대한 니체의 비판은 실존의 균형을 구성하는 또 다른 가치를 대립적인 것으로 규정하고 부정하는 독단론을 향하고 있다. "형이상학의 저 모든 과감한 미친 짓거리, 특히 현존재의 가치에 대해 형이상학이 내놓는 답변은 항상 특정한 육체의 증상으로 간주될 수 있다. 이러한 세계 부정이나 세계 긍정 전체는 과학적으로 보면 전혀 의미가 없을지라도 역사학자나 심리학자에게는 이미 말한 대로 육체의 증상, 즉 육체의 성공과 패배, 충만, 힘, 역사 속에서의 자기 과시, 혹은 육체의 장애, 피로, 빈곤, 종말에 대한 예감이나 종말에 대한 의지 등으로서 가치 있는 암시를 제공한다"(니체, 『즐거운 학문』, 「제2판 서문」, 2, 27쪽).

48) 같은 책, 25-26쪽.

다 평화를 높이 평가하는 철학", 다시 말해 인간 안에 내재한 생명의 활동으로서의 힘에의 의지로 대변되는 정념의 활동을 억압하고, 오직 이성을 통해 세계와 삶을 주선하는 철학은 인간의 '실존적 균형'을 무너뜨리는 병의 원인일 수밖에 없다.

4.
자기 변형의 기술: “철학(Philosophie)”

1) “변형(Transfiguration)”의 인간학적 특징

인간에 대한 니체의 다양한 해석, 다시 말해 신의 죽음으로 인해 발생하는 허무주의적 위기 속에서도 자신만의 고유한 삶의 의미와 가치를 창조할 수 있는 위버멘쉬적인 특징들은 그의 철학에서 본질적으로 실존적 균형을 잡기 위한 역동적인 조건으로 제시된다. 인간에 대한 니체의 구체적인 철학적 관점은 다음과 같다. 그에 의하면 인간이란 “아직 확정되지 않은 동물”[49]로서 여전히 창조적으로 열린 변화의 가능성을 안고 있는 “사랑받아 마땅한 존재”[50]이다.

인간에 대한 니체의 관점은 감성을 중시하지 않고 지나치게 이성만을

49) 니체, 『선악의 저편』, 62, 101쪽.

50) 니체, 『차라투스트라는 이렇게 말했다』, 「차라투스트라의 가르침」, 4, 21쪽.

추구하는 '불임의 동물'[51]도 아니고, 삶의 자기보존 속에서 "되새김질로만 살아가야 하는 동물"[52]도, 창조할 이유도 없이 허무를 생산하는 "게으른 동물"[53]도, 종교적 신뢰를 필요로 하는 "환상의 동물"[54] 도 "존경하는 동물"[55]도, '길들여져야만 하는 동물'[56]도, "'개선된'동물"[57]도 아니다.

니체에게 있어 인간은 "병든 동물"[58]이 아니다. 오히려 인간은 "불신하는 동물"[59]이고 기존의 가치를 파괴하고 보다 높은 문화를 창조하기 위해 망치를 사용하는 "사나운 동물"[60]이며 참된 자기 인식을 위해 자기 삶의 실존적 조건에 대한 탐구를 시도하는 "날개 달린 동물"[61]이다. "인간이 더 이상 볼 수도 붙잡을 수도 없는 곳에는, 인간이 탐구할 만한 것도 더 이상 없다"[62]는 니체의 말처럼, 그는 인간 스스로 매 순간 자기 자신과 '관계'할 수밖에 없고, 자신만의 고유한 '관점'을 가질 수밖에 없는 '경계'에 서게 함으로써 스스로 자기 실존의 균형을 찾아갈 수 있도록 만들었다.

니체가 제시한 이러한 위버멘쉬적 특징들은 결국 모든 인간이 위버멘쉬를 향한 실존적 변화를 실현할 수 있는 자기조형의 가능성을 대변해준다. 이 가능성이 오직 자신 안에 내재한 힘과 의지에 의해서 실현될 수밖에 없

51) 니체, 『선악의 저편』, 144, 125.
52) 니체, 『반시대적 고찰 II』, 이진우 옮김, 책세상, 2005, 293쪽.
53) 니체, 『유고(1884년 가을~1885년 가을)』, 29[59], 80쪽.
54) 니체, 『즐거운 학문』, 1, 68쪽.
55) 같은 책, 346, 327쪽.
56) 니체, 『도덕의 계보 II』, 16, 432쪽 참조.
57) 니체, 『유고(1888년 초~1889년 1월 초)』, 15[155], 293쪽.
58) 니체, 『도덕의 계보 III』, 28, 540쪽.
59) 니체, 『즐거운 학문』, 346, 327쪽.
60) 니체, 『선악의 저편』, 229, 216쪽.
61) 니체, 『도덕의 계보』, 「서문」, 1, 337쪽.
62) 니체, 『선악의 저편』, 14, 33쪽.

듯이, “변형(Transfiguration)”[63] 역시 마찬가지이다. 자기조형의 일환으로 제시되는 변형은 과거와 미래 사이에 놓인 ‘오늘’ 스스로 자기 삶의 중심이 되기 위해 실존의 균형을 잡는 시도이다.

힘에의 의지의 특성상, 정지되지 않는 의지의 활동은 필연적으로 변화를 발생시킨다. 그리고 이 변화는 자신을 초월한 가치에 의존하지 않은 채, 자신만의 고유한 의미와 가치를 창조해나가는 ‘실존적 균형에의 의지’의 본질적인 특징이다. 자기 존재에 대한 예술적 창조가 본질적으로 나로서 존재하며 나로서 살아가기 위해 삶의 중심을 잡는 ‘실존적 균형의 기술’, 즉 ‘실존적 건강의 기술’이라면 변형 역시 그 일환으로 수행될 수밖에 없다.

2) 실존적 균형의 기술로서의 변형

“허무주의”로 대변되는 실존의 위기를 극복할 수 있는 인간유형에 대한 명칭으로서의 “위버멘쉬”와 실존적 변화의 경계에서 이 위기에 대한 관점을 미래로 확장시켜 지금 이 순간을 긍정하게 만드는 “영원회귀”에 담긴 철학적 건강이론의 토대는 과거와 미래 사이에 놓인 오늘의 “균형”이다. 이러한 의미에서 니체의 철학적 근본토대로서의 “디오니소스”는 현재의 삶을 향락으로 가득 채우는 것이 아니라, 과거와 미래 사이에서 현재를 긍정하고 사랑하는 ‘균형의 정신과 자세’를 대변해준다. 나아가 이러한 실존적 위기의 상황을 ‘자기 자신과 관계를 맺을 수 있는 기회’로 전환하고 자신만의 고유한 디오니소스적 관점을 통해 삶의 방향을 결정하는 선택의 원리는 이미 인

63) 니체, 『즐거운 학문』, 「제2판 서문」, 3, 28쪽.

간 안에 내재되어 있으며, 그 원리의 명칭은 "힘에의 의지"이다. 그렇기 때문에 니체의 철학에서 힘에의 의지는 신이 부재하는 허무주의 시대를 건강한 실존으로 살아가기 위한 '균형의 원리'로서의 역할을 하게 된다.

니체의 철학에서 힘에의 의지는 전통적인 이성과 더불어 인간의 육체적인 내적 활동을 포괄하는 개념이다. 즉 이 개념은 근본적으로 더 이상 신이 존재하지 않는 시대에 자기 자신과 관계하는 관점으로 삶을 변화시킬 수 있는 가능성의 경계에서 균형을 잡고 살아가는 실존적 건강의 원리로서의 역할을 한다. 하지만 이 외에도 이 개념은 ① 이성중심주의적인 인간 해석에 반하여 인간의 육체성, 즉 자연성을 되살리는 역할을 하고, ② 이를 바탕으로 인간이라는 존재가 끊임없는 생명력으로 생성하는 구체적 현실세계로서 대지(Erde)의 자연성을 공유하는 존재라는 사실을 드러내는 역할을 하며, ③ 이 생명력을 통해서 인간의 실존적 건강과 병을 진단하고 치유할 수 있는 철학적 치료의 원리로서의 역할을 한다.

힘에의 의지는 인간 안에 내재한 생명의 자연적 활동, 구체적으로 말하면 역동적인 생명력의 활동을 증명함으로써 인간에게 발생하는 건강과 병을 힘과 의지에 의한 실존적인 문제로 전환할 수 있게 해주는 개념이다. 이러한 의미에서 병을 생명활동으로부터 이탈한 오류로 규정하지 않고, 오히려 "새로운 건강(eine neue Gesundheit)"으로 변화될 수 있는 생명력의 조건으로 긍정하는 개념 "커다란 건강" 역시도 힘에의 의지의 원리를 따른다.[64] 니체에게 있어 건강과 병을 비롯하여 상승과 하강, 성장과 퇴화는 힘의 증대와 감소의 원리가 아니라, 힘의 발생 및 활동과 힘의 마비와 정지에 의한 결과이다.

이렇듯 힘에의 의지는 생명의 생명력을 대변하는 개념이기 때문에, 단

64) 니체, 『즐거운 학문』, 382, 392쪽.

한순간도 활동을 멈출 수 없다. 하지만 니체는 실존적 건강의 관점에서, 절대적인 진리와 존재에게 자신의 내적 힘과 의지의 특권을 모두 위임하고 자기 자신과의 관계와 관점을 상실한 채, 경계의 중심이 아니라 극단에서 살아가는 인간유형을 향해 힘에의 의지가 정지되고 마비된 증상으로 실존적 병에 걸렸다는 진단을 내린다. 인간 안에 내재한 힘의 발생과 활동이 형이상학적 · 종교적으로 온전히 해석될 수는 없을 것이다. 이러한 의미에서 니체는 다음과 같이 말하기도 한다. "양심적으로 생리학을 연구하기 위해서는, 감각기관(die Sinnesorgane)이 관념론적 철학이 의미하는 현상은 아니라는 사실을 명심해야만 한다."[65)]

"생명체를 발견할 때마다 나는 힘에의 의지도 함께 발견했다"[66)]라는 니체의 말처럼, 힘에의 의지는 생명체로서의 인간 안에 내재한 생명력의 활동을 대변하고 보증해주는 역할을 한다. 이 개념으로 인해서 비로소 형이상학적 · 종교적인 인간해석은 해체되며, 인간은 자기 내면의 본질적인 역동성을 보증받게 된다. 이제 병은 신에 의한 벌이 아니라 다시 건강해질 수 있는 실존적 변화의 기회로서 긍정된다. 이러한 의미에서 니체가 제시하는 "보다 높은 건강"[67)]은 — "커다란 건강"과 마찬가지로 — 건강의 역동적인 상태를 의미하며 그 역동성의 조건이 병임을 함의하고 있다.

병을 신에 의한 벌로 이해할 때, 건강은 침묵할 수밖에 없다. 하지만 병을 자연적이고 인간적인 현상으로 이해하게 되면, 건강은 병의 발생을 생명의 과정 중에 나타난 생명력의 자극으로 긍정할 수 있게 된다. 그렇기 때문

---

65) 니체, 『선악의 저편』, 15, 33쪽.

66) 니체, 『차라투스트라는 이렇게 말했다』, 「자기극복에 대하여」, 194쪽; "오직 생명이 있는 곳, 그곳에만 의지가 있다. 그러나 나 가르치노라. 그것이 생명에 대한 의지가 아니라 힘에의 의지라는 것을!"(같은 책, 196쪽).

67) 니체, 『니체 대 바그너』, 「후기」, 1, 백승영 옮김, 책세상, 2002, 544쪽.

에 니체에게 있어 건강은 본질적으로 “극복된 병(die überwundene Krannkheit)”[68] 일 수밖에 없는 것이다. 이렇듯 건강과 병은 비록 서로 다른 상태에 대한 표현이지만, 생명과 그 안에서 발생하는 생명력의 활동을, 즉 힘에의 의지를 하나의 원리로서 공유한다. 아래의 글에서 확인할 수 있는 것처럼, 힘에의 의지는 “유기체의 생명” 안에 내재한 원리이자 “유기체의 건강한 기능”[69]인 것이다.

> 유기체의 생명에서 미래의 선취나, 요컨대 정신이 수반하는 조심성이나 술책이나 영리함, 힘의 관계의 절대적인 확정이, 무자비함 전체가 경화되지 않고 문제시된다. 힘에의 의지의 절대 순간이 지배한다. 인간 속에는 (이미 세포 속에서) 이러한 확정이, 모든 관련자의 성장에서 지속적으로 모습이 바뀌는 어떤 과정이 — 지배자와 피지배자의 관계 역시 여전히 하나의 싸움으로, 복종하는 자와 지배자의 관계가 여전히 저항으로 이해될 수 있도록, 이 용어를 더 넓고 깊게 이해한다고 전제한다면, 어떤 투쟁이 있다.[70]

이러한 의미에서 힘에의 의지의 내적 투쟁이 중요한 이유는, 인간 안에서 발생하는 힘의 명령과 복종, 다시 말해 내가 나에게 내린 명령에 스스로 복종하는 주권적인 행위가 실존의 균형을 유지해주는 근본토대이기 때문이다. 만약 인간 안에서 힘의 증대와 감소를 매 순간 반복하며 힘의 변화

68) Gerhard Danzer, *Wer sind wir? Anthropologie im 20. Jahrhundert Ideen und Theorien für die Formel des Menschen*, Berlin/Heidelberg 2011, p. 454.

69) 니체, 『유고(1888년 초~1889년 1월 초)』, 14[174], 193쪽.

70) 니체, 『유고(1884년 가을~1885년 가을)』, 40[55], 496쪽.

를 지속시키는 힘과 힘들의 균형 잡힌 투쟁이 부정된다면,[71] 인간은 실존의 균형을 상실할 수밖에 없다. 결과적으로 그는 실존적 변화를 실현할 수 없게 된다. 니체에 의하면 이러한 인간의 의지는 "실제로 활동하는 삶을 부정하고자 하는 의지(ein Wille zur wirklichen thätlichen Verneinung des Lebens)"[72]일 수 밖에 없다. 자신 안에 내재한 변화의 가능성을 부정하고 나아가 스스로의 힘과 의지로 삶을 변화시킬 수 없는 인간은 실존적 병자일 뿐이다. 이러한 의미에서 니체는 생명을 동등하지 않은 다양한 힘(충동)들의 '복종'과 '명령' 관계 속에서 투쟁하는 힘에의 의지의 놀이형식이라고 규정한다.[73] 이렇듯 인간 안에 내재한 힘은 그의 실존을 건강으로 변화시키는 유일한 "영양분(Ernährung)"[74]이다.

또한 힘의 지속적인 활동은 "살아 있는 존재의 다양성"[75]을 보증해주며, 이러한 의미에서 힘은 나를 매 순간 변화될 수 있게 해주는 "변형"[76]의 조건이다. 그렇기 때문에 니체는 힘의 증대를 추구하지 않는 인간유형은 스스로에게 명령을 내릴 수 없기 때문에 절대적 진리와 존재의 가치를 추구할 수밖에 없고, 이로 인해 유일하게 복종할 수 있는 자기 자신을 상실해버린

---

71) "인간이 원하는 것, 살아 있는 유기체의 모든 최소 부분들이 원하는 것, 그것은 힘의 증대인 것이다. 힘의 증대에 대한 추구에 쾌도 따르고 불쾌도 따른다; 힘 증대에 대한 의지로부터 인간은 저항을 찾으며, 대항할 무엇인가를 필요로 한다. […] 유기체의 건강한 기능들은 모두 이런 욕구를 갖고 있다 — 그리고 유기체 전체는 […] 힘 느낌의 성장을 위해 격투를 벌이는 체계들의 복합체인 것이다"(니체, 『유고(1888년 초~1889년 1월 초)』, 14[174], 191-193쪽).

72) 니체, 『선악의 저편』, 208, 179쪽.

73) 니체, 『유고(1884년 가을~1885년 가을)』, 36[22], 371쪽 참조.

74) 니체는 이 사실을 "삶"으로 확장시켜 다음과 같이 표현한다. "우리는 하나의 공동의 영양분 섭취 과정에 의해 결합된 다수의 힘을 '삶'이라고 부른다"(니체, 『유고(1882년 7월~1883/84년 겨울)』, 24[14], 876쪽).

75) 니체, 『유고(1884년 초~가을)』, 27[27], 376쪽.

76) 니체, 『즐거운 학문』, 「제2판 서문」, 3, 28쪽.

자이자 스스로 다시 건강해지고 싶은 의지를 상실한 자로서 "의지의 병"[77]에 걸린 병자로 진단하는 것이다. 삶을 변화시키는 요소는 생명의 생명력이기 때문에, '힘에의 의지의 상실'은 자연스럽게 실존의 병을 발생시킨다.

니체는 인간 안에 내재한 이 생명력의 활동을 통해 비로소 인간과 삶이 변화될 수 있다고 생각했다. '건강으로부터 병으로의 하강' 혹은 '병으로부터 건강으로의 상승' 등과 같은 실존적 상태를 변화시키는 "변형의 기술(Kunst der Transfiguration)"[78]은 결국 생명력에 의한 결과, 즉 힘에의 의지에 의한 결과이다. 그리고 니체는 이 기술을 "철학(Philosophie)"으로 규정한다. 이를 통해 니체가 자신의 철학에서 인간의 실존을 변화시키는 기술, 구체적으로 말해 병든 인간이 다시 건강해질 수 있는 실존적 건강의 기술을 철학으로 제시하고 있다는 사실을 확인할 수 있다. 또한 "철학적 의사"를 통해서도 니체가 스스로 변형의 기술로서의 철학을 철학적 치유의 도구로 사용하고 있음을 알 수 있다. 변형의 기술은 건강한 사람뿐만 아니라, 병든 사람에게도 중요한 실존의 기술이다. 건강과 병을 이원화하지 않고, 생명으로 일원화하며 유기적 관계로 규정해주는 원리는 힘에의 의지이며, 이 원리를 통해 수행되는 "변형의 기술"은 곧 '균형의 기술'임을 확인할 수 있다.

이 변형의 기술은 결코 형이상학과 종교 혹은 도덕에 의한 것일 수 없다. 이러한 의미에서 니체는 1888년 초 유고의 한 단편에서 실존적 변화의 경계에서 자기 자신과 관계하며 자신만의 고유한 관점을 통해 창조적인 삶을 살아가는 위버멘쉬적 인간의 특징을 예술의 관점에서 설명하며 다음과 같이 말한다. "도취에 의한 변형의 힘(die Transfigurationskraft des Rausches)이 어느 정도인지에 대한 그지없이 놀라운 증거를 원하는가? 그 증거는 바로 '사랑'

---

77) 니체, 『선악의 저편』, 208, 181쪽.

78) 니체, 『즐거운 학문』, 「제2판 서문」, 3, 28쪽.

이다."[79]

그리고 이 사랑은 마땅히 동정 및 이웃사랑의 "변형"일 수 없다. 그 이유는 사랑은 본질적으로 내 안의 "힘의 느낌(Machtgefühl)"을 유발하는 원인이자 삶을 긍정하는 증거이어야만 하기 때문이다.[80] 이 사랑은 다른 종교적 · 신학적 근거에 의존하지 않고, 오직 자기 자신으로부터 시작되어 스스로를 증명하는 철학적 · 예술적 · 실존적 변형일 뿐, 결코 "신학적 변형(eine theologische Transfiguration)"[81]일 수 없다. 또한 "조상은 마침내 필연적으로 하나의 신으로 변형되는 것(transfiguriert)이다"라는 니체의 말처럼, 이 사랑은 조상에게 빚진 부채의식으로부터 느끼는 죄의식과 양심의 가책일 수도 없다.[82] 이렇듯 사랑은 예술적 실존의 조건이며, 이로부터 예술가 유형은 자기 실존의 경계에서 매 순간 자기 자신과 관계하며 자신만의 관점으로 삶을 창조하며 살아간다. 예술이 본능이 될 때, 창조는 임무가 아니라 권리가 된다. 그리고 "도취(Rausch)"는 이 사실을 잘 보증해준다.

근본적으로 니체의 예술철학적 탐구대상은 고전적인 작품이 아니라, 스스로 창조해가는 실존적 작품으로서의 인간 그 자체이다. 다시 말해 그의 예술은 인간이 자신 안에 내재된 힘과 의지, 즉 힘에의 의지를 통해서 자신의 삶을 변화시킬 수 있는 실존적 가능성의 실현을 탐구하는 존재미학의 특성을 가지고 있다. 그래서 니체의 예술철학은 자기 존재를 예술적으로 창조하는 '실존미학'으로 명명될 수 있으며, 그의 미학의 근본전제는 자기 자신

79) 니체, 『유고(1888년 초~1889년 1월 초)』, 14[120], 117쪽.

80) "'신이 인간에게 왔고', '이웃'은 변형되어 신이 된다. (그런 한에서 신에 대한 사랑의 감정이 유발된다) 예수는 이제 이웃인 것이다. 그를 신성으로, 힘 느낌을 유발하는 원인으로 여기는 생각의 전환이 이루어진 것처럼"(같은 책, 14[130], 134쪽).

81) 니체, 『유고(1887년 가을~1888년 3월)』, 10[79], 197쪽.

82) 니체, 『도덕의 계보 II』, 19, 438쪽.

과 관계를 맺고 있다는 사실을 대변해주는 개념으로서의 "도취"이다. 그리고 위버멘쉬는 자신 안에 내재한 "창조의 욕망"[83]을 통해 스스로를 창조하는 예술적 주체이자 대상으로 여기며, "습관적 도취"[84]를 통해 삶의 균형을 유지하며 실제로 삶의 의미를 창조하며 살아가는 인간유형이다.

자기 자신과 관계하는 예술적 도취 속에서 인간은 자신 안에서 발생하는 힘의 심리적 · 생리적 변화를 온전히 경험하게 된다. 그리고 이때 힘의 증대는 자신의 삶을 향해 "미적인 긍정(Ästhetisches Ja)"[85]을 할 수 있을 정도로 삶의 관점을 긍정적으로 변화시키며 자신의 의지로 삶의 가능성을 실현할 수 있도록 만든다. 이에 반해 "삶에 빈곤한 자, 약자는 삶을 더 빈곤하게 한다: 삶에 있어서 풍요로운 자, 강자는 삶을 풍요롭게 한다……"[86]는 니체의 말처럼, 힘의 감소는 삶의 관점을 하강시키고 퇴화시킨다. 이렇듯 니체는 오직 자신의 힘과 의지를 통해서 삶의 변화를 실현하는 인간이 자신의 삶에 대해 갖는 열정을 "사랑"으로 명명한다. "열정(Leidenschaft)"은 고통 속에서도 삶에 대한 사랑을 포기하지 않는 실존적 건강의 토대이자 단 한순간도 자신을 창조하지 않을 수 없는 실존적 예술의 조건이기도 하다.

> 열정은 삶에 속하며 누구나 그것을 행복의 방해 요소로서 의심스럽게 만들어서는 안 된다. 현존재는 사랑과 증오 없는 황량한 사막이 될지도 모른다. 인간은 한결같은 평온을 원치 않으며 언제나 자극과 흥분을 찾는다. […] 삶 자체는 열정 없이는 창출되지 않는 어떤 위대한 것이다.[87]

---

83) 니체, 『유고(1882년 7월~1883/84년 겨울)』, 7[151], 379쪽.

84) 니체, 『유고(1888년 초~1889년 1월 초)』, 14[117], 112쪽.

85) 니체, 『유고(1887년 가을~1888년 3월)』, 10[168], 263쪽.

86) 니체, 『유고(1888년 초~1889년 1월 초)』, 14[68], 59쪽.

87) 니체, 『유고(1875년 초~1876년 봄)』, 9[1], 272쪽.

니체에 의하면 자기 자신에 대한 예술적 · 열정적인 사랑은 "삶의 가장 위대한 자극제"[88]이다. 이렇듯 니체에게 있어 예술은 '경계'에 선 인간이 도취 속에서 매 순간 자기 자신과 '관계'하는 창조적 '관점'을 대변해준다. 그래서 니체는 예술에는 "도덕적인 균형"[89]이 있을 수 없다고 말하는 것이다. 예술은 인간 안에 은폐된 변화의 가능성을 실현하는 실천의 원리로서 매 순간 그의 삶의 중심을 자신으로부터 벗어난 그 어떤 존재에게도 양보하지 않는 실존적 균형의 방법론이다.

---

88) 니체, 『유고(1888년 초~1889년 1월 초)』, 14[120], 118쪽.

89) 니체, 『인간적인 너무나 인간적인 I』, 152, 김미기 옮김, 책세상, 171쪽.

5.
균형의 원리로서의 힘에의 의지

자연은 살아 있는 생명이 살아가는 과정의 원리이다. 이 과정에서 생명은 자연으로서의 특성을 발휘하게 된다. 생명은 삶의 존재론적 명칭이며 자연은 그 원리인 것이다. 니체에게 있어 이 '과정'의 원리는 "힘에의 의지"이다. 그리고 힘에의 의지는 건강과 병을 통해 생명력을 표출하는 생명의 원리이자 이 과정을 생명의 원리로서 규정해주는 자연의 원리, 즉 '조화'와 '균형'의 원리이기도 하다. 이 원리는 철학과 의학이 인간을 이해하는 시작으로서의 역할을 한다. 철학이 과학일 수 없는 이유는 여전히 이 문제에 본질적으로 접근하기 때문이며, 이러한 학문적 특징은 의학의 존재론적 성찰을 도울 수 있는 가능성이기도 하다.

생명의 생명력이 조화와 균형의 원리를, 다시 말해 인간의 내적 자연을 만들어가는 힘으로 작용한다는 사실은 철학과 의학에게 더 이상 인간의 몸을 오해해서는 안 된다는 임무를 부여해준다. 인간 안에 존재하는 영혼과 육체 중 그 어떤 힘도 몸의 일환으로 작용하며 그 역할을 다한다. "존재하는 것에서 빼버릴 것은 하나도 없으며, 없어도 되는 것은 없다"[90]는 니체의 말은 인간에게도 그대로 적용된다. 인간의 존재의미는 생명을 부여받았다는 사실로부터 보증된다. 생명은 인간이라는 자연과 이를 구성하는 모든 것들을 '의미 있는 것'으로 만든다.

드넓은 초원에 다양한 풀들이 초록빛 자연을 구성함으로써 우리가 자연을 초록으로 인식할 수 있게 해주듯이 생명은 병과 고통조차도 쓸모없는 것으로 배제하지 않고 생명력의 일환으로 허용한다. 그 이유는 병과 고통 역시도 몸의 자연이자 그 특징인 균형의 일부이기 때문이다. 하지만 병과 고통에 의해 발생하는 균형은 몸에게 주어진, 다시 말해 생명에게 주어진 새로운 균형의 과제이다. 그리고 자연은 이 균형의 과제를 보증하는 원리이다. 이러한 의미에서 니체가 "위버멘쉬가 이 대지의 뜻이다. [...] 이 대지에 충실하라!"[91]라고 말하는 이유는, 거대한 자연으로서의 대지가 생기하는 인간의 자연을 보증해준다고 생각했기 때문이다. 그리고 짧은 이 글은 위버멘쉬가 스스로를 자연의 일부이자 자연 그 자체임을 인식하는 존재라는 사실 역시 잘 보여준다. 아래의 글도 이 사실을 잘 보증해준다.

> 자연을 가까이하기 위해서는 내가 오로지 자연을 가져야만 한다. [...] 자연을 위해 나는 완전히 나의 균형(mein Gleichgewicht)을 발견해야만 했다.[92]

인간이 생명으로서 살아가는 것도, 병에 걸리고 다시 치유되는 것도,

---

90) 니체, 『이 사람을 보라』, 「비극의 탄생」, 2, 392쪽.

91) 니체, 『차라투스트라는 이렇게 말했다』, 「차라투스트라의 머리말」, 3, 18쪽.

92) 니체, 『유고(1878년 봄~1879년 11월)』, 41[44], 459쪽.

자신에게 좌절했다가 다시 긍정하게 되는 것도, 현재를 보존하는 삶으로부터 다시 극복하게 되는 것도 모두 생명의 생명력을 반영하는 자연의 원리이다. 형이상학과 종교에 대한 니체의 비판에서 알 수 있는 것처럼, 그가 우려한 것은 이 과정을 이원론의 관점에서 해석하는 것이었다. 니체에 의하면 생명이 살아가는 자연의 원리는 "힘에의 의지"이며, 인간 안에 내재한 이 힘은 결코 감소하지 않고, 의지에 의해 정지하지도 않는다.

> 힘들의 세계(die Welt der Kräfte)는 감소하는 법이 없다: 그렇지 않으면 무한한 시간 속에서 무력해졌을 것이고 사라졌을 것이다. 힘들의 세계는 정지하는 법도 없다: 그렇지 않으면 다 성취되었을 것이며, 존재자의 시계는 멈추어 서 있을 것이다. 따라서 힘들의 세계는 결코 균형에 이르는 법이 없고, 한시도 휴식하는 법이 없으며, 그 힘과 운동은 매시마다 똑같이 크다.[93]

건강과 병, 상승과 하강, 성장과 퇴화 등 생명의 생명력으로 대변되는 힘에의 의지는 근본적으로 건강, 상승, 성장을 지향하는 원리이지만 병, 하강, 퇴화에 맞서 이 가치들을 추구해나가는 균형의 원리이기도 하다. 힘에의 의지는 본질적으로 자기극복을 향한 의지이지만, 현재를 보존하고자 하는 의지에 맞서고 있기 때문에 결론적으로 삶에의 의지인 것이다. 그렇기 때문에 힘에의 의지는 균형을 잡은 채 살아 있는 원리가 아니라 지속적으로 균형을 잡으며 살아가는 삶의 실존적 원리이자 끊임없이 되어가는 존재의 원리인 것이다.

93) 니체, 『유고(1881년 봄~1882년 봄)』, 11[148], 492쪽.

완전한 균형(das völlige Gleichgewicht)은 그 자체로 불가능한 것이든지, 아니면 자체적으로 가능한 균형이 발생하기 전에, 힘의 변화가 발생해서 순환되기 시작해야 한다. — 자기보존의 감정(Selbsterhaltungsgefühl)을 존재에 전가하는 것! 정신 나간 짓! "쾌와 불쾌의 추구"를 원자들에 전가하는 것![94]

힘에의 의지는 건강과 병, 상승과 하강, 성장과 퇴화의 관계를 긍정할 수 있기 때문에 균형의 원리로 규정될 수 있다. 힘에의 의지 안에는 이미 "완전한 균형"이 있을 수 없다는 사실이 담겨 있다. "언젠가 한번 힘의 균형이 이루어졌다면, 그것은 여전히 지속될 것이다. 그러니까 힘의 균형은 아직 일어난 적이 없는 것이다. […] 만약 균형이 가능한 것이라면, 이미 일어났어야 한다."[95] 그렇기 때문에 특정한 힘의 균형은 발생한 적이 없다. 만약 이 균형이 가능하려면 동일한 힘만이 존재해야만 한다. 다음과 같은 니체의 말은 힘에의 의지의 특징을 잘 보여준다. "같은 힘이 아니라 상이한 힘들이 있어야 한다. 왜냐하면 이런 힘들에 의해 균형이 이루어질 수 있기 때문이다."[96]

이렇듯 힘에의 의지는 특정한 균형의 상태를 향해 활동하는 원리가 아니라, 힘과 의지의 변화를 통해 매 순간 '새로운 균형'을 찾아가는 원리이다. 그렇기 때문에 "불완전한 균형" 역시 있을 수 없다. '완전'과 '불완전', '안전'과 '불안전'이 특정한 상태에 대한 표현이라면, 더더욱 힘에의 속성에 어울리지 않는다. 니체에 의하면 "적대적 힘 사이에 있는 일종의 평화"[97]가 균형이다. 건강과 병, 상승과 하강, 성장과 퇴화를 생각해본다면 균형은 완전할

94) 니체, 『유고(1881년 봄~1882년 여름)』, 11[265], 549쪽.

95) 같은 책, 11[245], 537쪽.

96) 같은 책, 11[303], 567쪽.

97) 니체, 『유고(1884년 초~가을)』, 25[360], 138쪽.

수도, 불완전할 수도 없다.

> 불안정한 균형(ein labiles Gleichgewicht)은 마치 두 개의 합동삼각형처럼 자연에서 아주 드물게 나타나는 것이다. 따라서 힘의 정지상태라는 것도 있을 수 없다. 만약 정지 상태가 가능한 것이라면, 그것이 나타났을 것이다.[98)]

니체의 견해처럼, 힘은 결코 감소할 수 없다. 그리고 그의 표현처럼 힘은 단 하나의 가치를 추구하는 절대적인 속성일 수 없기 때문에 결코 단수일 수 없다. 그렇기 때문에 힘은 균형을 필요로 하는 복수(複數)의 세계이다. 그렇기 때문에 힘의 정지는 있을 수 없다. 힘과 힘들이 관계하지 않는다는 것은 곧 인간이 그 무엇도 의지하지 않는다는 것을 의미할 뿐이다. 이러한 상태는 인간이 생명력을 발휘하지 않는다는 것을 의미함으로써 결국 생명의 생명성, 즉 자연성을 오해하게 될 수밖에 없다.

니체가 힘에의 의지라는 개념을 바탕으로 힘의 균형을 위해 의지의 역할을 부각시키는 이유는 이 때문이다. 힘에의 의지는 본질적으로 '힘의 균형을 향한 의지'인 것이다. 니체에 의하면 단 하나의 절대적 진리와 존재를 향하게 하는 형이상학과 종교는 인간 안에 내재한 이 힘의 균형을 깨뜨린 주요 원인이었다. 아래의 글에 담긴 힘에 대한 니체의 생물학적 해명은 인간 안에 내재한 힘이 이원론적으로 오해될 수 없음을 잘 보여준다.

> 조직들 사이의 싸움(Kampf der Gewebe)을 통해 부분들 간의 균형(Gleichgewicht)이 이루어지거나 그 전체가 붕괴한다. 너무 강한 생명력

98) 니체, 『유고(1881년 봄~1882년 여름)』, 11[190], 514쪽.

을 가진 조직들은, 그것들이 아직 상당히 유용한 것일지라도 전체를 몰락시킨다. 예를 들어 종양(die Geschwülste)은 비정상적인 생명력을 지닌 조직이다. 그것은 영양분이나 타자의 공간을 희생시키면서 퍼지며 전체를 파괴시킨다. 어떤 조직이 비정상적으로 쇠약해지는 것만으로도 다른 조직이 우세해질 수 있다. 조직들 간의 균형이 없어지면서 개체는 빠르게 죽어가고 소멸되며, 살아 있는 것들의 계열에서 그것의 해로운 성질들이 제거된다. 단지 균형 상태만 남는다. 그렇게 이탈하는 것을 스스로 제거함으로써 유기체 전체의 조화로운 통일이 달성된다. 조직들 간의 투쟁은 조절하는 원리가 된다. 그것은 가장 합목적적인 균형을 기능적으로 스스로 형성하는 원리이다.[99]

니체가 균형을 설명하기 위해 "종양"이라는 조금은 극단적인 표현을 제시하고 있듯이, 생물학적 세포의 조직은 살아갈 육체를 파괴하며 결국 자신도 파괴하는 것이 아니라, 매 순간 생명력을 통해 해로운 조직을 제거하며 균형에 이르기 위해 노력한다. 니체에게 있어 생물로서의 생을 위해 기능하는 수많은 세포의 조직으로 이루어진 생명체에게 힘, 즉 생명력은 균형을 이루어가는 동력인 것이다. 그렇다면 건강은 곧 힘에의 의지의 멈추지 않는 생기 활동, 다시 말해 힘의 균형을 향한 의지의 활동에 의해 비로소 가능해진다.

이 활동으로 인해 인간은 생명과 자연이 주관하는 변화의 지속적인 과정에 놓이게 되며, 이 과정에서 병(하강, 퇴화)은 다시 건강(상승, 성장)해질 수 있는 기회로 허용된다. 위버멘쉬가 건강한 인간유형일 수 있는 이유는 그 스스로 되어가는 변화의 과정 중에 있으며, 그 원리가 대지의 생성과 공유하

99) 니체, 『유고(1882년 7월~1883/84년 겨울)』, 7[190], 391쪽.

는 생기, 즉 생명과 자연임을 인식하고 있기 때문이다.

생명은 건강과 병 각각에 상응하는 힘을 가지고 있지 않으며 그 원리로서의 자연은 건강과 병을 한 생명 안에서 인식한다. 즉 건강을 향한 힘과 병을 향한 힘은 따로 존재할 수 없다. 이러한 의미에서 의철학자 캉길렘이 건강과 병 각각의 고유한 규범을 생명의 규범으로 포괄하는 이유는 이 때문이다. 니체에 의하면 힘은 인간 안에 내재된 생명과 자연의 원리로서의 생명력이며, 이 힘으로 대변되는 힘에의 의지는 실재로 인간과 삶을 변화시키는 역할을 한다. 그리고 위버멘쉬는 스스로를 변화시킬 수 있는 힘이 자신 안에 내재되어 있음을 인식하고 있는 인간유형이다. 이렇듯 힘은 "속성(Eigenschaft)"으로 존재하기 때문에 결코 둘로 나뉠 수 없다.

> 역학(die Mechanik)에서 힘은 무조건 나눌 수 있는 어떤 것이다: 그러나 힘은 우선 자신의 모든 가능성을 현실에 비추어 검사를 해야 한다. 그런 힘에서는 그야말로 어떤 것도 똑같은 부분으로 나눌 수 없다; 매 상황에서 힘은 속성(Eigenschaft)으로 존재하며, 속성은 둘로 나누어지는 것이 아니기 때문이다: 이것이 힘의 균형(ein Gleichgewicht der Kraft)이 결코 존재하지 않았던 이유이다.[100)]

힘을 둘로 인식하지 않는다면 인간도, 세계도 이원화될 수 없을 것이다. '위버멘쉬적 건강의 속성'은 바로 균형에 있다. 니체가 『즐거운 학문』에서 우연의 삶을 살아가는 인간을 필연적 · 기계론적으로 해석할 수 없다고 말한 이유도 이러한 내용에 부합한다.[101)] 둘로 나누어질 수 없는 힘

---

100) 니체, 『유고(1881년 봄~1882년 여름)』, 11[233], 533쪽.

101) "우리 철학자들에게는 일반 민중들처럼 영혼과 육체를 분리할 수 있는 자유가 없다. 영혼과 정

의 속성은 힘의 소유자를 미완성의 존재, 즉 변화의 과정을 살아가는 존재로 규정하게 해준다. "힘들의 서열(einer Rangordnung der Kräfte)"을 통해 스스로에게 명령을 내리는 자와 누군가에게 복종하는 자를 구분하는 기준을 "건강(Gesundheit)"으로 제시하는 니체의 의도는 한 개인이 가진 힘의 속성이 어떠해야 하는지를 문제시하게 해준다.[102)]

또한 힘에의 의지의 속성을 다수의 힘들이 펼치는 명령과 복종의 "투쟁"[103)]으로 설명하는 니체의 의도 역시 이 내용에 직접적으로 부합한다. 명령과 복종은 한 사람 안에 내재한 힘의 속성이며, 이 투쟁으로부터 매 순간 균형은 새로워진다. 1885년의 짧은 문장은 이 사실을 명확하게 보증해준다. "균형의 수단으로서의 투쟁."[104)] 이 균형의 과정에서 건강과 병, 상승과 하강, 성장과 퇴화가 자연의 활동으로 반복된다. 중요한 것은 힘에의 의지의 본질은 "생존을 위한 투쟁(Der Kampf um's Dasein)"이 아니라, "삶에의 의지"이기 때문에 이 균형은 건강을 향해간다는 것이다.[105)]

건강철학의 관점에서 니체가 주장하는 힘에의 의지에 대한 본질적인 특징은, 이 의지가 '삶을 다시 건강하게 만들고 싶은 의지'라는 사실이다. 이 의지에 의해 힘의 속성은 보다 명확해진다. 니체가 자신의 철학적 파토스를 "건강에의 의지와 삶에의 의지"라고 명확하게 밝히는 이유는 이 때문이

신을 분리할 수 있는 자유는 더더욱 없다. 우리는 생각하는 개구리가 아니다. 차가운 내장을 지니고서 객관화하고 기록하는 기계가 아니다"(니체, 『즐거운 학문』, 「제2판 서문」, 3, 28쪽).

102) 니체, 『유고(1885년 가을~1887년 가을)』, 5[71], 14, 269-270쪽 참조.

103) 니체, 『유고(1884년 가을~1885년 가을)』, 40[55], 496쪽 참조.

104) 니체, 『유고(1885년 가을~1887년 가을)』, 1[31], 19쪽.

105) "자연을 지배하는 것이 궁핍이 아니라 터무니없을 정도의 과잉과 낭비라는 것을 인식해야 한다. 생존을 위한 투쟁(Der Kampf um's Dasein)은 예외에 속하며, 삶에의 의지가 일시적으로 제한된 것에 불과하다. 크고 작은 투쟁들은 언제나 우월, 성장, 확산, 힘을 둘러싸고 이루어지고 있다. 이것들은 힘에의 의지를 따르고 있으며, 이 힘에의 의지가 바로 삶에의 의지(der Wille des Lebens)이다"(니체, 『즐거운 학문』, 349, 333-334쪽).

다.[106] 나아가 니체가 자신 안에 "의사와 환자"[107]를 동시에 지니고 있다고 말하며 동시에 건강과 병의 경계에서 발생하는 고통에 대한 자신의 체험을 "하나의 질병과 회복의 역사"[108]라고 표현하는 이유도 이러한 의미에서 이해될 수 있다. 니체가 자신의 삶을 통해 경험한 힘에의 의지는 '삶의 균형에의 의지'였다. 병이 다시 건강해질 수 있는 기회로 긍정될 수 있는 이유는 바로 건강과 병이 유기적인 생명의 관계, 즉 균형의 관계를 맺고 있기 때문이다. 힘에의 의지에 의한 내적 균형이 깨지게 되면, 건강과 병의 관계 역시 깨질 수밖에 없다. 이러한 의미에서 힘에의 의지는 의철학적 관점에서 개념적 변화는 없지만, 그 의미는 확장될 수 있다.

---

106) 니체, 『이 사람을 보라』, 「나는 왜 이렇게 현명한지」, 2, 334쪽.

107) 니체, 『인간적인 너무나 인간적인 II』, 「서문」, 5, 16쪽 참조.

108) 같은 책, 6, 17쪽 참조.

6.
건강:
조화와 균형에 대한 의철학적 해명

인간의 육체는 단순한 물질이 아니라, 영혼과 생명력을 공유하고 발산하는 생명의 관계를 맺고 있다. 생명은 단지 생명력을 담고 있는 공간이 아니라, 유기체 전체에 그 힘을 전달하며 존재의 규범을 유지하는 존재론적 본질이다. 그리고 그 규범이 건강에서 병으로 혹은 병에서 건강으로 전환된다고 하더라도, 이러한 존재방식의 변화는 온전히 생명활동의 일환일 뿐이다. 그렇기 때문에 건강이란 특정한 생명의 규범을 따르는 상태가 아니라, 언제든 다시 새로운 규범을 만들어갈 수 있는 과정으로부터 도출되는 상태를 의미한다.

여기서 중요한 것은 니체의 개념 "커다란 건강"과 "새로운 건강"에 담긴 의미를 통해 알 수 있는 것처럼, 건강은 병이 부재하는 상태를 의미할 수 없다는 사실이다. 건강과 병이 하나의 생명에 발생한 두 가지 현상인 한, 병은 본질적으로 다시 건강해질 수 있는 실존적 기회이자 유기적 · 연속적 작용의 과정일 수밖에 없다. 건강이 마땅히 병에 이를 수밖에 없다는 사실은 병 역시 마찬가지로 다시 건강해질 수밖에 없다는 사실을 보증해준다. 건강은 병의 침입을 막고 있는 유기적 체계의 생명력을 대변하는 모든 것이자 병에 의해 비로소 모습을 드러내며 존재의 본질을 입증하는 자연의 총체이다.

> 우리는 질병이 유기체에 대한 일종의 강간이라는 생각에 반대하여 질병을 유기체가 자기의 항상적 기능이 작용해서 만들어내는 사건으로 […] 간주할 수 있다. 유기체의 작용은 그것이 완전히 다른 것이라 해도 이전의 작용과 연속된 것일 수 있다.[109)]

생명이 활동을 멈추지 않는 한, 다시 말해 생명력이 계속해서 발생하는 한 건강과 병은 유기적이고 연속적인 관계를 맺을 수밖에 없다. 니체가 병의 의미와 가치를 철학적으로 해석하는 이유는, 건강으로의 변화를 발생시키는 요인이 바로 병이기 때문이다.[110)] 생명의 끊임없는 활동으로 인해 병의 목적은 건강일 수밖에 없으며, 건강의 목적은 병으로 인해 매 순간 새로워진다. 그리고 생명의 생명력이 병을 자연의 현상으로 이해하는 한, 의학과 의사는 자연을 지배하는 방식으로 병을 대할 수 없다. 니체와 캉길렘은 실존적 · 의학적 관점에서 이 방식을 경계한다. 아래의 글은 생명과 그 규범에 대한 캉길렘의 의철학적 토대를 잘 보여준다. "우리는 의사의 관심을 끄는 것이 인간이라는 관점을 놓치지 않을 것이다."[111)]

생명의 규범에서 위험한 현상은 병의 규범으로부터 건강의 규범으로

---

109) 조르주 캉길렘, 『정상과 병리』, 이광래 옮김, 한길사, 1996, 103쪽.

110) Marina Silenzi, *Eine psychophysiologische Lektüre der Vorreden von 1886/87. Genese und Bedeutung von „Krankheit" und „Gesundheit"*, in Nietzsches Spätphilosophie, in: Nietzsche-Studien, Christian J. Emden/Helmut Heit/Vanessa Lemm/Claus Zittel (Hrsg.), Bd. 49, Berlin/Boston, 2020, p. 15 참조.

111) 조르주 캉길렘, 『정상과 병리』, 251쪽.

이행하지 못하는 생명력의 약화이다. 이렇듯 건강은 생명의 활동 안에서 건강과 병의 두 규범이 지속적으로 반복되는 균형과 조화로부터 가능해진다. 중요한 것은 '균형'과 '조화'가 적은 힘으로 유지되고 보존되는 상태가 아니라, 매 순간 커다란 힘으로 건강과 병의 유기적이고 연속적인 관계를 허용하는 원리 및 상태에 대한 명칭이라는 것이다. 이렇듯 균형과 조화는 "건강 그 자체란 존재하지 않는다"는 니체의 말처럼, 건강과 병, 정상적인 것과 병리적인 것을 이원화하지 않고 생명의 생명성으로부터 발생하는 자연적인 몸의 현상으로 이해할 때에야 비로소 가능해진다.

다음과 같은 캉길렘의 말은 위와 같이 건강을 고착화시키지 않는 니체의 견해와 본질적으로 일치한다. "그 자체가 정상적인 사실, 또는 병리적인 사실이란 존재하지 않는다. 이상이나 돌연변이가 그 자체로서 병리적인 것은 아니다. 그것들은 생명에 대한 다른 가능한 규범이다."[112] 나아가 생명의 달라진 규범에 의해 자신의 삶에 대한 환자의 실존적 관점도, 존재방식도 다른 것일 수밖에 없다. "질병이라는 것은 분명히 인간에게서 언어의 생물학적 의미에서조차도 다른 삶을 사는 것이다."[113] 하지만 병은 "커다란 건강"에 담긴 개념적 의미처럼, "새로운 건강"을 도출하는 근본조건이며, 건강과 병이 유기적으로 관계하고 있다는 점은 니체의 철학에 담긴 의철학적 특징을 잘 보여준다. "유기체는 회복하기 위해 질병이 된다"는 캉길렘의 말처럼, 건강과 병의 유기적인 생명의 관계는, 균형을 유지하는 생명의 적극적인 역할을 보증해주는 생명력의 활동을 잘 보증해준다.

자연은 인간의 내부에서나 외부에서나 조화롭고 균형이 잡혀 있다.

---

112) 같은 책, 155쪽.

113) 같은 책, 104쪽.

이 균형과 조화의 장해가 질병이다. 이 경우 질병은 인간의 어느 한 부분이 아니다. 질병은 인간 전체 속에 있으며, 또한 질병은 인간 전체이다. […] 질병은 단순히 불균형이나 부조화일 뿐만 아니라 또한 그 무엇보다도 새로운 균형을 얻기 위해 인간 내부에서 시도하는 노력이다. 질병은 치유를 목적으로 하는 일반화된 반응이다. 유기체는 회복하기 위해 질병이 된다.[114)]

병이 없다면 건강은 절대적인 진리 혹은 폐쇄적인 가치일 수밖에 없다. 또한 건강이 없다면 병은 존재론적으로 생명의 활동을 대변할 수 없다. 그래서 건강은 확정된 '결과'가 아니라, 매 순간 도달해야만 하는 '과정의 일시적 결과'일 수밖에 없다. 건강은 최초 생명체를 탄생시키는 자연의 본질 그 자체이고, 병으로 인해서 생명의 활동을 강화시키고 확장시키며 새로워지는 자연의 과정이다. 인간이 거대한 자연의 일부이자 자연 그 자체인 한, 이 과정은 계속된다. 건강과 병의 유기적 · 연속적 관계를 통해 생명은 균형과 조화를 드러낸다. 이렇듯 건강은 균형과 조화가 어우러진 상태와 과정을 대변해주는 개념이다. 그리고 니체 및 캉길렘과 더불어 가다머 역시도 이러한 상태를 건강으로 규정한다. 이들이 제시하는 건강이란 삶의 균형을 의미하며, 그 안에는 건강과 병에 대한 생물학적이고 실존적인 특징이 모두 담겨 있다. 아래와 같은 가다머의 견해는 니체와 캉길렘의 견해를 잘 대변해준다.

평안한 느낌(Wohlgefühl)이 우리가 새로운 것에 열려 있고, 새로운 계획에 착수할 준비가 되어 있으며, 우리에게 주어진 부담과 긴장을 거의 눈치 채지 못한 채 우리 자신을 잊는 것을 의미하는 곳에서 건강은 스스

114) 같은 책, 55쪽.

로를 드러낸다. 이것이 바로 건강이다. 건강이란 신체상의 모든 변화에 점점 더 관심을 기울이는 것도 아니고 예방 의약품을 열심히 복용하는 것도 아니다. […] 건강은 현실에 참여하고 있고, 세계 안에 다른 사람들과 함께하며, 자신의 일상생활에 능동적으로 참여한 상태다.[115)]

이와 관련하여 "건강이란 삶의 리듬이고, 평형상태가 스스로의 균형을 잡아가는 지속적인 과정이다"[116)]와 같은 가다머의 말 역시 인간을 자연으로, 다시 말해 자연적인 존재로 규정하는 그의 인간관을 잘 보여준다. 생명 없는 자연은 존재할 수 없다. 생명 있는 모든 유기체는 생명성 본연의 자연적인 원리를 따른다. 자연은 생명으로 구성된 모든 형태이고 생명으로 인해 작동하는 모든 기관의 종합이며 생명에 의해 "질서 잡힌 구조"를 대변한다.

결과적으로 자연은 살아 있는 생명이 살아가는 과정을 온전히 반영한다. 니체에게 있어 이 '과정'의 원리는 "힘에의 의지"이다. 그리고 힘에의 의지는 건강과 병을 통해 생명력을 표출하는 '생명의 원리'이자 이 과정을 생명의 원리로서 규정해주는 '자연의 원리', 즉 '조화'와 '균형'의 원리이기도 하다. 생명의 자연적 특징 아래 모든 기관은 관계하고 모든 과정은 반복될 수밖에 없다. 가다머는 자연의 이러한 특징을 "총체성(das Ganze)"이라는 개념으로 설명한다.

총체성이란 자연에서 일어나는 모든 과정의 반복을 허용하기도 하고, 특정한 형태로 사멸시키기도 하는 질서 잡힌 구조를 뜻한다. 따라서

115) 한스 게오르크 가다머, 『철학자 가다머, 현대의학을 말하다』, 이유선 옮김, 몸과 마음, 2002, 179-180쪽.

116) 같은 책, 181쪽.

> 자연을 스스로 자신의 과정을 밟아가는 것이라 할 수 있다. 이것이 모든 우주 기원론의 개념들을 완성한 이오니아 학파 우주론의 기본적인 생각이다. 즉 결국에는 상호작용하는 사건들의 전체적이며 강력하고 조화로운 균형이 자연적인 정의의 한 형식으로 모든 것을 판정한다는 것이다. 우리가 자연의 개념을 전제로 한다면, 의학적인 개입은 교란되어 온 평형상태를 회복시키려는 시도로 이해해야 한다. 바로 이것이 의술의 진정한 '작품'(das eigentliche Werk der ärztlichen Kunst)이다.[117]

건강한 사람이 환자가 되고, 다시 환자가 건강한 사람이 된다는 사실은 삶의 과정일 뿐, 병을 기준으로 둘 중에 어느 사실 하나를 배제할 수 없다. 이에 대한 가다머의 견해는 명확하다. "우리가 질병을 '정복'하거나 통제하는 데 성공했다고 말할 때조차도, 우리는 병에 걸린 사람과 병을 분리시키고 있다. 질병을 우리가 찾아내서 파괴해야 하는 독립적인 존재인 것처럼 다룬다."[118]

의학은 건강에서 병으로의 과정임과 동시에 병에서 건강으로의 과정에 참여하는 학문이다. 자연의 조화롭고 균형 잡힌 질서만이 한 인간으로서의 환자가 자유롭게 허용된 오늘과 내일 속에서 자신만의 고유한 삶의 계획

---

117) 같은 책, 64쪽; Hans-Georg Gadamer, *Über die Verborgenheit der Gesundheit*, Frankfurt am Main, 2010, p. 56. 가다머에게 있어 인간 안에 내재한 생명의 생명력을 자극하는 힘, 다시 말해 자연을 자극하는 힘은 병과 더불어 병이 동반하는 고통 — 육체적 통증과 더불어 정신적 괴로움 — 까지 포함된다. 병과 고통은 생명을 자극하는 힘으로서 건강과의 균형을 이루는 조건이다. 이 자극들이 없다면 건강도 폐쇄적인 개념이 될 수밖에 없다. "우리는 통증이라고 체험하는 자연에 대한 직접적인 반응에서 각각의 독특한 긴장과 독특한 과제들을 배운다. 의학적인 도움을 요청할 필요가 없이, 고통스러운 상태와 그것이 점차 완화되는 것을 경험하는 것은 인간 삶의 균형에 속하는 것이다"(한스 게오르크 가다머, 『고통: 의학적, 철학적, 치유적 관점에서 본 고통』, 공병혜 옮김, 철학과현실사, 2005, 25쪽).

118) 한스 게오르크 가다머, 『철학자 가다머, 현대의학을 말하다』, 177쪽.

들을 세우고 실현해나갈 수 있게 해준다. "병이 낫는다는 것, 회복된다는 것은 익숙하던 자신의 생활양식으로 되돌아가는 과정을 뜻한다."[119] 의사의 임무 역시 마찬가지이다. "의사의 노력은 건강이 평형상태를 찾자마자 자신의 모습을 감추는 데서 완성된다."[120]

> 의술의 실행이란 실제로 평형(Gleichgewicht)을 만들어 내는 것, 즉 아무것도 없는 상태에서 새로운 평형상태(neue Gleichgewichtslage)를 만들어 내는 데 관여하는 것이 아니라, 유동적인 건강의 평형상태를 항상 붙들어둠으로써 그것이 유지되도록 돕는 데 관여한다는 결론을 얻을 수 있다. 이러한 평형의 교란, 다시 말해 모든 질병은 신체의 지속적인 평형상태와 직접적인 관련이 있는 분명한 요인들을 거스르면서 일어난다. 의사의 개입을, 어떤 것을 만들어 내거나 결과물을 산출하는 것으로 이해해서는 안 되고, 평형유지를 돕는 요인들을 뒷받침해 주는 것으로 이해해야 하는 이유가 바로 여기에 있다.[121]

의학과 의사의 임무는 환자를 다시 조화롭고 평화로웠던 일상으로 돌려보내는 것이다. 이렇듯 환자가 다시 돌아갈 일상은 병 속에서도 건강을 내려놓지 않은 상태, 다시 말해 '생명의 긴장'이 유지되고 있는 조화와 균형, 평형의 상태로 돌아간다는 것과 같은 의미이다.[122] 그리고 내적 자연의 평형

---

119) 같은 책, 157쪽.

120) 같은 책, 66쪽.

121) 같은 책, 66-67쪽.

122) 가다머는 "균형"과 더불어 "평형"이라는 표현도 함께 사용한다. 구체적으로 그는 균형을 기능적인 의미로, 평형을 상태적인 의미로 사용하고 있다. 그럼에도 근본적으로 두 단어의 의미가 상통하기 때문에 동일하게 이해해도 될 것이다.

을 되찾고자 하는 의사의 모든 노력은 처음부터 그 목적 아래 수행된다. 생명은 건강의 방식으로든, 병의 방식으로든 여전히 변화를 포기하고 있지 않다. 그리고 이 과정에 의학과 의사의 역할이 커지면 커질수록 의학은 오직 과학일 수도 없고, 의사도 단지 전문가일 수 없다. 의학과 의사는 본질적으로 환자의 일상과 그의 건강한 미래와 관계하게 된다.

이러한 의미에서 야스퍼스는 이러한 실천적 임무가 곧 의사의 "구체적인 철학"이 되어야만 한다고 말한다.[123] 그리고 그는 환자의 고통에 참여하는 '구체적인 철학을 실천하는 의사'를 "배우는 의사"가 아니라 "행동하는 의사"라고 표현한다.[124] 이러한 유형의 의사는 사상적인 측면에서 니체가 제시한 "철학적 의사"를 의철학의 관점에서 구체화시킨 것 같은 정도로 많은 부분 관계하고 있다. 삶을 인식의 조건으로 규정하고,[125] 인간을 철학과 의학의 토대로 제시하는 이 의사가 오늘날 현대의학에 불필요하다고 말하는 사람은 없을 것이다.

123) 칼 야스퍼스, 『기술과학시대의 의사』, 김정현 옮김, 책세상, 77쪽.

124) 같은 책, 23쪽 참조.

125) 니체, 『즐거운 학문』, 324, 294쪽 참조.

7. 역동적인 실존의 증거로서의 "균형"

니체가 자신의 철학에서 제시한 다양한 개념들, 예를 들어 예술가-형이상학, 자유정신, 신의 죽음, 위버멘쉬, 힘에의 의지, 영원회귀, 운명애, 예술생리학, 모든 가치의 전도 등은 모두 '어떻게 하면 인간이 다시 건강한 실존의 삶을 살아갈 수 있는가?'라는 문제의식에 답하기 위한 진단과 치유의 과정 속에서 제기되었다. 이러한 문제의식의 답을 찾기 시작한 초기 사상의 개념들은 후기에 이르러 점점 더 구체화되고 보다 명확해진다. 그 과정에서 니체는 위의 개념들 이외에 건강과 병에 대한 자신의 구체적인 의견을 담고 있는 개념들, 즉 "커다란 건강(die grosse Gesundheit)"[126], "커다란 고통(der grosse Schmerz)"[127], "고통에의 의지(Wille zum Schmerz)"[128], "괴로움을 향한 의지(Wille

126) 같은 책, 382, 392쪽.

127) 같은 책, 「제2판 서문」, 3, 28쪽.

128) 니체, 『아침놀』, 354, 305쪽.

zum Leiden)"[129], "철학적 의사(ein philosophischer Arzt)"[130] 등을 제시한다. 그리고 그는 이 개념들을 통해 건강과 병의 관계를 진지하게 사유하며, 건강한 삶의 원리를 도출하기 시작한다.

니체에게 있어 건강한 실존의 삶을 살기 위한 방법은 지금까지 믿고 따라온 기존의 가치로부터 해방되는 것이다. 하지만 니체가 염려했던 것처럼, 이 해방은 영원할 수 없다.[131] 언제든 새로운 우상이 등장할 수도 있고, 또 다른 절대적 가치를 추구하게 될 수도 있다. 그렇기 때문에 실존적 건강의 중요한 토대는 허무주의로 대변되는 혼란스러운 위기 속에서도 다시 과거로 돌아가지 않고 현재에서 미래를 계획할 수 있는 능력으로서의 "균형"이다. 이와 반대로 니체는 허무주의에 의한 실존적 위험성을 설명하며, 그 안에 도사리는 진정한 위험은 다름 아닌 '힘의 균형의 상실', 다시 말해 "속임을 당하지만 속임을 당하지 않게 하는 힘을 갖고 있지 못하다는 사실"[132]이라고 명확하게 지적한다. 그래서 니체는 힘에의 의지로 대변되는 내면의 균형을 부각시켜 「차라투스트라의 머리말」에서 인간을 "마지막 인간"과 "위버멘쉬" 사이에 놓인 채 매 순간 갈등하고 방황하지만 결국 선택하고 결정하는 존재로 규정하는 것이다.[133]

균형을 잃지 않기 위해서는 끊임없는 역동적 활동이 있어야만 한다. '힘에의 의지의 정지'는 곧 내적 활동의 정지이기 때문에 균형의 상실을 유

129) 니체, 『유고(1884년 초~가을)』, 26[275], 292쪽.

130) 니체, 『즐거운 학문』, 「제2판 서문」, 2, 27쪽.

131) 니체, 『차라투스트라는 이렇게 말했다』, 「나귀의 축제」, 518-519쪽 참조.

132) "'헛되이'가 우리의 현재의 허무주의의 성격이라는 사실은 여전히 증명되어야 한다. […] 목표와 목적도 없이 '헛되이'와 함께 이루어지는 지속은 가장 마비시키는 사상이다. 속임을 당하지만 속임을 당하지 않게 하는 힘을 갖고 있지 못하다는 사실을 파악한다면 더욱 그렇다"(니체, 『유고(1885년 가을~1887년 가을)』, 5[71], 5, 265쪽).

133) 니체, 『차라투스트라는 이렇게 말했다』, 「차라투스트라의 머리말」, 4, 21쪽 참조.

발한다. 그 이유는 실존의 균형은 변화가능성의 경계에서야 비로소 시작되기 때문이다. 니체가 인간을 마지막 인간과 위버멘쉬 사이의 경계에 세운 이유는 이 때문이다. 이 사실로부터 도출될 수 있는 사실은 ① 경계는 세계와 인간에 대한 형이상학적 · 종교적 토대가 해체된 지점이며, 이곳에서 그 누구도 지금 이 순간의 내가 결코 다른 나일 수도 없고, 다른 내가 될 수 없다는 사실을 인식하게 된다. 다시 말해 경계에서 내가 어떤 가치를 추구하는 존재가 될 것인지는 진리에 의해서도, 신에 의해서도 아니며, 오직 선택의 요구로 주어진다.

② 이때 건강은 경계에서 실존적 변화를 실현할 수 있는 선택, 즉 위버멘쉬를 향한 삶의 태도에 부여되는 가치이고, 병은 마지막 인간을 향한 태도에 부여된 가치이다. 그리고 이 경계에서 선택은 확정된 것이 아니라, 가변적일 수밖에 없다. 그렇기 때문에 위버멘쉬는 내가 선택하는 한 존재하고, 그렇지 않다면 존재하지 않는 이상일 수밖에 없다. 하지만 이 사실이 오히려 한 인간의 삶이 역동적으로 변화되어가고 있다는 사실과 더불어 이러한 역동적인 변화가 오히려 자기 실존의 균형을 잡아가는 과정에 있다는 사실을 보증해준다.

③ 경계는 인간 스스로 매 순간 상승과 하강, 성장과 퇴화, 건강과 병 등과 같은 삶의 변화를 직접 경험할 수밖에 없는 과정을 대변해주기 때문에, 여기서 모든 가치들은 오직 역동적인 실존적 자기인식에 의해, 즉 나만의 고유한 관점에 의해 평가되고 해석되며 선택될 수밖에 없다. 내가 이원화된 가치의 극단에 서지 않고 두 가치의 경계에 서게 될 때, 선택은 그 어떤 식으로든, 다시 말해 마지막 인간을 향해서든 아니면 위버멘쉬를 향해서든 삶의 변화를 증명하는 계기로서의 역할만을 하게 된다. ④ 경계에 선 인간은 이원화된 가치체계로부터 자유롭기 때문에 자연스럽게 자기 자신을 영혼과 육체로 이해하지 않고, 이를 모두 포괄하는 몸으로 이해하게 될 수밖에 없

다. 그렇기 때문에 경계에 선 인간이 하나의 가치를 선택하게 될 때, 그는 이미 영혼과 육체가 일원화된 "커다란 이성"으로, 즉 '몸의 이성'으로 사유하게 되고 선택하게 된다.

몸의 이성을 통한 사유는 그 어떤 가치도 이원화하지 않고, 유기적으로 관계하는 하나의 가치로 이해한다. 그렇기 때문에 위버멘쉬는 두 개의 가치 중 그 어느 것도 그 자체로 부정하지 않는다. 예를 들어 상승과 하강, 성장과 퇴화, 건강과 병, 행복과 불행, 기쁨과 슬픔, 사랑과 이별, 성공과 실패 등의 가치가 절대적 기준 아래 이원화된다면, 행복은 추구해야만 하는 절대적 가치가 되고 불행은 제거해야만 하는 가치로 폄하된다. 다른 가치들 역시 그러할 것이다. 불행을 경험한 사람이 다시 행복을 느끼게 될 때, 슬픔을 경험한 사람이 다시 기쁨을 느끼게 될 때, 이와 같은 두 가치들은 비로소 생명의 관계를 맺고 있는 하나의 가치로서 경험되는 인간적인 것이 된다. 그 반대의 경우도 마찬가지이다.

가치의 경계에서 스스로 경험한 사실을 자신의 것으로 인식할 수 있을 때, '균형'은 역동적인 변화의 과정을 보증해주는 실존적 건강의 원리이자 조건으로서의 역할을 하게 된다. 실존의 균형이 특정한 상태로 유지되는 것이 아니라, 오히려 역동적인 변화의 과정에 있는 것이라는 사실을 니체는 힘에의 의지를 통해 증명했다. 잘 알려진 것처럼 힘에의 의지는 '보다 많은 힘을 추구하는 의지의 내적 원리'이다. 하지만 이미 논의된 것처럼, 이 개념은 그 특징에 따라서 존재, 생명, 건강의 원리로 해명될 수 있다. 그리고 이 원리를 관통하는 본질적인 특징은 "균형"이다. 즉 균형은 니체가 자신의 철학에서 제시한 실존적 변화의 원리가 힘에의 의지라는 사실과 더불어 그 원리의 본질적인 특징을 구체적으로 설명해주는 역할을 한다.

참고문헌

강신익, 「앎, 삶, 함, 그리고 몸: 의학적 몸의 존재론」, 『과학철학』 제5집(한국과학철학회, 2002), 135-159쪽.

공병혜, 「현대 의료실천에서의 몸에 대한 현상학적 이해」, 『인문학연구』 제37권(조선대학교 인문학연구원, 2009), 181-203쪽.

권상욱, 「의료 인문학의 개념과 의학 교육에서의 역할」, 『한국의학교육』 제17권(한국의학교육학회, 2005), 217-223쪽.

마르틴 하이데거, 『존재와 시간』, 이기상 옮김, 까치, 2006.

에리히 프롬, 『불복종에 관하여』, 문국주 옮김, 범우사, 1996.

여인석, 「철학과의 관계에서 본 의학적 합리성의 기원: 고대희랍의학을 중심으로」, 『서양고전학연구』 제25권(한국서양고전학회, 2006), 93-120쪽.

______, 「"좋은 의사는 또한 철학자이다": 의사-철학자의 모델 갈레노스를 중심으로」, 『의철학연구』 25권(한국의철학회, 2018), 3-26쪽.

앤서니 케인, 『고대철학』, 김성호 옮김, 서광사, 2008.

이기백, 「고대 헬라스에서 철학과 의학의 관계」, 『의사학』 제14권(대한의사학회, 2005), 32-50쪽.

______, 「히포크라테스 의학에서 엠페도클레스의 영향: 가정(hypothesis)과 인간의 본질(physis) 문제」, 『의사학』 제22권(대한의사학회, 2013), 879-913쪽.

이상범, 『니체, 그의 철학과 건강의 메타포』, 북코리아, 2023.

이종찬, 「의학의 패러다임에 대한 성찰(省察)」, 『보건과 사회과학』 제4권(한국보건사회학회, 1998), 5-30쪽.

인제대학교 인문의학연구소, 『인문의학: 고통! 사람과 세상을 만나다』, 휴머니스트, 2008.

제임스 A. 마컴, 『의철학』, 김준혁 옮김, 싸아이알, 2023.

조르주 캉길렘, 『생명에 대한 인식』, 여인석 · 박찬웅 옮김, 그린비, 2020.

______, 『캉길렘의 의학론: 자연, 질병, 건강, 치유, 유기체와 사회에 대하여』, 여인석 옮김, 그린비, 2022.

______, 『정상과 병리』, 이광래 옮김, 한길사, 1996.

진교훈, 『의학적 인간학: 의학철학의 기초』, 서울대학교출판부, 2004.

최종덕, 『의학의 철학: 질병의 과학과 인문학』, 씨아이알, 2020.

칼 야스퍼스, 『기술시대의 의사』, 김정현 옮김, 책세상, 2010.

한스 게오르크 가다머, 『철학자 가다머, 현대의학을 말하다』, 이유선 옮김, 몸과 마음, 2002.

헨릭 울프 · 스티그 페데르센 · 라벤 로젠베르그, 『의학철학』, 이호영 · 이종찬 옮김, 아르케, 1999.

황임경, 「의학은 어떻게 철학과 만나는가: 캉길렘의 의철학, 의학적 현상학 및 해석학을 중심으로」, 『인간 · 환경 · 미래』 제18호(인제대학교 인간환경미래연구원, 2017), 2-23쪽.

히포크라테스, 『히포크라테스 선집』, 여인석 · 이기백 옮김, 나남, 2011.

Asmuth, Christoph, *Das Konzept ›Gesundheit‹ und seine Probleme aus philosophischer Sicht*, in: Gesundheitsförderung zwischen individuellem Anspruch und gesellschaftlicher Verantwortung. Beiträge zur Gesundheitsförderung in ausgewählten Feldern. (HG.) Ketelhut, Kerstin-Prchal, Katarina-Stache, Antje, Hamburg, 2012, pp. 161-175.

Aurenque, Diana, *Die medizinische Moralkritik Friedrich Nietzsches: Genese, Bedeutung und Wirkung*, Wiesbaden, 2018.

Bernard, Claude, *An Introduction to the Study of Experimental Medicine*, translated by Henly Copley Greene, A. M, Dover Publication, INC., New York, 2020/Claude Bernard, 實驗醫學方法論, 유석진 옮김, 大光文化社, 1985.

Binder, Hans, *Die menschliche Person: Ihr Wesen, ihre Gestalt und ihre Störungen. Eine Einführung in die medizinische Anthropologie*, Stuttgart/Wien, 1974.

Brusotti, Marco, *Diskontinuitäten. Nietzsche und der ‚französische Stil' in der Wissenschaftsphilosoph. Bachelard und Canguilhem mit einem Ausblick auf Foucault*, in: Renate Reschke, Marco Brusotti (Hrsg.), »Einige werden posthum geboren«. Friedrich Nietzsches Wirkungen, Berlin/Boston, 2012, pp. 51-78.

Canguilhem, Georges, *Das Normale und das Pathologische*, herausgegeben von Wolf Lepenies und Henning Ritter, übersetzt von Monika Noll und Rolf Schubert, München, 1974.

______, *Gesundheit-eine Frage der Philosophie*, Herausgegeben und übersetzt von Hennig Schmidgen. Dressler, Berlin, 2005.

______, *The Normal and the Pathological*, in: Knowledge of Life, Edited by Paola Marrati and

Todd Meyers Translated by Stefanos Geroulanos and Daniela Ginsburg, Fordham University Press, New York, 2008.

Charon, Rita, *Narrative Medicine. Honoring the Stories of Illness*, Oxford University Press, New York, 2006.

Danzer, Gerhard, *Wer sind wir? Anthropologie im 20. Jahrhundert Ideen und Theorien für die Formel des Menschen*, Berlin/Heidelberg, 2011.

Eberhard, Falcke, *Die Krankheit zum Leben. Krankheit als Deutungsmuster individueller und sozialer Krisenerfahrung bei Nietzsche und Thomas Mann*, Peter Lang, Frankfurt am Main, 1992.

Gadamer, Hans-Georg, *Über die Verborgenheit der Gesundheit*, Frankfurt am Main, 2010.

Gerhardt, Volker, *Friedrich Nietzsche*, München, 2006.

______, *Philosophieren im Widerspruch zur Philosophie*, in: Nietzscheforschung, Bd. 15, Berlin: Akademie Verlag, 2008.

Golowin, Sergius, *Paracelsus. Mediziner-Heiler-Philosoph*, Darmstadt, 2007.

Grawe, Christian, Homo natura, in: Joachim Ritter (Hrsg.), Historisches Worterbuch der Philosophie, Basel/Stuttgart, 1974, p. 1178.

Heidegger, Martin, *Nietzsche: Der europäische Nihilismus*, in: Gesamtausgabe, Bd. 48, Frankfurt am Main: Vittorio Klostermann, 1986.

Jordan, Wolfgang, *Friedrich Nietzsches Naturbegriff zwischen Neuromantik und positivistischer Entzauberung*, Königshausen & Neumann, Würzburg, 2006.

Kaufmann, Walter, *Nietzsche. Philosoph-Psychologe-Antichrist*, übersetzt von Jörg Salaquarda, Darmstadt: Wissenschaftliche Buchgesellschaft, 1982.

Kaulbach, Friedrich, *Nietzsches Interpretation der Natur*, in: Nietzsche-Studien Bd. 10, Ernst Behler, Mazzino Montinary, Wofgang Müller-Lauter, Heinz Wenzel (Hrsg.), Walter de Gruyter, Berlin · New York, 1982, pp. 442-464.

Klemme, Heiner F., *Kant über Medizin und die Gesundheit des Menschen. Zum Zusammenhang von Philosophie, Selbsterhaltung und Humanität*, in: Academia Ethica (伦理学术), ed. Anqing Deng, vol. 8, Shanghai: Shanghai Educational Publishing House, 2020, pp. 10-44.

Klossowski, Pierre, *Nietzsche und der Circulus vitiosus deus*, übersetzt von Ronald Vouillé, München: Matthes & Seitz, 1986.

Long, Thomas A., *Nietzsches's Philosophy of Medicine*, in: Nietzsche-Studien, Bd. 19, Berlin/Boston, 1990, pp. 112-128.

Marina, Silenzi, *Eine psychophysiologische Lektüre der Vorreden von 1886/87. Genese und Bedeutung von „Krankheit“ und „Gesundheit“ in Nietzsches Spätphilosophie*, in: Nietzsche-Studien, Christian J. Emden/Helmut Heit/Vanessa Lemm/Claus Zittel (Hrsg.), Bd. 49, Berlin/Boston, 2020, pp. 1-28.

Mirelli, Raffaele, *Friedrich Nietzsches renovatio philosophiae. Neue Formen akademischen Denkens?*, in: Nietzscheforschung, Bd. 21, Akademie Verlag, Berlin, 2014.

Orsolya Friedrich/Diana Aurenque/Galia Assadi/Sebastian Schleidgen, *Nietzsche, Foucault und die Medizin. Philosophische Impulse für die Medizinethik*, Bielefeld, 2016.

Perpeet, Wilhelm, *Gesundheit*, in: Joachim Ritter (Hrsg.), Historisches Wörterbuch der Philosophie Bd. 3, Basel, 1974.

Reichel, Norbert, *Der Traum vom höheren Leben. Nietzsches Übermensch und die Conditio humana europäischer Intellektueller von 1890 bis 1945*, Darmstadt: Wissenschaftliche Buchgesellschaft, 1994.

Silenzi, Marina, *Philospohy of Health. Nietzsche's humanism on health and on the aesthetic acts of the human being*, in: Nietzsche Umanista, InCircolo. Rivista di filosofia e culture, N.10, Milano, 2020, pp. 138-158.

Skowron, Michael, *Nietzsches „Anti-Darwinismus“*, in: Nietzsche-Studien, Bd. 37, Berlin/Boston, 2008.

Stegmaier, Werner, *Nietzsches Befreiung der Philosophie. Kontextuelle Interpretation des V. Buchs der Fröhlichen Wissenschaft*, Berlin / Boston, 2012.

Svenaeus, Fredrik, *The Phenomenology of Health and Illness*, in: Handbook of Phenomenology and Medicine, Bd. 68, ED. S. Kay Toombs, in: Med Health Care and Philos, Bd. 14, Springer Nature Switzerland, 2001, pp. 1-21. (https://www.academia.edu/26175589)

______, *Illness as unhomelike being-in-the-world: Heidegger and the phenomenology of medicine*, in: Med Health Care and Philos, Bd. 14, Springer Nature Switzerland, 2011, pp. 333-343.

Talia, Welsh, *Many Healths: Nietzsche and Phenomenologies of Illness, in: Frontiers of Philosophy in China*, 3(11), Brill verlag, Leiden, Netherlands, 2016, pp. 338-357.

Toombs, S. K., *The meaning of illness. A phenomenological approach to the patient-physician relationship, in: Journal of Medicine and Philosophy*, 12(3), Oxford University Press, 1987, pp. 219-240.

용어 찾아보기

ㄴ

ㅅ

ㅇ

ㅈ

ㅊ

ㅋ

인물 찾아보기

ㅊ

ㅋ

ㅌ

ㅍ

ㅎ

이상범

원광대학교 철학과와 동 대학원에서 철학을 전공했고, 독일 베를린 훔볼트 대학교에서 『니체의 건강철학. 프리드리히 니체의 철학적 방법론에 대한 해석의 시도(*Nietzsches Gesundheitsphilosophie. Versuch einer Interpretation der philosophischen Methodologie Friedrich Nietzsches*)』라는 제목으로 철학박사학위를 취득했다. 현재는 한국연구재단 인문사회학술연구교수로서 원광대학교 인문학연구소에 재직 중이다.
주요 저서로는 니체의 철학에 등장하는 건강, 병, 섭생, 위생학, 미래의 의술, 열정 등을 건강철학의 관점에서 해명한 《니체의 건강철학》, 정동(Affekt)을 심리-생리학적으로 해명한 《니체, 정동과 건강》, 다양한 메타포에 대한 분석을 통해 니체의 철학적 시도를 해명한 《니체, 그의 철학과 건강의 메타포》가 있다. 이와 더불어 《초연결시대 인간-미디어-문화》, 《고전, 현대를 걷다》 등의 공저가 있다. 이 외에 니체의 철학적 개념들을 건강철학의 관점에서 분석한 다수의 철학 논문을 발표했다. 현재는 니체와 더불어 다양한 철학자들의 사상을 의철학에 적용하는 연구와 《차라투스트라는 이렇게 말했다》를 건강철학과 철학치료의 영역에서 분석하는 연구를 진행하고 있다.